高职高专物流管理专业精品系列教材

商品学概论
（第二版）

李凤燕 贾晓波 主编

清华大学出版社
北京

内 容 简 介

本书结合教育部关于高职教育的定位及人才培养方案要求确立内容体系,共分10章,主要包括商品学概述、商品分类与商品目录、商品代码与条形码、商品质量管理与商品质量认证、商品标准与标准化、商品检验、商品储存与养护、商品包装、主要商品的特性及鉴别选购以及商品与环境。精挑细选的引导案例体现商品学知识在社会生活中的广泛应用,课后的案例分析注重学生及时将学到的商品学知识活学活用;在内容方面本书增加了近年来新兴商品的特性和选购知识,根据体系要求在各章增加了知识链接以扩展知识容量和应用性;在形式方面为适应高职学生特点从注重理论教学转为利用案例教学;在资料方面尽可能更丰富、更准确、更新颖;在"教、学、做"一体化方面,增加了与学习内容密切相关的实训内容。

本书有机融合了"物流管理学""仓储管理""全面质量管理"和"条码技术"等相关知识,在讲解理论的同时,配以相应的案例和图表,课后安排复习思考题和实训题。

本书可作为高等职业院校物流管理相关专业的教材,也可供企业管理人员、营销管理人员、物流管理人员和消费者个人学习和研究使用。

本书封面贴有清华大学出版社防伪标签,无标签者不得销售。
版权所有,侵权必究。举报: 010-62782989,beiqinquan@tup.tsinghua.edu.cn。

图书在版编目(CIP)数据

商品学概论/李凤燕,贾晓波主编. --2版. --北京: 清华大学出版社,2016(2023.9重印)
高职高专物流管理专业精品系列教材
ISBN 978-7-302-43581-5

Ⅰ. ①商… Ⅱ. ①李… ②贾… Ⅲ. ①商品学-高等职业教育-教材 Ⅳ. ①F76

中国版本图书馆 CIP 数据核字(2016)第 082152 号

责任编辑: 左卫霞
封面设计: 常雪影
责任校对: 李 梅
责任印制: 杨 艳

出版发行: 清华大学出版社
    网 址: http://www.tup.com.cn, http://www.wqbook.com
    地 址: 北京清华大学学研大厦 A 座 邮 编: 100084
    社 总 机: 010-83470000 邮 购: 010-62786544
    投稿与读者服务: 010-62776969, c-service@tup.tsinghua.edu.cn
    质量反馈: 010-62772015, zhiliang@tup.tsinghua.edu.cn
    课件下载: http://www.tup.com.cn,010-83470410

印 装 者: 小森印刷霸州有限公司
经 销: 全国新华书店
开 本: 185mm×260mm 印 张: 12.5 字 数: 283 千字
版 次: 2009 年 7 月第 1 版 2016 年 8 月第 2 版 印 次: 2023 年 9 月第 6 次印刷
定 价: 38.00 元

产品编号: 053820-02

FOREWORD 第二版前言

《商品学概论》自2009年7月出版以来,承蒙广大师生的厚爱,在使用过程中师生们提出了许多宝贵意见。近年来,随着国家经济形势的发展,也产生了很多商品学方面的新议题、新成果,为适应这些变化并结合教材的使用情况对原教材进行了修订。

再版后的《商品学概论》在原有基础上作了如下修订。

1. 理论知识部分的编写思路、体例不变,知识点在原有的基础上进行了适当的增删。学习目标具体分为知识目标和能力目标;开篇案例更改为引导案例,并增加了讨论题,与内容契合更加紧密,导引效果更佳。

2. 原有章节顺序有部分调整,内容增加较多的原第3章"商品分类与商品编码"分成第2章"商品分类与商品目录"及第3章"商品代码与条形码"两章,原有第2章变成第4章,其他章节顺延。

3. 更新了案例资料,使案例更加贴近实际并能够体现最新的科研成果,并与新闻时事紧密结合,增加知识的适用性,提高案例的时效性。

4. 根据内容更新了课后复习题和实训题。

5. 增加课程讲授PPT,与同行共同切磋教学过程中教学难点和重点的把握,共同提高教学效果。

本次修订由无锡商业职业技术学院李凤燕、贾晓波任主编,江苏经贸职业技术学院高文华、李为民任副主编,由李凤燕负责全书修改、总纂和定稿。由于时间匆忙、水平有限,书中难免有疏漏和不当之处,敬请读者批评指正,在使用过程中有何意见和建议请与主编联系,我们将进一步修改完善。

本书修订过程中参考了不少专著和教材,得到了有关专家、学者、领导及清华大学出版社的大力支持,在此表示感谢!

本书主要适用于高职高专物流、国贸及营销等相关专业教学,也可作为函授、夜大等成人院校会计及相关专业教学用书,还可供自学者自学使用。

主编 李凤燕
2016年4月

FOREWORD
第一版前言

本书结合教育部关于高职教育的定位及人才培养方案的要求确定课程体系,以培养学生的应用能力为主线,兼顾学生的后续发展需要。在基本理论与基础知识的选择上以"必需、够用"为度,强化理论学习与实际应用的结合,有机融合了"物流管理学""仓储管理""全面质量管理"和"条码技术"等相关学科知识,深入浅出,图文并茂,具有高职教育的课程特色。

本教材在编写过程中,注重借鉴国内外同行的最新科研成果和实践经验,有一定探索性和前瞻性,并与高职教育及教学改革的要求相结合,以强化课程的科学性和先进性,使学生能够较好地适应物流管理专业的实践需要。

和同类教材相比,本书有如下特点。

1. 突出地表现知识性与趣味性结合、系统性与生动性结合,实现教材内容和编写形式的创新。本书每章以"开篇案例"引入正文,使学生带着相关问题及思考开始每一章内容的学习。每章配有复习思考题和实训题,进一步深化所学知识并兼顾实际应用。同时设置资料链接,实现教材内容与编写形式的创新。

2. 内容更丰富,资料更新颖、更准确、更符合时代要求。本书有机融合了"物流管理学""仓储管理""全面质量管理"和"条码技术"等相关学科知识,既包含了商品学研究的传统内容,又新增了电子产品的特性及鉴别选购、家用轿车的特性及鉴别选购、商品房的特性及鉴别选购等内容。案例资料大多采用2006年到2008年的新资料,符合时代要求。

3. 课程体系设计合理。本书结合专业特点及社会发展实际需要,对教学内容与环节进行了整合与重组,课程体系设计更加合理,突出学生应用能力的培养。

本书可作为高等职业院校物流管理专业的教材,也可供企业管理人员、营销管理人员、物流管理人员和消费者个人学习和研究使用。编写分工如下:第1、第2章由高文华编写,第3、第4章由李为民编写,第5~第9章由李凤燕编写。

在这里特别感谢再度合作并一直以来支持我完成本书编写工作的清华大学出版社职教分社,感谢与我共同完成编写工作的好友高文华和李为民。由于时间和水平所限,书中难免有不足之处,望读者斧正。

李凤燕

2009年3月

目 录

第1章　商品学概述 … 1

知识目标 … 1
能力目标 … 1
引导案例 … 1
1.1　理解商品 … 2
　　1.1.1　商品的概念 … 2
　　1.1.2　商品的基本属性 … 3
1.2　了解商品学的产生和发展 … 4
　　1.2.1　商品学的产生和发展 … 4
　　1.2.2　我国商品学的发展 … 4
1.3　商品学的研究内容 … 5
　　1.3.1　商品学的研究对象 … 5
　　1.3.2　商品学的研究任务 … 6
　　1.3.3　商品学的研究方法 … 7
1.4　掌握商品学与专业课程设置的关系 … 8
　　1.4.1　商品学与国际贸易专业之间的关系 … 8
　　1.4.2　商品学与市场营销专业之间的关系 … 8
　　1.4.3　商品学与物流管理专业之间的关系 … 8
复习思考题 … 10
实训题 … 11

第2章　商品分类与商品目录 … 13

知识目标 … 13
能力目标 … 13
引导案例 … 13
2.1　商品分类概述 … 14
　　2.1.1　分类与商品分类的概念 … 14

2.1.2　商品分类的意义 ……………………………………………………… 14
　　2.1.3　商品分类的原则 ……………………………………………………… 15
2.2　商品分类方法及商品分类标志 …………………………………………………… 16
　　2.2.1　商品分类体系和商品分类方法 ………………………………………… 16
　　2.2.2　商品分类标志 …………………………………………………………… 17
2.3　商品目录 …………………………………………………………………………… 21
　　2.3.1　商品目录的概念 ………………………………………………………… 21
　　2.3.2　商品目录的种类 ………………………………………………………… 22
复习思考题 ……………………………………………………………………………… 23
实训题 …………………………………………………………………………………… 24

第3章　商品代码与条形码 …………………………………………………………… 26

知识目标 ………………………………………………………………………………… 26
能力目标 ………………………………………………………………………………… 26
引导案例 ………………………………………………………………………………… 26
3.1　商品代码 …………………………………………………………………………… 27
　　3.1.1　商品代码的概念与类型 ………………………………………………… 27
　　3.1.2　商品编码的原则与方法 ………………………………………………… 28
　　3.1.3　商品编码的意义 ………………………………………………………… 29
3.2　商品条码 …………………………………………………………………………… 30
　　3.2.1　商品条码的定义与特点 ………………………………………………… 30
　　3.2.2　条码的发展与作用 ……………………………………………………… 30
　　3.2.3　常见条形码种类 ………………………………………………………… 32
　　3.2.4　商品条形码的应用 ……………………………………………………… 34
复习思考题 ……………………………………………………………………………… 36
实训题 …………………………………………………………………………………… 37

第4章　商品质量管理与商品质量认证 ……………………………………………… 38

知识目标 ………………………………………………………………………………… 38
能力目标 ………………………………………………………………………………… 38
引导案例 ………………………………………………………………………………… 38
4.1　商品质量概述 ……………………………………………………………………… 39
　　4.1.1　商品质量的内涵 ………………………………………………………… 39
　　4.1.2　商品质量的基本要求 …………………………………………………… 40
4.2　影响商品质量的因素 ……………………………………………………………… 45
　　4.2.1　原材料对商品质量的影响 ……………………………………………… 45
　　4.2.2　生产工艺对商品质量的影响 …………………………………………… 46
　　4.2.3　流通过程对商品质量的影响 …………………………………………… 46

  4.2.4 使用过程对商品质量的影响 ………………………………… 46
 4.3 商品质量管理 …………………………………………………………… 47
  4.3.1 商品质量管理的发展阶段 ………………………………… 47
  4.3.2 商品质量管理的常用方法 ………………………………… 48
 4.4 商品质量认证 …………………………………………………………… 50
  4.4.1 商品质量认证及其种类 …………………………………… 50
  4.4.2 商品质量认证制度的发展 ………………………………… 51
  4.4.3 商品质量认证标志及程序 ………………………………… 51
 复习思考题 …………………………………………………………………… 53
 实训题 ………………………………………………………………………… 55

第5章 商品标准与标准化 …………………………………………………… 56

 知识目标 ……………………………………………………………………… 56
 能力目标 ……………………………………………………………………… 56
 引导案例 ……………………………………………………………………… 56
 5.1 商品标准概述 …………………………………………………………… 56
  5.1.1 标准的概念 ………………………………………………… 56
  5.1.2 标准的种类 ………………………………………………… 58
  5.1.3 商品标准的内容 …………………………………………… 60
 5.2 商品标准化 ……………………………………………………………… 62
  5.2.1 商品标准化的概念 ………………………………………… 62
  5.2.2 标准化的作用 ……………………………………………… 62
  5.2.3 标准化机构 ………………………………………………… 64
  5.2.4 标准化在物流过程中的意义 ……………………………… 69
 复习思考题 …………………………………………………………………… 70
 实训题 ………………………………………………………………………… 71

第6章 商品检验 ……………………………………………………………… 72

 知识目标 ……………………………………………………………………… 72
 能力目标 ……………………………………………………………………… 72
 引导案例 ……………………………………………………………………… 72
 6.1 商品检验概述 …………………………………………………………… 73
  6.1.1 商品检验的概念 …………………………………………… 73
  6.1.2 商品检验的种类 …………………………………………… 73
  6.1.3 商品检验的内容 …………………………………………… 75
 6.2 商品检验的方法 ………………………………………………………… 78
  6.2.1 感官检验法 ………………………………………………… 78
  6.2.2 理化检验法 ………………………………………………… 80

6.2.3 生物学检验法 …………………………………………………… 81
6.3 商品抽样 ……………………………………………………………… 81
6.3.1 商品抽样的概念和要求 …………………………………………… 81
6.3.2 商品抽样的方法 …………………………………………………… 82
6.4 商品质量评价与管理 ………………………………………………… 84
6.4.1 商品品级的概念 …………………………………………………… 84
6.4.2 商品分级的划分方法 ……………………………………………… 84
6.4.3 商品质量标志 ……………………………………………………… 84
复习思考题 …………………………………………………………… 87
实训题 ………………………………………………………………… 90

第7章 商品储存与养护 …………………………………………………… 91

知识目标 ……………………………………………………………… 91
能力目标 ……………………………………………………………… 91
引导案例 ……………………………………………………………… 91
7.1 商品储存概述 ………………………………………………………… 93
7.1.1 商品储存的概念 …………………………………………………… 93
7.1.2 商品储存的作用 …………………………………………………… 93
7.1.3 商品储存的原则 …………………………………………………… 93
7.1.4 商品储存的种类 …………………………………………………… 94
7.2 商品质量变化及其影响因素 ………………………………………… 95
7.2.1 商品的物理机械变化 ……………………………………………… 95
7.2.2 商品的化学变化 …………………………………………………… 96
7.2.3 商品的生理生化变化及生物引起的变化 ………………………… 97
7.3 常见的商品养护技术 ………………………………………………… 98
7.3.1 商品防霉防腐技术 ………………………………………………… 98
7.3.2 商品防锈蚀技术 …………………………………………………… 101
7.3.3 商品防虫害技术 …………………………………………………… 102
7.3.4 商品防老化技术 …………………………………………………… 103
复习思考题 …………………………………………………………… 104
实训题 ………………………………………………………………… 105

第8章 商品包装 …………………………………………………………… 106

知识目标 ……………………………………………………………… 106
能力目标 ……………………………………………………………… 106
引导案例 ……………………………………………………………… 106
8.1 商品包装概述 ………………………………………………………… 107
8.1.1 商品包装的概念 …………………………………………………… 108

8.1.2　商品包装的功能 …………………………………………………… 108
　　　8.1.3　商品包装的分类 …………………………………………………… 109
　　　8.1.4　商品包装合理化 …………………………………………………… 110
　8.2　商品包装材料 …………………………………………………………… 112
　　　8.2.1　纸和纸板 ……………………………………………………………… 112
　　　8.2.2　塑料 …………………………………………………………………… 112
　　　8.2.3　金属材料 ……………………………………………………………… 112
　　　8.2.4　玻璃 …………………………………………………………………… 113
　　　8.2.5　木材 …………………………………………………………………… 113
　8.3　商品包装技法 …………………………………………………………… 114
　　　8.3.1　商品销售包装技法 …………………………………………………… 114
　　　8.3.2　商品运输包装技法 …………………………………………………… 115
　8.4　常见商品包装标志 ……………………………………………………… 118
　　　8.4.1　运输包装标志 ………………………………………………………… 118
　　　8.4.2　销售包装标志 ………………………………………………………… 120
　复习思考题 ……………………………………………………………………… 121
　实训题 …………………………………………………………………………… 121

第9章　主要商品的特性及鉴别选购 ……………………………………… 122

　知识目标 ………………………………………………………………………… 122
　能力目标 ………………………………………………………………………… 122
　引导案例 ………………………………………………………………………… 122
　9.1　食品类商品的特性及鉴别选购 ………………………………………… 123
　　　9.1.1　酒的特性及鉴别选购 ………………………………………………… 123
　　　9.1.2　茶的特性及鉴别选购 ………………………………………………… 128
　　　9.1.3　咖啡的特性及鉴别选购 ……………………………………………… 132
　　　9.1.4　植物油的特性及鉴别选购 …………………………………………… 133
　　　9.1.5　水果的特性及鉴别选购 ……………………………………………… 134
　　　9.1.6　蔬菜的特性及鉴别选购 ……………………………………………… 134
　9.2　服装类商品的特性及鉴别选购 ………………………………………… 135
　　　9.2.1　棉的特性及鉴别选购 ………………………………………………… 135
　　　9.2.2　麻的特性及鉴别选购 ………………………………………………… 135
　　　9.2.3　丝绸的特性及鉴别选购 ……………………………………………… 135
　　　9.2.4　羊毛的特性及鉴别选购 ……………………………………………… 136
　　　9.2.5　化学纤维的特性及鉴别选购 ………………………………………… 136
　　　9.2.6　皮革的特性及鉴别选购 ……………………………………………… 136
　9.3　日用工业品商品的特性及鉴别选购 …………………………………… 138
　　　9.3.1　塑料制品的特性及鉴别选购 ………………………………………… 138

9.3.2 玻璃制品的特性及鉴别选购 …………………………………………… 138
9.3.3 合成洗涤剂的特性及鉴别选购 ………………………………………… 139
9.4 电子类产品的特性及鉴别选购 ……………………………………………………… 141
9.4.1 U 盘的特性及鉴别选购 ………………………………………………… 141
9.4.2 手机的特性及鉴别选购 ………………………………………………… 142
9.4.3 数码相机的特性及鉴别选购 …………………………………………… 143
9.4.4 笔记本电脑的特性及鉴别选购 ………………………………………… 143
9.5 家用轿车的特性及鉴别选购 ………………………………………………………… 145
9.5.1 家用轿车的分类与特性 ………………………………………………… 145
9.5.2 家用轿车的鉴别与选购 ………………………………………………… 146
复习思考题 ……………………………………………………………………………… 146
实训题 …………………………………………………………………………………… 148

第 10 章 商品与环境 ……………………………………………………………………… 149

知识目标 ………………………………………………………………………………… 149
能力目标 ………………………………………………………………………………… 149
引导案例 ………………………………………………………………………………… 149
10.1 商品生产与可持续发展 …………………………………………………………… 150
10.1.1 环境概述 ……………………………………………………………… 150
10.1.2 商品生产导致环境污染 ……………………………………………… 150
10.1.3 可持续发展战略 ……………………………………………………… 156
10.2 商品生产与资源开发 ……………………………………………………………… 158
10.2.1 资源概述 ……………………………………………………………… 158
10.2.2 商品生产导致资源短缺 ……………………………………………… 159
10.2.3 资源的开发和利用 …………………………………………………… 161
复习思考题 ……………………………………………………………………………… 162
实训题 …………………………………………………………………………………… 164

附录 中华人民共和国食品安全法 ………………………………………………………… 165

参考文献 …………………………………………………………………………………… 187

CHAPTER 1 第1章

商品学概述

知识目标:
1. 掌握商品的概念及基本属性。
2. 了解商品学的产生和发展过程。
3. 掌握商品学的研究内容及方法。
4. 了解商品学与各学科之间的关系。

能力目标:
1. 能分析核心商品、形式商品和附加商品。
2. 能区分商品的属性。
3. 能分析日常商品的使用价值。

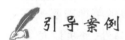引导案例

官方公布"8.12"天津港危险化学品仓库爆炸现场危化品种类

人民网北京8月15日电 今日上午10时,在天津港危险化学品仓库"8.12"瑞海公司爆炸事故第四场新闻发布会上,天津市安监局副局长高怀友表示,这两天组织了交通、公安、海关、安监、天津港等有关部门,对事故企业负责人、安全管理人员和仓库管理员等相关人员进行了调查询问,通过调出市交通委信息系统、海关报关数据以及企业人员回忆所掌握的数据资料,初步认为,事故危化品主要集中在装箱区和运抵区,装箱区的危险化学品可能有钾、钠、氯酸钠、硝酸钾、烧碱、硫化碱、硅化钙、三氯乙烯、氯碘酸。运抵区的危险化学品可能有环己胺、三乙基铝、二甲基二硫、甲酸、硝酸铵、氰化钠、4,6-二硝基、邻叔丁基苯酚、2,4-二甲基苯胺等。因为运抵区的货物都是装在集装箱里面还没有拆装,也没有申报,有些甚至还没有来得及登记,所以确定准确的数据还需要一定的时间。另外,根据掌握的信息分析,瑞海公司最近一个月出口的量比较大的危险品有硫化钠、硫氢化钠、氯酸钠、钙、镁、钠、硝化纤维素、硝酸钙、硝酸钾、硝酸铵、氰化钠等。有可能运抵区目前储存量比较大的也是这些物资。

资料来源:2015-8-15,人民网(北京),天津市安监局:正进一步核实危化品种类数量

> 8月18日公安部消防局副局长牛跃光表示,事故现场有危化品40余种,其中氰化钠约700吨,硝酸铵约800吨,硝酸钾约500吨。因瑞海公司办公楼被毁,货物记录不清,具体危化品数量有待最终确认,但现能确认的危化品数量约3 000吨。
>
> 资料来源:央视新闻消息

讨论题:

1. 反思"8.12"爆炸案,给我们带来哪些启示?
2. 灾难之后痛定思痛,我们将如何加强危险品的管理?
3. 当灾难发生时应当如何快速反应使灾难损失降到最低?

1.1 理解商品

1.1.1 商品的概念

当我们提到商品的时候,首先想到的就是各种各样在市场上用来交换的产品,如电脑、服装、面包、汽车等,这些都是商品。那么,怎样定义商品呢?简单地说,商品就是为交换而生产的对他人或社会有用的劳动产品。商品是为交换而生产的,即商品以进入流通领域为特征。商品之所以可以用来交换,是因为商品的有用性,如利用电脑可以搜集资料,服装美观御寒,面包可以充饥,汽车方便出行,等等。马克思在《资本论》里指出:"商品首先是一个外界的对象,一个靠自己的属性来满足人的某种需要的物。"但并不是说所有的物品都是商品。一个物品可以有用,而且是人类的劳动产品,但不是商品。比如用自己的产品来满足自己的需要,生产的就只是使用价值。

应该注意的是,商品能够满足人们的需要,既包括物质需要,也包括精神需要。狭义的商品仅指符合定义的有形产品;广义的商品除了可以是有形的产品外,还可以是无形的服务,比如保险产品、金融产品等。限于篇幅,本书中没有特别说明的情况下,商品为狭义的概念。

此外,商品还可以细分为三个层次,即核心商品、形式商品和附加商品。

1. 核心商品

核心商品也称实质商品,是指消费者购买某种商品所追求的根本利益,是顾客真正想要的东西,因而在商品整体概念中也是最基本、最主要的部分。消费者购买某种商品,并不是为占有或获得商品本身,而是为了获得能满足某种需要的效用或利益。

2. 形式商品

形式商品是指核心商品借以实现的形式,即向市场提供的实体和服务的形象。如果形式商品是实体商品,则通常表现为商品质量水平、外观特色、式样、品牌名称和包装等。商品的基本效用必须通过某种具体的形式才能得以实现。商品的形式特征主要指质量、款式、特色和包装等。

3. 附加商品

附加商品是顾客购买形式商品时所获得的全部附加服务和利益,包括提供信贷、免费送货、安装、售后服务等。附加商品的概念来源于对市场需要的深入认识,因为购买者的目的是满足某种需要,因而他们希望得到与满足该项需要有关的一切,如表1-1所示。

表1-1 商品层次分析

商 品	核心商品	形式商品	附加商品
电视	视听满足	质量型号	售后服务
服装	遮体御寒	质量款式	免费干洗
食品	充饥营养	营养包装	送货上门
药	治病保健	成分主治	免费体检
金融产品	保值增值	保单存单	售前售后服务

商品层次分析为研究商品使用价值和价值的关系奠定了基础。

1.1.2 商品的基本属性

使用价值和价值是商品的两个基本属性,也称作商品的两个因素。使用价值是商品的自然属性,价值是商品的本质属性和社会属性。使用价值是指商品的有用性;价值是指凝结在商品中的无差别的人类劳动。使用价值和价值共存于同一商品体上,是相互对立、相互依存的统一体。事实上,不存在只有使用价值而没有价值的商品,也不存在只有价值而没有使用价值的商品。正确理解商品的使用价值和价值的关系,是学习商品学的重要前提。我们来进一步剖析一下使用价值和价值的关系,见表1-2。

表1-2 使用价值和价值的区别与联系

基本属性		使用价值	价 值
区别	含义	是商品能满足人们某种需要的属性	是凝结在商品中的无差别的人类劳动
	本质	是商品的自然属性,反映了人与自然的关系	是商品的社会属性,反映的是人们相互交换劳动产品的交换关系
	属性特征	是商品与有用物品共有的属性,不是商品的本质属性,有使用价值的东西不一定是商品	是商品的特有属性、本质属性,只有商品才有价值,有价值的东西一定是商品
	质与量的特点	不同商品的使用价值有着质的不同,不能在量上比较大小	不同商品的价值无质的差别,能在量上比较大小
	在商品交换中的作用	不同商品有不同的使用价值,能满足人们的不同需要,是商品要交换的原因	不同的商品都有价值,能以价值为基础实行等价交换,是商品能交换的原因
	归属	最终归消费者所有	最终归生产者、经营者所有
联系	统一性	商品是使用价值和价值的统一体,二者缺一不可。使用价值是价值的物质承担者,没有用的东西是不能成为商品的;价值是商品的本质属性,没有价值的东西也不是商品	
	对立性	使用价值和价值必须分离,不可兼得。生产者、经营者要得到价值就必须让渡使用价值,消费者要得到使用价值就必须转让价值	

1.2 了解商品学的产生和发展

1.2.1 商品学的产生和发展

公元9～10世纪，阿拉伯人阿里·阿德·迪米斯基撰写了《商业之美》一书，其副标题是"关于优质商品和劣质商品的鉴别方法及对商品骗子与伪货的识别指南"，这算是国外最早涉及商品学内容的著作。18世纪，德国经济学教授约翰·贝克曼出版了《商品学导论》两卷本著作，对商品的制造工艺与方法、商品的分类、性能、用途、质量、价格、检验、产地、主要市场及商品包装等内容作了十分详尽的描述，同时还选定了一些国际贸易商品进行分析并做了规范性叙述。贝克曼的理论明确了商品学的研究范围，建立了商品学的学科体系，受到了社会科学界的普遍欢迎。在西方，贝克曼被称为商品学的学科创始人。随着商品贸易与学术交流的不断扩大，商品学先后传入意大利、俄国、奥地利，后来又传入了日本和中国。1976年国际商品学会在奥地利成立，以德文缩写IGWT为会徽标志，总部设在奥地利维也纳经济大学，会刊为《商品论坛——科学与实践》。

商品学在发展过程中产生了两个研究方向：一个是从自然科学和技术科学角度研究商品的使用价值，研究的中心内容是商品的质量，被称为技术论商品学；另一个是从社会科学、经济学角度，特别是从市场营销和消费需求角度研究商品适销品种和经营质量等相关问题，被称为经济论商品学。随着经济的高速发展，以研究"商"为主的经济论商品学和以研究"品"为主的技术论商品学不断融合，从20世纪80年代起，商品学步入技术性与经济性交融的现代商品学时代。

现代商品学重视人与环境的和谐发展，从技术、经济、社会、环境等多方面，运用自然科学、技术科学和社会科学的相关原理和方法，综合研究商品与市场需求，商品与资源的合理利用，商品与环境保护，新产品开发与高新技术，商品质量控制、质量保证、质量评价及质量监督，商品分类与品种，商品标准与法规，商品包装与商标、标志，商品形象与广告，商品文化与美学，商品消费与消费者保护等技术与经济问题。

1.2.2 我国商品学的发展

中国是四大文明古国之一，商业的历史十分悠久，对商品知识的研究也有相当长的历史。据记载，春秋时代的《禽经》、晋朝的《竹谱》、唐朝的《茶经》都是我国较早的商品知识书籍。宋朝以后，商品学著作开始增多，著名的《荔枝谱》《橘录》《本草纲目》等书籍，都对商品知识作了介绍。其中，《本草纲目》是论述得最为全面的医药类商品学专著，也是我国药物学和植物学的宝贵遗产，并被译成多种语言。这些书籍对当时的商品交换起到了积极的促进作用。

20世纪以后，我国的商品学随着商业教育的萌生而发展起来。1902年，我国商业教育中开始把商品学作为一门必修课。以商品学命名的著作除了一些译著外，还有1914年盛在珣著的《商品学》、1923年王溥仁著的《商品学》及1928年潘吟阁著的《分业商品学》等。此后，1934年刘冠荣又编著了《现代商品学》，其内容更丰富，对农产品、矿产品、林产品、畜产品、水产品、工业品等分章进行了论述，也叙述了商品分类、鉴定、包装、运输等问题，还对商品学这门学科的对象进行了解释，为我国现代商品学的发展打下了基础。

我国的商品学课程在 20 世纪 50 年代初,由苏联专家引入中国人民大学,由此培养出第一批商品学师资。20 世纪 60 年代,黑龙江商学院(现哈尔滨大学)首开商品学专业,成为国内第一家开设商品学专业的高等院校。中国人民大学也是开设商品学专业较早的院校,改革开放以后北京物资学院和天津商业大学等也开设了商品学专业,有些综合院校甚至已经开设商品检验或质量检验专业,而开设商品学课程的财经贸易类院校的数量也越来越多。1992 年经国家有关部门审核考评同意中国人民大学在商品学系基础上成立了对外开展监测任务的玩具质量监测中心。1995 年 7 月我国成立中国商品学会(CSCS),在学术交流方面加强了同国际商品学学会的联系与合作。1995 年 9 月我国在北京承办了第 10 届国际商品学大会。1999 年在波兰举办的第 12 届国际商品学大会上,与会各国选举中国承办第 14 届国际商品学大会,中国商品学会报经主管部委批准,正式定名为"第 14 届国际商品学会中国论坛",2004 年 8 月第 14 届国际商品学会中国论坛在北京开幕。国际商品学大会迄今为止已召开了 15 届。第 15 届国际商品学大会于 2006 年 9 月在乌克兰基辅市召开,会议主题是全球商品与环境安全和生活质量。

1.3 商品学的研究内容

1.3.1 商品学的研究对象

商品学以商品体为基础,以商品—人—环境为系统,目前所研究的商品主要是指有形的、可移动的、在市场上可以交易的、用于生产和消费的实体商品,不包含信息、服务、技术、股票、有价证券、期货、专利等无形产品,也不包含不动产、军火、毒品等特殊产品和秘密交易产品。商品学的研究对象主要是商品的使用价值,研究商品使用价值在商品流通和消费中的评价、维护、管理和实现,研究影响商品使用价值实现的各种因素及客观规律,因而商品学是一门包括自然科学和社会科学在内的多学科交叉的技术经济应用科学,并服务于经济管理工作。商品使用价值的具体体现是商品的质量,商品质量是商品学研究的中心内容,商品学应围绕商品质量这个中心来研究以下五方面的内容。

1. 研究商品质量形成及变化的影响因素

从商品的形成入手,结合原材料、生产工艺过程和流通领域各环节的实际,研究商品质量形成及变化的决定因素和机制。商品学还应研究商品的科学使用和科学消费方法。

2. 研究商品质量的管理、监督和评价手段

(1) 在商品生产和流通过程中,为保证商品使用价值满足消费者需求,必须建立商品质量标准,并以此对商品质量进行鉴定、评价、判断和衡量,保证商品品质规格、花色品种等符合消费需求。

(2) 必须对商品进行检验、检疫和质量监督,防止不合格商品和假冒伪劣商品进入流通领域。

(3) 必须实施商品质量管理和质量保证以及质量认证。

(4) 必须建立商品质量法律法规,并依此监督和管理商品市场,维护消费者权益。

3. 研究商品经营管理的科学方法

商品种类繁多,性质各异,用途复杂,在贸易中的地位有主次之分,因此商品学必须进行商品分类与商品编码研究,包括商品分类中各类别的概念及相互关系,确立商品种类的划分依据,建立科学的、系统的商品分类体系及其编码方式,便于分类经营管理;同时商品学研究商品在市场上流通的标示方式,研究商品信息化系统等促进商品使用价值实现的手段,以适应现代化商业管理和国际贸易的需要。

4. 研究商品在流通过程中的质量维护理论和措施

为保证商品使用价值的顺利实现,商品学必须研究商品质量的变化规律及防范技术,为维护商品质量提出科学建议。如商品的包装如何起到保护商品的作用、商品的储存和养护中应注意的问题、不同商品运输过程中减少货损的措施等,并不断运用材料科学、管理科学等的新成果,不断寻求更科学的技术和方法,控制各种外界条件对商品质量的不利影响,降低商品损耗,维护商品质量,保证商品安全。

5. 研究商品与人类生存环境及资源之间的关系

商品应当为人类社会和生态环境提供健康有利的效用,同时要注意可持续发展。有人说塑料方便袋是20世纪人类最糟糕的发明,就因为塑料方便袋虽然方便了人们的生活,但所造成的环境污染却严重破坏了人类赖以生存的自然环境。因此,商品学必须研究商品与环境、商品与资源的关系,为人类的可持续发展提供科学的依据。

此外,商品学不仅要研究人类物质需要的满足,同时还要注意人类精神需要的满足。因此,商品美学、新产品开发、商品信息与预测、商品文化、商品消费需求等也都是商品学的研究内容。

1.3.2 商品学的研究任务

商品学是为商品生产、商品流通和商品消费服务的一门学科。商品学的研究任务是由商品学的研究对象决定的。因此,商品学的研究任务如下。

1. 指导商品使用价值的形成

借助商品资源和市场的调查预测以及商品的需求研究等手段,为有关部门实施商品结构调整、商品科学分类、商品进出口管理、质量监督管理和商品的环境管理等,制定商品标准及政策法规,为商品发展规划提供决策的科学依据;为企业提供商品基本质量要求,指导商品质量改进和新商品开发,提高经营管理水平,保证市场商品物美价廉,适销对路。

2. 评价商品使用价值的高低

商品质量是决定商品使用价值高低的基本因素,是决定商品竞争力、销路、价格的基本条件,所以,它是商品学研究商品使用价值的中心内容。通过对商品使用价值的分析和综合,明确商品的质量指标、检验和识别方法,能全面准确地评价、鉴定商品的质量,杜绝假冒伪劣产品流入市场,保证商品质量符合规定的标准或合同,维护正常的市场竞争秩序,保护买卖双方的合法权益,切实维护国家和消费者的利益,创造公平的商品交换环境。

3. 防止商品使用价值的降低

研究与商品质量相关的各种因素,提出适宜的商品包装、储运方式,保护商品质量,努力降低商品损耗。

4. 促进商品使用价值的实现

通过大力普及商品知识和消费知识,使消费者认识和了解商品,学会科学地选购和使用商品,掌握正确的消费方式和方法,由此促进商品使用价值的实现。

5. 研究商品使用价值的再生

通过对商品废弃物与包装物的处置、回收和再生的政策、法规、运行机制、低成本加工技术等问题的研究,节约和再生资源,保护环境,促进可持续发展。

1.3.3　商品学的研究方法

由于商品的使用价值是商品的自然有用性和社会适用性的统一,因此,商品学的研究方法是按照研究的具体课题,采用不同的形式进行的。

1. 科学实验法

科学实验法是指在实验室或一定试验场所内,运用一定的实验仪器和设备,对商品的成分、构造、性能等进行理化鉴定的方法。这种方法大多有很好的控制和观察条件,所得出的结论比较可靠,是分析商品成分、鉴定商品质量、研制新产品的常用方法。比如测定白酒的成分和质量就经常采用这种方法。但这种方法对设备和人员素质要求较高,投资较大。

2. 现场实验法

现场实验法是指一些商品学专家或有代表性的消费者群,凭人体的直觉,对商品的质量及商品有关的方面做出评价的研究方法。这种方法的正确程度受参加者的技术水平和人为因素的影响,但运用起来简便易行,适用于很多商品的质量评定。如茶叶、酒类、古董和某些新产品的试用试穿等经常采用这种方法。

3. 技术指标法

技术指标法是一种在分析实验基础上,对一系列同类产品,根据国内或国际生产力发展水平,确定质量技术指标,以供生产者和消费者共同鉴定商品质量的方法。如保温瓶在生产过程中就采用这种方法。

4. 社会调查法

商品的使用价值是一种社会性的使用价值,全面考察商品的使用价值需要进行各种社会调查,特别是在商品不断升级换代、新产品层出不穷的现代社会里,这方面的调查显得更加实际和重要。其主要具有双向沟通的作用,在实际调查中,既可以将生产信息传递给消费者,又可以将消费者的意见和要求反馈给生产者。社会调查法主要有现场调查法、调查表法、直接面谈法、定点统计调查法。比如消费者满意度调查可以作为质量反馈的重要手段之一。

5. 对比分析法

对比分析法是将不同时期、不同地区、不同国家的商品资料收集积累,加以比较,从而找出提高商品质量、增加花色品种、扩展商品功能的新途径。运用对比分析法,有利于经营部门正确识别商品和促进生产部门改进产品质量,实现商品的升级换代,更好地满足广大消费者的需要。比如,把国内生产的家电产品的技术质量指标与国际先进水平对比分析,为改进商品设计和提高产品质量制定有效措施。

6. 系统分析比较法

商品与人、商品与环境、商品与国民经济的关系,是一项复杂的系统工程,从一个方面或几个方面来研究,有时难免片面,只有把商品纳入这个社会大系统中进行分析、研究和考察,才能得出全面公正的结论。例如,我们评价商品的质量应该联系不同的社会发展阶段,在供不应求的时期和供过于求的时期对商品质量的要求就不尽相同。

1.4 掌握商品学与专业课程设置的关系

1.4.1 商品学与国际贸易专业之间的关系

商品学课程是国际贸易专业课程体系的基本组成部分。通过商品学基础知识的学习,能够增加、拓展学生关于国际贸易中商品分类与编码的理论和方法,提高学生在国际贸易中经营商品和管理商品的能力;掌握国际贸易中对商品的品质要求和质量认证,熟悉进出口商品检验相关知识,学会运用商品学基本理论分析和解决商品质量问题,为从事相关工作奠定基础。

1.4.2 商品学与市场营销专业之间的关系

商品学课程同样也是市场营销专业课程体系的重要组成部分,是市场营销工作开展的基本前提。其研究价值存在于市场营销过程中的各个环节。尤其在全球经济一体化的今天,商品学知识在市场营销工作中起着重要作用。了解商品知识可以帮助学生形成正确的价值导向。通过商品资源及市场调查,可对商品进出口管理、质量监督管理、商品的环境管理、制定商品标准及政策法规、商品发展规划提供科学依据,指导商品质量改进和新产品开发,提高经营管理水平。

1.4.3 商品学与物流管理专业之间的关系

商品学课程是物流管理专业传统的专业课程,是物流管理专业课程体系的必要组成部分,两者有着天然的不可分割性。

1. 两者分析的要素——"物"与"商品",其内涵基本一致

从字面意思来看,"物流"是由"物"和"流"两个基本要素组成的,"物"是"流"的实体基础和作用对象;从专业角度来看,《中华人民共和国国家标准物流术语》将物流定义为:物品从供应地向接收地的实体流动过程。根据这一解释,可以把"物"简单地理解为"物品",这里的物品不是指一切物质实体,而是指一切可以进行物理性位置移动的物质实体。商品学研究狭义的"商品",主要侧重于生产劳动新创造的有形物质产品。"物"和"商品"都被界定为有形物质实体,不考虑服务、知识等无形商品;"物"是"商品"范畴的一部分,它将房地产等无法进行位置移动的商品排除在外。

2. 两者的学科性质和研究内容具有一定相似性

物流管理是一门交叉学科,具有经济学、管理学、工学等多重属性,研究内容包括运输、储存、装卸搬运、包装、配送、信息和流通加工等;现代商品学则被公认为是技术性与经济性相融合的综合性学科,是以商品体为基础,以商品质量为中心来研究商品使用价值及其质量变化规律的。相比之下,商品学和物流管理存在着一定相似之处:两门学科都兼有经济属性和技术属性;研究目标都是最大限度地满足客户的要求,实现商品的使用价值;研究内容都将商品包装、储运、检验等包括在内,是基本一致的。

3. 商品学的知识和技术为物流管理提供指导

物流服务的最终目标是最大限度地实现客户的物流需求,各种物流基本功能的实现都是围绕具体商品展开的。因此,认识和掌握典型大类商品的自然属性,熟练运用商品检验、包装和养护中的技术方法,在管理工作中触类旁通,举一反三,才能针对具体商品保质保量地完成物流任务。

由此可见,商品学对物流管理专业能够发挥较强的理论基础作用,并且对学生的未来就业具有实践指导意义。

资料链接

商品学与其他学科的关系

商品多样化、使用价值的物质性和价值的社会性决定了商品学与多种自然科学和社会科学必然发生广泛的联系。

商品学与物理学、化学、生物学、生物化学、生理学、微生物学及其他一些基础学科有着密切的联系,这些学科的基础理论和基本方法是研究商品组成成分、理化性质、宏观微观结构的工具。

商品学与材料科学、工艺学、农艺学、家畜饲养学、环境科学、气象学、昆虫学、生态学及其他一些技术学科也有着密切的联系,应用这些学科的知识,为阐述商品使用价值的形成和维护提供了重要资料。

商品学与食品营养学、食品卫生学、服装科学、人体工程学及与此有关的应用学科更有千丝万缕的联系,应用这些学科的成果对提高商品质量、扩大商品品种有着十分重要的作用。

商品学在研究商品使用价值的社会性因素时,必然与社会科学保持一定的交叉渗透关系,从政治经济学、企业管理学、市场学、销售学、统计学、社会学、心理学、美学、广告学、物价学、经济地理学、质量工程学、质量管理学等学科汲取和借鉴某些研究成果,形成商品学的学科体系,有利于本学科的研究和发展。

随着商品学学科的不断发展,商品学又在本学科内部形成了不同的学科分类,如商品包装学、商品检验学、商品分类学、商品养护学、商品储运学、商品美学、食品商品学、家用电器商品学、日用品商品学、纺织品商品学、医药商品学等。

商品学与其他相关学科的关系不是简单的拼凑和堆砌，而是在商品学体系下的有机融合。反过来，商品学的研究成果也必然被其他学科吸收利用，达到相辅相成的目的。

复习思考题

一、单项选择题

1. 商品的使用价值就是（　　）。
   A. 功能　　　　　B. 有用性　　　　　C. 价值性　　　　　D. 价格
2. 商品使用价值的大小是由（　　）决定的。
   A. 消费需要　　　B. 商品属性　　　　C. 商品价格　　　　D. 商品质量
3. 商品学的创始人是（　　）。
   A. 约翰·贝克曼　B. 陆羽　　　　　　C. 李时珍　　　　　D. 达尔文
4. 国外最早涉及商品学领域的著作是（　　）。
   A.《完美商人》　　B.《商业之美》　　　C.《商品学导论》

二、判断题

1. 有使用价值的东西一定是商品，且一定有价值。（　　）
2. 劳动产品都有价值。（　　）
3. 价值是使用价值的基础，使用价值是价值的表现形式。（　　）

三、简答题

1. 商品学的产生和发展过程中，有哪些著名的著作？
2. 简述商品学的研究内容、研究任务和研究方法。
3. 商品学与物流管理的关系是怎样的？

四、案例分析题

案例1　　　　部分鱼泥、鱼酥罐装食品汞含量超标被召回

新华网北京4月30日电（记者朱立毅）　记者30日从有关部门获悉，按照2013年国家食品安全风险监测计划，有关部门对婴幼儿食品开展了重点风险监测。在最近对830份婴幼儿罐装辅助食品的监测中发现，807份样品检测合格，标称"贝因美""亨氏""旭贝尔"品牌的23份以深海鱼类为主要原料的样品汞含量超标。当地食品监管部门已要求涉事企业召回问题产品。

根据《食品安全国家标准　婴幼儿罐装辅助食品》（GB10770—2010）规定，婴幼儿罐装辅助食品中总汞含量不得超过0.02mg/kg，此次监测发现的问题样品平均监测值为0.03mg/kg，经科学评估，不会对婴幼儿造成健康影响。

据了解，当地食品监管部门立即依法对相关企业开展了监督检查，要求浙江贝因美科工贸股份有限公司、亨氏（青岛）食品有限公司和江苏盐城富通食品科技有限公司立即召回问题产品，并依法进行查处。

经初步调查,鱼泥、鱼酥罐装食品汞超标的原因是企业使用的深海旗鱼和金枪鱼原料带入。各地食品监管部门将继续加强对婴幼儿食品的风险监测和监督检查,对发现的问题产品及其企业严格依法查处。

我国《食品安全国家标准　食品中污染物限量》(GB2762)规定,适用于普通人群的肉食性鱼类及其制品甲基汞限量为1mg/kg。经风险监测,未发现相关食品汞含量超标情况。

资料来源:2013年4月30日,新华网

讨论题:
1. 不会对婴幼儿造成健康影响的问题食品为什么要召回?
2. 问题食品产生的原因是什么?
3. 此事件对我们有什么启发?

案例2　　　　　　　　漫　话　消　费

"唉,以前是缺吃的,现在是不敢吃!"

讨论题: 看到这幅漫画,联系所学到的商品学知识,你能想到什么?

实　训　题

1. 填充表格

商品层次分析

冰　箱	核心商品	形式商品	附加商品
自行车			
快餐套餐			
碟片			

2. 填充表格

组织学生调查超市商品,对于商品有直观认识,并填写如下典型商品调查表。

典型商品调查表

序号	典型商品	价值或价格	使用价值	包装或养护方法
1				
2				
3				
4				
5				
6				
7				
8				

第 2 章

商品分类与商品目录

知识目标：
1. 掌握商品分类的概念和原则。
2. 熟悉商品分类的方法和体系。
3. 了解商品目录。

能力目标：
1. 能够熟练运用所学知识对常见商品进行分类。
2. 熟悉常见商品目录及商品分类体系。

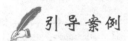
引导案例

> **耐人寻味的超市布局**
>
> 　　上海一家零售业巨头抢滩安徽某中等城市，开设分店已经有几年了，生意也是红红火火。分店占据该市步行街繁华地段一段楼宇的一、二、三层，有一点 Shopping Mall 的味道，底层是休息、餐饮区，二、三层设超市。不要看超市这两层楼面的经营面积小，商品却很齐全。但耐人寻味的地方不在于超市经营的商品品种的多寡，而是在进口和出口的设置上：两层楼的营业区只在二楼设置多个入口，而三楼不设置入口，与二楼共用入口，二楼、三楼营业区又各自拥有出口。三楼为什么没有自己的入口呢？三楼不需要入口吗？答案在哪里？答案就在于商品分类。人们日日必需、时时要消费的各种生活必需品包括日化用品、生鲜食品尽在三楼，而服装、书籍、玩具、音像制品、家电类产品等人们购买频数较低的耐用消费品在二楼。人们要上三楼购物，二楼是必经之路。琳琅满目、陈列有序的商品似乎总是在提醒到三楼的顾客："不要脚步匆匆，顺便把我带回去吧！"陪同购物的顾客也大多会在二楼自然而然地分流，或去看书，或去玩具陈列处徜徉流连……似乎在不经意中，商品分类就在此发挥了神奇的作用。
>
> 资料来源：2014年3月17日，百度文库

讨论题：
1. 同样的出入口设置，假设我们将二楼、三楼的商品整体调换位置，结果会怎么样？

2. 为了便于选购,超市一般如何对商品进行分类?
3. 商品分类的意义有哪些?

2.1 商品分类概述

2.1.1 分类与商品分类的概念

分类是我们认识事物、区分事物的重要方法之一。科学的分类,可以把看起来杂乱无章的事物系统化、条理化。任何集合总体都可以根据一定的标志逐次归纳为若干范围较小的单元(局部集合体),直至划分为最小的单元。这种将集合总体科学地、系统地逐次划分的过程称为分类。分类具有普遍性,凡有物、有人、有一定管理职能的地方都存在分类。

商品、材料、物质、现象等概念都是概括一定范围的集合总体。商品种类繁多,据不完全统计,在市场上流通的商品有几十万种以上,可见对商品进行分类是十分必要的。那么什么是商品分类呢?

根据一定的目的,选择恰当的标志,将任何一个商品集合总体进行合理划分的过程,即商品分类。商品分类,一般将商品集合总体划分为大类、品类、品种或大类、中类、小类、品种、细目等范围逐次缩小、特征更趋一致的局部集合体。

商品分类排列层次及应用实例如表 2-1 所示。

表 2-1 商品分类排列层级及其应用实例

商品门类	应用实例	
	食品	日用品
商品大类	食品	日用工业品
商品中类	饮料	家用化学品
商品小类	茶叶	肥皂、洗涤剂
商品品类或类目	绿茶	肥皂
商品种类	炒青绿茶	浴皂、洗衣皂
商品亚种	龙井茶	香皂
商品品种	西湖龙井茶	力士香皂
商品细目(质量等级)	特级西湖龙井茶	

商品的大类一般根据商品生产和流通领域的行业来划分,既要和生产行业对口,又要与流通组织相适应。商品品类或中类等是指若干具有共同性质和特征的商品的总称,它们各自包括若干商品品种。商品品种是按商品特性、成分等方面的特征进一步划分得到的商品类组。品种的名称即具体商品名称。上述商品的局部集合体,可以继续划分至最小的单元——商品细目。细目是对品种的详尽区分,包括商品的规格、花色、型号、质量等级等。细目能更具体地反映商品的特征。

2.1.2 商品分类的意义

商品分类对发展生产、促进流通、满足消费以及提高企业经济效益和管理水平起着重要作用,具体表现在以下几个方面。

1. 商品分类有利于信息工作的开展

商品分类有助于及时收集、整理和分析各类商品信息,掌握其生产量、销售量、消费量和库存量的变化情况,并对其发展趋势进行预测分析。只有建立在科学的商品分类基础上的统计数据才具有可比性和现实意义。

2. 商品分类有助于商品经营管理与选购

商品经营行业的划分,商场商品部、组的设立都离不开商品分类,商品分类不仅使商品经营行业以及商场的商品经营管理井然有序,也便于消费者选购商品。

3. 商品分类有利于实现商品管理标准化和现代化

随着计算机在商品管理中的广泛应用,为商品的科学分类、商品编码及快速存储和处理商品信息创造了条件,同时对商品分类和编码也提出了更高的要求。利用计算机和商品信息系统查询商品的性能、生产国别、生产经营者、价格、货源量、存放地点等信息,加速了商品管理标准化和现代化的进程,这一切都离不开商品分类和商品编码。

4. 商品分类有助于商品学教学和科研工作的开展

商品品种繁多,商品学教学只能从各类商品中选出有代表性的品种进行讲解。商品学的科学研究,也必须从个别商品特征归纳出各类商品的总特征,才能深入分析商品性能,研究商品质量、品种及其变化规律。可见,商品学教学和科研也必须建立在商品科学分类的基础上。

2.1.3 商品分类的原则

为了实现商品的科学分类,使商品分类能够满足特定的需要,在商品分类时应遵循以下原则。

1. 科学性原则

商品分类的科学性是指商品在分类中所选择的标志必须能反映商品的本质特征并具有明显的功能和稳定性,以满足分类的客观要求,发挥分类的作用。科学性是分类的基本前提。

2. 系统性原则

商品分类的系统性是指以选定的商品属性或特征为依据,将商品总体按一定的排列顺序予以系统化,并形成一个科学的分类系统。商品总体分成若干门类后,门类分为若干大类,大类分为若干中类,中类分为若干小类,直至分出品种、规格、花色等。系统性是商品分类的关键。

3. 唯一性原则

商品分类体系中的每一个分类层次只能对应一个分类标志,以免产生子项互不相容的逻辑混乱。

4. 可扩延性原则

可扩延性原则又称后备性原则,即进行商品分类要事先设置足够的收容类目,以保证新产品出现时不至于打乱已建立的原有的分类体系和结构,同时为下级部门便于在本分类体系的基础上进行开拓细分创造条件。

5. 兼容性原则

商品分类要与国家政策和相关标准协调一致,又可与原有的商品分类保持连续性和可转换性,以便进行历史资料对比。

6. 综合使用原则

商品分类要在满足系统总任务、总要求的前提下尽量满足系统内有关单位的实际需要。

2.2 商品分类方法及商品分类标志

2.2.1 商品分类体系和商品分类方法

在任一次商品分类中,可将任一商品集合总体逐次划分为包括大类、中类、小类、品类在内的完整的、具有内在联系的类目系统。这个类目系统即为商品分类体系。

建立商品分类体系的基本方法有两种,一种是线分类法,一种是面分类法。

1. 线分类法

(1) 概念

线分类法是将拟分类的商品集合总体,按选定的属性或特征逐次地分成若干个层级类目,并编制成一个有层级的、逐级展开的分类体系。线分类体系的一般表现形式是将大类、中类、小类等级别不同的类目逐级展开,各层级所选用的标志不同,各个类目之间构成并列或隶属关系。由一个类目直接划分出来的下一级各类目之间存在着并列关系,不重复,不交叉。线分类法实例如表2-2所示。

表2-2 线分类法应用实例

大 类	中 类	小 类
餐具	金属餐具	碗、筷、盆、勺、叉、刀
	塑料餐具	
	木制餐具	
	竹制餐具	

在实例中,特别需要注意下面三个关系。

① 同位类。由一个类目直接区分出来的各类目,彼此称为同位类。如实例中中类中的金属餐具、塑料餐具、木质餐具、竹制餐具。

② 上位类。在线分类体系中,一个类目相对于由它直接划分出来的下一层级的类目而言称为上位类,也称母项。如大类相对于中类,中类相对于小类。

③ 下位类。由上位类直接划分出来的下一层级的类目,相对于上位类而言,称为下位类,也称子项。如中类相对于大类,小类相对于中类。

(2) 优缺点

线分类法是比较常见的方法,但也有局限性,其优缺点如下。

① 优点。信息量大、层次性好,逻辑性强,使用方便,既适用于手工处理信息的传统习惯,又便于计算机处理。

② 缺点。结构弹性差,分类结构一经确定不易改动,效率较低,代码位实数长。

(3) 线分类法遵循的原则

线分类法主要遵循以下四种原则。

① 由上位类划分出的下位类类目的总和应与上位类类目的范围相等。

② 当一个上位类类目划分为若干个下位类类目时,应选择同一个划分基准。

③ 同位类类目之间不应交叉,不应重复,并只对应于一个上位类。

④ 分类要依次进行,不应有空层或加层。

2. 面分类法

(1) 概念

面分类法也叫平行分类法。是指针对分类的商品集合总体,只将所选定的分类对象的若干标志视为若干个面,每个面划分为彼此独立的若干个类目,排列成一个由若干个面构成的平行分类体系。下面以服装为例加以说明,如表 2-3 所示。

表 2-3 面分类法应用实例

第一面	第二面	第三面
服 装 面 料	式 样	款 式
棉		
麻		西装
丝	男式	休闲装
毛	女式	中山装
化纤		裙
皮革		

(2) 优缺点

面分类法在商品分类中适应性较强,其优缺点如下。

① 优点。结构弹性好,适应性强,适用于计算机管理。

② 缺点。组配结构太复杂,不便于手工处理,其容量也不能充分利用。

(3) 面分类法遵循的原则

面分类法需要遵循以下两个原则。

① 一个面的分类标志的概念,在不同的面里不应该互相交叉,更不能含糊和重复,以保证标志概念的唯一性和独立性。

② 建立分类体系时,一个特定的面应该占有严格的固定位置。

线分类法和面分类法是商品分类的基本方法,在使用时,应根据管理上的需要进行选择。在实践中,由于商品复杂多样,常采用以线分类法为主,面分类法为辅,二者相结合的分类方法。

2.2.2 商品分类标志

商品分类标志是指商品的自然属性和社会属性方面的一些本质性特征和特性,人们依照这些特征和特性能将商品唯一地、稳定地、明显地区分开来。

1. 选择商品分类标志的基本原则

分类标志是编制商品分类体系和商品目录的重要依据和基准。对商品进行分类,可供选择的标志很多,在选择时应遵循如下基本原则。

(1) 目的性。分类标志的选择必须保证在此基础上建立起的分类体系能满足分类的目的和要求。

(2) 包容性。分类标志的选择必须保证在此基础上建立的分类体系能够包容拟分类的全部商品,并为不断纳入的新商品留有余地。

(3) 区分性。分类标志本身含义明确,必须保证能从本质上把不同类别的商品明显区分开来。

(4) 唯一性。分类标志的选择必须保证每个商品只能在体系内的一个类别中出现,不得在不同类别中反复出现;体系内的同一层级范围只能采用同一种分类标志,不得同时采用几种分类标志。

(5) 逻辑性。在唯一性原则得到强调的同时,还要兼顾到分类标志的选择必须保证使商品分类体系中的下一层级分类标志成为上一级分类标志的合乎逻辑的继续和具体的自然延伸,从而使体系中不同商品类目间或并列,或隶属的逻辑关系清晰。

(6) 简便性。分类标志的选择,必须保证建立起的商品分类体系在实际运用中便于操作,易于使用,有利于采用数字编码和运用计算机进行处理。

2. 常用商品分类标志

商品分类标志,实质是商品本身固有的品种属性。目前还未发现一种能贯穿商品分类体系始终,对所有商品类目直到品种和细目都适用的分类标志。因此,在一个分类体系中,常采用几种分类标志,往往在每一个层次用一个适宜的分类标志。商品分类实践中,常见的分类标志有如下几种。

(1) 以商品的用途作为分类标志

商品用途是体现商品使用价值的重要标志,以商品用途作为分类标志,不仅适合于对商品大类的划分,也适合于对商品类别、品种的进一步划分。例如,商品按用途可分为生活资料和生产资料;生活资料按用途的不同又可分为食品、衣着类用品、日用品等;日用品按用途又可分为器皿类、玩具类、洗涤用品类、化妆品类等;化妆品按用途还可继续划分为护肤用品、美容美发用品等。

以商品的用途作为分类标志,便于分析和比较同一用途商品的质量和性能,从而有利于生产部门改进和提高商品质量、开发商品新品种、生产适销对路的商品,也便于商业部门经营管理和消费者按需选择商品。但对于多用途的商品,不宜采用此分类标志。

(2) 以原材料作为商品分类标志

商品的原材料是决定商品质量、使用性能、特征的重要因素之一。例如,纺织品按原材料不同可分为棉织品、毛织品、麻织品、丝织品、化学纤维织品、金属原料织品等;鞋类商品可分为布鞋、皮鞋、塑料鞋、人造革皮鞋等;食品按原材料可划分为植物性食品、动物性食品和矿物性食品等。

以原材料作为商品分类标志，不仅使商品分类清楚，而且能从本质上反映出每类商品的性能、特点、使用及保管要求。特别是对那些原材料替代种类多，且原材料对性能影响较大的商品比较适用。但对那些由两种以上原材料所构成的商品，采用此标志进行分类会产生一定困难。例如，各种家用电器和汽车等工业品。

(3) 以商品的加工方法作为分类标志

很多不同的商品，往往是用同一种原材料制造的，就是因为选用了不同的加工方法，最后便形成质量特征截然不同的商品种类。由此可见，生产加工方法，也是商品分类的重要标志。这种分类标志，对那些可以选用多种加工方法，且质量特征受加工工艺影响较大的商品最为适用。例如，按加工方法上的区别，茶叶有全发酵茶、半发酵茶、不发酵茶和后发酵茶；酒则有配制酒、蒸馏酒和发酵酒；纺织品有有机制品、针织品、钩编织品、编结织品和无纺布；烟叶有烤烟、晒烟、晾烟和晾晒烟。

对那些加工方法虽不同，但对质量特征不会产生实质性影响的商品，则不宜采用此种标志来分类。

(4) 以商品的主要成分或特殊成分作为分类标志

商品的很多性能取决于它的化学成分。很多情况下，商品的主要成分是决定其性能、质量、用途或储运条件的重要因素。对这些商品进行分类时，应以主要成分作为分类标志。例如，化肥可分为氮肥、磷肥、钾肥等。

有些商品的主要化学成分虽然相同，但是所含的特殊成分不同，可形成质量、性质和用途不同的商品。对这类商品分类时，应以其中的特殊成分作为分类标志。例如，玻璃的主要成分是二氧化硅，但根据其中一些特殊成分，可将玻璃分为钠玻璃、钾玻璃、铅玻璃、硼硅玻璃等类；根据其添加的特殊成分，护肤霜可以分成人参霜、珍珠霜等。

以主要成分或特殊成分作为分类标志，适用于对化学成分已知，且成分对质量特性影响较大的商品。采用这种标志分类，便于研究商品的特性、包装、储运、使用方法、养护等问题，也便于消费者识别商品。因此，该方法在生产管理、经营管理和教学科研中广泛应用。但对化学成分构成复杂，成分容易发生变化或区别不明显、成分不清楚的商品，不适宜采用这种分类标志。

如今还要注意一点，有些商品类目的名称，不仔细看会以为是依据商品特殊成分的结果，实际上是歧化了"概念营销"的策略，利用哗众取宠的手段吸引消费者。

(5) 以商品的生产加工过程和环境质量作为分类标志

随着社会的发展，人们越来越意识到健康、环保以及社会和谐的重要性。吃什么、穿什么、用什么，人们的关注点已经从商品本身延伸到商品的生产过程和生产环境的关系。因此，纺织品被分为生态纺织品和非生态纺织品；食品被区分为无公害食品、绿色食品和有机食品；茶叶等内质受地域性条件影响很明显的名特产品可分为一般产品和地理标志产品等。

(6) 以商品经营习惯作为标志

这是商业零售企业为方便经营、方便消费者辨认和选购常用的方法。这种分类方法往往与以商品的用途作为分类标志的分类方法结合使用。

商品分类可采用的标志很多，但都有一定的适应性和局限性，很难选择出一种能贯穿商品分类体系始终的分类标志。因此,在一个分类体系中常采用多种分类标志,往往是每一个层级用一个适宜的分类标志。

 资料链接

商场卖场中常见的商品陈列分类方法

1. 按色彩分类

人们对色彩的辨别度最高,比形状的辨别度还高。和谐的色彩也最能打动顾客,引起顾客的购买欲望。因此,色彩分类法常常被女装品牌作为卖场分类的首位。

色彩分类法比较适合色彩较多,并将色彩作为主要设计点的服装品牌。

卖场商品的色彩配置不仅要考虑单柜的效果,而且要考虑整个卖场的效果,要使整个卖场呈现和谐的状态。

2. 按性别分类

根据顾客的性别进行分类。适合目标顾客群较广的品牌,如休闲装、童装等,都是先按男女用品分区,这样既可以方便顾客的挑选,同时也可以非常快地把卖场的顾客分流到两个区域。

3. 按品种分类

这种分类的方式源于大批量销售,就是把相同形式的商品归属一类。如把卖场分成毛衫区、T恤区、裤区等。其特点是方便顾客挑选,并使商品更突出可比性。同时,店铺的管理也方便,如进行盘存、统计等工作。比较适合服装中配搭性强、款式简单、类别较多、销售量较大的品牌,如中低档的休闲装等。其弱点是较难进行色彩搭配,容易混乱,系列感不强,需要导购员进行引导,或在卖场中局部进行搭配陈列,以弥补不足。

4. 按价格分类

将卖场的货品按价格进行分类。由于每个品牌都有其一定的价格区间。顾客选择进入的店铺基本能够承受该品牌的价格范围,因此一般在常规的卖场中很少使用。但对于清货打折时,由于顾客对价格的敏感度增加,所以采用价格分类的方法会达到较好的效果。另外,一些经营低价位服装的品牌,由于目标顾客对价格比较敏感,也可以按价格对商品进行分类。

5. 按风格分类

这种分类主要适用于风格和系列较多的服装。如按照不同场合的不同穿着而分类,一般可分为休闲服装、职业服装、运动服装等类别,这样便于顾客选购,也帮助顾客在寻找适合前往某个场合的服装方面省了不少力。

6. 按尺码分类

将商品按尺码规格进行排列,如大、中、小号或按人体尺寸进行排列,可以使消费者一目了然，随手选出自己需要的尺码的商品。由于在店铺中一般都备有尺码齐全的商品，因此商品尺码不会成为顾客首先关注的问题。顾客往往对一款服装的色彩、款式、面料考虑完毕后，才开始关注尺码问题。所以在一般的情况下，尺码分类常常作为其他分类方式的补充。但在童装店、西装衬衫店，由于尺码成为首先要考虑的问题，所以也会采用尺码为先的分类排列方式。

7. 按系列分类

就是按照设计师设计的系列进行分类。按系列陈列可以加大产品的关联性，容易进行连带性销售，适合品种较少的品牌，如西装、女装等。但这对品种较多的品牌却不太合适，因为占用的空间比较大。同时，太多的组合陈列也会使卖场混乱，管理比较麻烦。

8. 按原料分类

按服装面料进行分类，如皮衣专柜、毛衣专柜、牛仔专柜等。这种分类方式，一般需要卖场商品中，采用这种面料的商品达到一定数量，能独立陈列为一个系列；同时，其面料风格或价格和其他产品也应相差较大，有特殊的卖点。例如，把皮衣专柜独立陈列成系列，就是要突出皮衣高贵的感觉，在价格上形成差异。把牛仔服独立成柜，一方面是突出牛仔服粗犷的感觉；另一方面还因为牛仔服的分类已成为传统的方式。

依原料分类不宜太细，由于很多顾客对面料的认知度很低，因此一般分成大类，然后再使用其他分类法细分。

2.3 商品目录

2.3.1 商品目录的概念

商品目录是指将所经营管理的全部商品品种，按一定标志进行系统分类编制成的商品细目表。商品目录是以商品分类为依据，因此也称商品分类目录或商品分类集。商品目录是在商品逐级分类的基础上，用表格、符号和文字全面记录商品分类体系和编排顺序的书本式工具。商品目录的编制就是商品分类的具体体现。从其内容结构分析，商品目录一般是商品名称、商品代码、商品分类体系3方面信息的有机结合；从其表现形式分析，商品目录是在商品分类和编码的基础上，用表格、文字、数码等全面记录和反映相关商品集合总体综合信息的文件。

编制商品目录，是商品分类工作的重要组成部分；商品目录，是商品科学分类的最后成果。在编制商品目录时，国家或部门都是按照一定的目的，首先将商品按一定的标志进行定组分类，再逐次制定和编排。也就是说，没有商品分类就不可能有商品目录，只有在商品科学分类的基础上，才能编制层次分明、科学、系统、标准的商品目录。

编制商品目录，便于国家、部门和企业对其经营范围内的商品进行科学管理；便于对商品生产和经营动态的了解与把握,为市场经济发展提供商品信息;便于消费者对市场商品供求情况的了解,更好地满足消费者的需要。所以,编制商品目录是搞好商品生产、经营及其管理的一种重要手段。

2.3.2 商品目录的种类

商品目录由于编制目的和作用不同,种类很多。例如,按商品用途不同编制的目录有食品商品目录、纺织品商品目录、家电商品目录、化工原料商品目录等;按编制对象不同可分为工业产品目录、贸易商品目录和进出口商品目录等;按适用范围不同编制的目录有国际商品目录、国家商品目录、部门商品目录、企业商品目录等。

1. 国际商品目录

国际商品目录是指由国际组织或区域性集团通过商品分类所编制的商品目录,如联合国编制的《国际贸易标准分类目录》、国际关税合作委员会编制的《商品、关税率分类目录》、海关合作理事会编制的《海关合作理事会商品分类目录》和《商品分类及编码协调制度》等。

(1)《海事合作理事会税则商品分类目录》

《海事合作理事会税则商品分类目录》又称为《海关税则分类目录公约》(Customs Cooperation Council Nomenclature,CCCN),是1950年12月15日海关合作理事会在布鲁塞尔召开的国际会议上制定的公约,1953年9月11日生效。该公约最初被称为布鲁塞尔税则目录,其后经多次修订,于1975年正式改名为《海事合作理事会税则商品分类目录》。它是一个系统的商品分类体系,将进出口商品共分为21类99章1 011个品目。截至1987年,世界上有150多个国家和地区制定了以它为基础的本国海关税则。制定《海关税则分类目录公约》的目的,是防止各国利用商品分类进行贸易歧视,避免各国海关任意制定商品分类,便于国际贸易。

中国1985年海关进出口税则采用了这个商品分类目录。

(2)《国际贸易标准分类目录》

为了便于联合国统计工作,联合国秘书处于1950年主持草拟了联合国《国际贸易标准分类目录》,简称SITC,它是国际贸易统计和联合国有关机构贸易统计中的重要商品分类目录。该目录将所有国际贸易商品分成10类63章233组786个分组,其中435个分组又细分成1 573个附属目,其余351个分组不细分子目,这样共有1 924个基本统计项目,各国可依据本国需要进一步细分任何一个基本项目。

2. 国家商品目录

国家商品目录是指由国家制定、专门机构编制的商品目录。比如国家统计局制定的《商业统计综合报表制度》中的商品目录,对分类、指标及各范围都有一定的规定。各地区、各部门必须按国家商品目录的统一规定进行统计、整理资料。再比如我国由国务院批准、国家标准局发布的《全国工农业产品(商品、物资)分类与代码》(GB/T 7635—2002)。

《全国主要产品分类与代码》由相对独立的两个部分组成,第一部分为可运输产品,第二部分为不可运输产品。第一部分由五大部类组成,与联合国统计委员会制定的《主要产品分类》(CPC)1998年10版的第1部分相对应,一致性程度为非等效。该目录是国民经济统一核算和国家经济信息系统的重要基础,各部门、各地区在进行计划、统计、会计、业务等工作时,必须按本标准及有关使用要求整理材料,保证信息交流共享。

3. 部门商品目录

部门商品目录是指由行业主管部门编制,为该部门从中央到基层企业共同采用的商品目录。比如,外贸部编制的《出口商品分类目录》,它将我国出口商品分为农副产品、纺织品、轻工业品、矿产及制品、化工产品、机械产品和其他共7个部分36个大类272章3 271个目2 334个细目5 915个商品,是全国各省、市、自治区外贸单位编制计划、统计、财会报表时必须统一执行的。

4. 企业商品目录

企业商品目录是指由企业在兼顾国家和部门商品目录分类原则基础上,为充分满足本企业工作需要,而对本企业生产或经营的商品编制的商品目录,通常仅适用于本企业。比如仓库保管商品经营目录等。

部门或企业单位商品目录的编制,必须符合国家商品目录的分类原则,并在此基础上结合本部门和本企业单位的业务需要,进行适当的细分和补充。商品目录不是一成不变的,而是可随着商品生产、商品经济的发展予以适当修订的,这样才符合商品流通活动规律。

复习思考题

一、单项选择题

1. 唯一性原则是在选择商品分类标志时必须遵循的原则之一,其含义主要是指在体系中的(　　)范围内只能用一种分类标志。
　　A. 同一层级　　　　　　　　　B. 不同层级
　　C. 所有层级　　　　　　　　　D. 大类和中类

2. 商品分类和商品编码的关系是(　　)。
　　A. 编码在前　　B. 分类在前　　C. 同时进行　　D. 不分先后

3. 对商品进行分类时,(　　)是至关重要的。
　　A. 明确分类目的
　　B. 选择恰当的分类标志
　　C. 明确分类的商品集合体所包括的范围
　　D. 科学定义

4. 以下各项中(　　)不是线分类法的优点。
　　A. 层次性好　　B. 适合计算机处理　　C. 结构弹性好　　D. 信息量大

二、简答题

1. 什么是商品分类?举例分析商品分类的层级关系。
2. 常见商品分类的标志有哪些?商品分类的方法主要有哪些?

3. 什么是商品目录？商品目录是怎样分类的？

4. 国内目前影响范围较广的商品分类目录有哪些？

三、案例分析题

北京华联婴儿护理中心（宝宝屋）

北京华联超市在宝洁公司的推动和协助下建立了婴儿护理中心（宝宝屋）。北京华联的婴儿产品原本分散在不同的品类中，如婴儿奶粉和成人奶粉放在一起，属奶制品品类；婴儿纸尿片和纸巾等放在一起，属纸制品品类。但调查发现，孕妇或抱着婴儿的妈妈要辛苦地走上1~2小时才能购齐所需妇婴物品，她们最希望花较短的时间一次性购齐所需物品。于是，新的品类——妇婴用品类应运而生。

在新的品类中，包括了婴儿喂哺类（如奶瓶、学饮杯等）、洗护类（如洗发露、沐浴乳、护臀膏、爽身粉等）、离乳类（如勺子、碗、研磨器、榨汁器等）、安全类（如安全插座、安全门卡、安全桌脚等）及其他（如温度计、湿度计、浴盆、体温计、退热贴、驱蚊贴、吸鼻器、婴儿车、婴儿床、儿童餐椅、尿不湿、柔湿巾、奶粉、保健品等），还有妈妈类，即孕期类（如防辐射服、孕妇装等）、待产类（如产妇卫生巾、一次性床褥、束缚带、骨盆带等）、哺乳期类（如吸乳器、防溢乳垫、哺乳内衣等）。1~2个月后，购物者便习惯性地步入宝宝屋购买妇婴用品了。宝宝屋的设立，使北京华联婴儿品类的生意增长了33%，利润增长了63%。

资料来源：2014年5月12日，豆丁网

讨论题：

1. 北京华联婴儿护理中心品类管理与传统商品分类管理的最大区别是什么？
2. 品类管理的发展对供应商和零售商提出了怎样的要求？

实 训 题

假定你是校园小超市经理，请利用本章所学知识进行如下训练。

① 拟出经营商品大类；

② 编制小超市商品分类目录。

步骤：

（1）每4~5位同学组成一个学习小组。

（2）选定学校附近的小超市，按店内商品大类或经营区域进行合理分工、分区调查并做详细记录。

（3）按以下步骤完成作业：

① 拟出经营商品大类；

② 编制小超市商品分类目录。

（4）应用科学分类观念，结合经营习惯，对超市商品分类提出合理化建议。

评分表如下表所示。

技能项目成绩考核表

项　　目	评 估 指 标	成　　绩
目的(10%)	准确性	
原则(20%)	对分类原则的理解和运用	
方法(30%)	① 分类方法的选择分析 ② 分类方法的特点分析	
分类标志(40%)	① 分类标志的种类分析 ② 分类标志的选择分析	

第 3 章 商品代码与条形码

知识目标:
1. 掌握商品代码的概念及编码原则。
2. 理解商品条码的符号结构与校验码的结构及计算规则。

能力目标:
1. 熟悉商品代码的编制方法。
2. 熟悉 UPC 条码和 EAN 条码的符号结构。

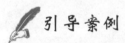

看条形码前缀便知奶粉姓"洋"姓"中"、是真是假

近日,青岛市民王女士购买奶粉时,根据她最近掌握的一个"窍门",发现这样一个问题:她所买的奶粉标注原装进口地是新加坡,怎么条形码前缀显示产地在中国?

王女士所掌握的"窍门"其实是网上流传的"通过条形码前缀可辨识奶粉原产地"的信息。根据信息,市民在挑选奶粉时只要看奶粉的外包装的条形码前缀,就能辨别姓"洋"或姓"中",其中,00~13 代表美国与加拿大;45~49 代表日本;690~695 代表中国大陆;87 代表荷兰;93 代表澳大利亚……这种辨识方法是否可行?当地记者走访市区几家奶粉销售店和超市,发现大部分品牌适用于"原产地识别法",有的品牌则不适用。在和平路一家婴幼儿产品销售店内,记者注意到,某品牌婴幼儿奶粉在外罐标明"原装进口",且产地是新加坡,条形码却以代表中国大陆的前缀码"693"开头。对于这种情况,有的销售人员表示"不清楚,但保证是原装进口的"。

通过条形码能否准确判断商品是国产的还是进口的呢?中国物品编码中心山东省分中心相关负责人王国强称,条形码前缀不能完全说明是国产还是进口。"条形码前缀数字对应的是产品注册地,而不是原产地,不能拿这个去比对。"王国强称,比如,一些外国原装进口奶粉在国内注册销售时会直接以销售国的前缀码标注,有些进口的奶粉会经过中国公司重新包装或由中国公司直接经销,这时就会使用代表大陆的前缀码,但这时商品的包装上会有中国公司的相关信息,因此,消费者挑选奶粉时可以参考使用"原产地识别法",但不能完全相信。

资料来源:2013 年 9 月 18 日,中国知识产权保护网

讨论题：
1. 常见的条形码有哪些？
2. 你了解条形码的结构吗？
3. 条形码在生活中主要有哪些应用领域？推广意义在哪里？

3.1 商品代码

3.1.1 商品代码的概念与类型

1. 概念

商品代码又称商品代号、商品编号，它是赋予某种或某类商品的一个或一组有序排列的符号，是便于人或计算机识别商品与处理商品的代表符号。符号通常是字母、数字和特殊标记及其组合的有序排列，便于人或计算机进行识别和处理。

2. 类型

商品代码根据所用符号类型来划分，可以将其分为数字型代码、字母型代码、数字字母混合型代码和条形码四种。

（1）数字型代码

数字型代码是指用阿拉伯数字对商品进行编码形成的代码符号。数字型代码是世界各国普遍采用的商品编码方法之一。这种类型的代码更便于国际之间的经济往来，其特点是结构简单，使用方便，易于推广，便于利用计算机处理。数字型代码是将每个商品的类别、品目、品种等排列成一个数字或一组数字。GB/T 7635—2002 标准，采用的就是数字型代码。按前者编码，如小麦的代码是 01111。

（2）字母型代码

字母型代码是指用一个或若干个字母表示分类对象的代码。按字母顺序对商品进行分类编码时，一般用大写字母表示商品大类，用小写字母表示其他类目。字母型代码便于记忆，可提供便于人们识别的信息，但当分类对象数目较多时，往往会出现重复现象，因此，在商品分类编码中很少使用。

（3）混合型代码

混合型代码又称数字、字母混合型代码，是由数字和字母混合组成的代码。字母常用于表示商品的产地、性质等特征，可放在数字前边或后边，以辅助数字代码。例如，"226"代表浙江产的杭罗，"8112"代表涤粘中长纤维色布。

（4）商品条码

商品条码是由条形符号构成的图形表示分类对象的代码。它是数字型代码、字母型代码和混合型代码的另一种表现形式。

资料链接 3-1

身份证上的号码,你知道都代表啥吗?

身份证人人都有,但上面的数字代表什么,可能不是每个人都知道。身份证号码是由18位数字组成的,它的第1、第2位数字是所在省份的代码;第3、第4位数字是所在地级市的代码;第5、第6位数字是所在区县的代码;第7~第14位数字表示出生年、月、日;第15、第16位数字是所在地派出所的代码;第17位数字表示性别:奇数表示男性,偶数表示女性;第18位数字是校验码,它可以是0~9的数字,有时也用X表示。如图3-1所示。

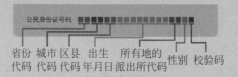

图3-1 公民身份证数字表示的意义

3.1.2 商品编码的原则与方法

商品编码是在商品分类的基础上编制商品分类体系的过程,商品代码是商品分类体系和商品目录的重要组成部分,两者均与商品分类密切相关。分类在先,编码在后,代码是分类体系的内容。因此,在实践中商品代码习惯上也称为商品编码、分类编码。

1. 原则

商品代码编制的目的在于方便使用,因此,在编码时应考虑以下原则。

(1) 唯一性:指每一个编码对象只能有唯一的代码。

(2) 可扩性:指代码结构应留有足够的余地。

(3) 简明性:指代码要简明、易记,不要过长。

(4) 统一性:指代码必须规范化,格式一致。

(5) 稳定性:指代码不宜频繁变化。

(6) 层次性:指代码层次要清楚,能清晰地反映商品分类体系和分类目录内部固有的逻辑关系。

(7) 可操作性:指代码应尽可能方便事务员和操作员工作。

2. 方法

商品代码的编制方法主要有顺序编码法、层次编码法、平行编码法和混合编码法四种。

(1) 顺序编码法

顺序编码法是按商品类目在分类体系中出现的先后次序,依次给以顺序代码的一种编码方法。这种编码法比较简单,常用于容量不大的编码对象集合体。

(2) 层次编码法

层次编码法是以分类对象的从属、层次关系为排列顺序而编制代码的一种方法。这种方法常用于线分类体系,编码时将代码分成若干层次,并与分类对象的分类层级相对应。代码自左至右表示层级由高至低,代码左端为最高位层级代码,右端为最低位层级代码,各层级的代码常采用顺序码或系列顺序码。

(3)平行编码法

平行编码法是将分类对象按其特征分成若干个面,再把每个面内的类目排列的顺序代码加以组合而形成代码的一种方法。这种方法常用于面分类体系,编码时按照面的排列顺序将各个面内类目的代码分别加以组合。

(4)混合编码法

混合编码法是由层次编码法和平行编码法组合而成的一种编码方法。编码时先选择分类对象的各种特征,然后将某些特征用层次编码法表示,其余特征用平行编码法表示。

在此仅以国家标准《全国工农业产品(商品、物资)分类与代码》(GB/T 7635—2002)为例,分析、认识层次编码,如图3-2所示。这种方法常用于线分类体系,编码时将代码分成若干层级,并与分类对象的分类层级相对应。代码自左至右表示层级由高至低,代码左端为最高位层级代码,右端为最低位层级代码,各层级的代码常采用顺序编码或系列顺序码。

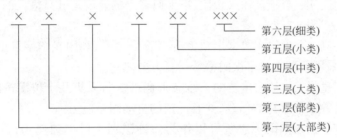

图 3-2　层次(分级式)编码结构

英文字母法。它是以英文字母作为代码的商品编码法。英文字母 I、O、Q、Z 与阿拉伯数字 1、0、9、2 容易混淆,故废弃不用,除此之外,尚有 22 个字母可用。

3.1.3　商品编码的意义

通过商品编码可以容易区别不同产地、不同原料、不同色泽、不同型号的商品品种;便于企业经营管理、计划、统计、物价和核算等工作的开展,有助于避免差错,提高工作效率;为计算机进行数据处理创造前提条件。具体表现在以下方面。

(1)提高社会管理水平。通过商品编码可以使繁多的商品条理化、系统化、有序化,便于对商品进行统一的社会管理,如计划管理、物价管理、商品质量管理、物流管理等,有利于社会管理水平的提高。

(2)提高社会经济效益。商品编码使得商品分类体系通用化、标准化,有利于运用信息网络技术对商品信息流和物流进行现代化科学管理,为提高社会效益和经济效益奠定了基础。

(3)提高生态效益。统一的商品分类编码系统的建立,可以使人们运用信息技术进行统一筹划,避免了重复生产,提高了物流效率,合理利用了社会资源,保护了生态环境,从而有利于构建和谐社会、提高生态效益。

3.2 商品条码

3.2.1 商品条码的定义与特点

1. 定义

商品条码是由一组宽窄不同、黑白或彩色相间的平行线及其对应的字符,依照一定的规则排列组合而成的条空数字图形。商品条码,也是一种商品代表符号,它是用光电扫描阅读设备识读并实现数据计算机处理的特殊代码。常见的条形码是由反射率相差很大的黑条(简称条)和白条(简称空)排成的平行线图案。条形码可以标出物品的生产国、制造厂家、商品名称、生产日期、图书分类号、邮件起止地点、类别等许多信息,因而在商品流通、图书管理、邮政管理、银行系统等许多领域都得到广泛的应用。条码技术的普遍推广,大大加快了商品流通的速度。

2. 特点

(1)输入速度快:与键盘输入相比,条形码输入的速度是键盘输入的5倍,并且能实现"即时数据输入"。

(2)可靠性高:键盘输入数据出错率为三百分之一,利用光学字符识别技术出错率为万分之一,而采用条形码技术误码率低于百万分之一。

(3)采集信息量大:利用传统的一维条形码一次可采集几十位字符的信息,二维条形码更可以携带数千个字符的信息,并有一定的自动纠错能力。

(4)灵活实用:条形码标志既可以作为一种识别手段单独使用,也可以和有关识别设备组成一个系统实现自动化识别,还可以和其他控制设备连接起来实现自动化管理。

(5)条形码标签易于制作,对设备和材料没有特殊要求,识别设备操作容易,不需要特殊培训,且设备也相对便宜。在零售业领域,因为条码是印刷在商品包装上的,所以其成本几乎为"零"。

条码技术是在计算机应用和实践中产生并发展起来的一种广泛应用于商业、邮政、图书管理、仓储、工业生产过程控制、交通等领域的迄今为止最经济、实用的一种自动识别技术。

3.2.2 条码的发展与作用

1. 发展历史

条形码最早出现在20世纪40年代,但是得到实际应用和发展还是在20世纪70年代。现在世界上的各个国家和地区都已经普遍使用条形码技术,而且它正在快速地向世界各地推广,其应用领域越来越广泛,并逐步渗透到许多技术领域。

早在20世纪40年代,美国乔·伍德兰德(Joe Wood Land)和伯尼·西尔沃(Berny Silver)两位工程师就开始研究用代码表示食品项目及相应的自动识别设备,于1949年获得了美国专利。

20年后乔·伍德兰德作为IBM公司的工程师成为北美统一代码UPC码的奠基人。

以吉拉德·费伊塞尔(Girard Fessel)为代表的几名发明家,于1959年申请了一项专利,描述了数字0~9中每个数字可由七段平行条组成。但是这种码使机器难以识读,使人读起来也不方便。不久,E. F. 布宁克(E. F. Brinker)申请了另一项专利,该专利是将条形码标识在有轨电车上。20世纪60年代后期西尔沃尼亚(Sylvania)发明的一个系统,被北美铁路系统采纳。这两项可以说是条形码技术最早期的应用。

1970年美国超级市场Ad Hoc委员会制定出通用商品代码UPC码,许多团体也提出了各种条形码符号方案,UPC码首先在杂货零售业中试用,这为以后条形码的统一和广泛采用奠定了基础。次年,布莱西公司研制出布莱西码及相应的自动识别系统,用以库存验算。这是条形码技术第一次在仓库管理系统中的实际应用。1972年蒙那奇·马金(Monarch Marking)等人研制出库德巴(Code bar)码,到此美国的条形码技术进入新的发展阶段。

1973年美国统一编码协会(简称UCC)建立了UPC条形码系统,实现了该码制标准化。同年,食品杂货业把UPC码作为该行业的通用标准码制,为条形码技术在商业流通销售领域里的广泛应用,起到了积极的推动作用。

1974年Intermec公司的戴维·阿尔尔(Davide Allair)博士研制出39码,很快被美国国防部所采纳,作为军用条形码码制。后来广泛应用于工业领域。

1976年在美国和加拿大超级市场上,UPC码的成功应用给人们以很大的鼓舞,尤其是欧洲人对此产生了极大兴趣。次年,欧洲共同体在UPC-A码基础上制定出欧洲物品编码EAN-13和EAN-8码,签署了"欧洲物品编码"协议备忘录,并正式成立了欧洲物品编码协会(简称EAN)。

日本从1974年开始着手建立POS系统,研究标准化以及信息输入方式、印制技术等。并在EAN基础上,于1978年制定出日本物品编码JAN。同年加入了国际物品编码协会,开始进行厂家登记注册,并全面转入条形码技术及其系列产品的开发工作,10年之后成为EAN最大的用户。

从20世纪80年代初,人们围绕提高条形码符号的信息密度,开展了多项研究,条形码技术日趋成熟。先后研制出适应各个行业标准,适应发展需要的各种类型的条形码。条码的类型日益丰富起来,例如我们经常可以在超市见到的EAN条码和UPC条码,除此之外二维码也迅速发展起来,由于二维码自身具有储存量大、保密性高、追踪性高、抗损性强、备援性大、成本便宜等特性,特别适用于表单、安全保密、追踪、证照、存货盘点、资料备援等方面,成为目前应用最广的条码。

中国条码研究始于20世纪70年代。20世纪80年代末,条码已应用于一些领域。1988年2月,中国物品编码中心正式成立,负责研究、推广条码技术,统一组织、协调和管理中国的条码工作,并在各地设立了物品编码分支机构。1991年4月,中国加入国际物品编码协会。同年,中国发布了《通用商品条码》等5项条码国家标准。这些条码标准,既填补了中国标准的空白,又说明中国条码技术已走上标准化道路。目前,中国在多种商品内、外包装和图书刊物上已广泛印有条码标志,在零售业和储运部门也将逐步扩大条码自动售货和现代化仓库管理的范围,不断提高条码技术和条码管理水平。

2. 条码技术的作用

（1）促进国际贸易。商品在国际市场上要有竞争力，不仅要质量好、包装好，而且必须要有符合自动扫描结算要求的条码标志。否则，再好的商品也难以进入国外配有条码自动扫描的市场。因而，条码标志已成为商品进入国际市场的"通行证"。随着国际通用条码在世界范围内的迅速普及，没有条码标志的商品，就会失去立足之地。

（2）管理现代化的商业。通过扫描阅读器识别条码标志，极大地提高了超级市场结算的工作效率。同时，可以减少或避免购销双方因人为因素造成的矛盾，提高商业信誉，改善服务质量，还能实现对商品销售信息的分类、汇总、更新库存等的处理，对经营情况和营业人员工作质量的分析；还可使经营管理人员借此及时掌握市场动态，剔除滞销商品，确定合理库存，优化商品调运方案，加速商品与资金周转速度，充分利用有限资金扩大经营，保证商业经营活动顺利进行。

（3）为企业产品结构调整提供决策依据。条码在商品包装上的推广应用，为我国各类商店建立自动扫描销售系统创造条件。产品生产厂家可以通过商业的自动扫描系统迅速、准确地获得产品的销售信息，以便及时调整产品结构，生产适销对路产品，提高企业的经济效益和社会效益。

（4）为电子数据交换在全球的实现和发展提供保障。条码技术为信息交换提供了一个唯一清晰简便、国际通用和标准化的信息标志手段。条码技术工作组是一个世界性的工作机构，为条码在全球的实现和发展提供了技术上和组织上的保障。同时，业务又给企业带来了一项新的服务，即条码扫描数据服务。各类非常有用的市场资料，可根据条码及扫描数据，将其编成诸如条码市场每周销售单位、价值、百分比之类的报告。对于企业来说，这类报告有助于调控产品，使之在市场上获得成功，并且从中衡量和预测出季节性影响和行销成绩。常见条码如图 3-3 所示。

图 3-3 常见条码

3.2.3 常见条形码种类

1. 通用产品条形码

通用产品条形码，简称 UPC 条形码，它是美国统一代码委员会（UCC）在 1973 年从若干种条形码方案中选定的 IBM 公司提出的条码系统，并把它作为通用产品代码在美国和加拿大推广应用的一种条形码。各国出口到美国、加拿大等北美国家的商品，包装上必须印有 UPC 条形码。UPC 条形码有 UPC-A 和 UPC-E 两种形式，如图 3-4 和图 3-5 所示。

UPC-A 条码由 12 位数字组成，其中，不同数字的前缀码其含义也不同。"0"表示规则包装的商品，"2"表示不规则重量的商品，"3"表示医药卫生用品，"5"表示信用卡销售的商品，"7"表示中国申报的 UCC 会员专用。"1""6""8""9"为备用码。其后 5 位数字

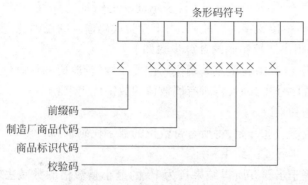

图 3-4 UPC-A 条形码结构示意图

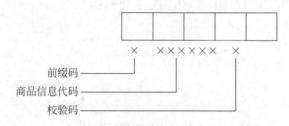

图 3-5 UPC-E 条形码示意图

是商品识别代码,用于标识商品生产厂家,由 UCC 分配给每个会员。后面 5 位数字是商品识别代码,用于标识商品特征或属性,由生产制造厂商根据 UCC 规则自行编制和管理。最后一位数字为校验码,用于校验代码符号的正确性,按照一定规则计算确定。

UPC-E 条形码是 UPC-A 条形码的一种特殊形式。当商品很小,无法印刷表示 12 位数字的 UPC-A 条形码时,才允许使用 UPC-E 条形码。除此之外,两者基本相同。

2. 国际物品条形码

国际物品条形码,简称 ENA 条形码,这是国际物品编码协会推出的一种国际商品条形码,主要用于零售系统的单件商品。我国通用的商品条码类型结构也采用此种条形码。它有 ENA-13 和 ENA-8 两种,如图 3-6 和图 3-7 所示。

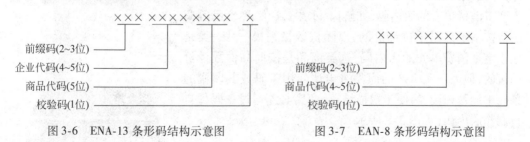

图 3-6 ENA-13 条形码结构示意图　　图 3-7 EAN-8 条形码结构示意图

EAN-13 条形码的前 2 位或者前 3 位数字是国别代码,表示商品来源国家或地区,由国际物品编码委员会分配管理。后面的 5 位或者 4 位数字是企业代码,表示生产企业或批发公司,由国际物品编码协会在各国的分支机构分配管理。我国的前缀码范围为

690～694，其后的 5 位数字是商品代码，表示商品的特征或属性，由制造企业根据 EAN 规则自行编制；最后一位数字为校验码，用于检验代码输入的正确性，根据一定的运算规则由以上数字计算得出。校验码的计算步骤如下：

① 包括校验码在内，由右至左编制代码位置序号（校验码的代码位置序号为 1）。

② 从代码位置序号 2 开始，将所有偶数位的数字代码求和。

③ 将步骤②的和乘以 3。

④ 从代码位置序号③开始，将所有奇数位的数字代码求和。

⑤ 将步骤③与步骤④的结果相加。

⑥ 用大于或等于步骤⑤所得结果且为 10 的最小整数倍的数减去步骤⑤所得结果，其差（个位数）即为所求校验码。

例如，条形码为 977167121601 X（X 为校验码），则：

① 1 + 6 + 2 + 7 + 1 + 7 = 24

② 24 × 3 = 72

③ 0 + 1 + 1 + 6 + 7 + 9 = 24

④ 72 + 24 = 96

⑤ 10 − 6 = 4

所以，最后校验码为 X = 4，此条形码为 9771671216014。

EAN-8 条形码的国别代码与 EAN-13 条形码相同，商品代码由 4 位或 5 位数字构成，是按一定规则由 EAN-13 条形码中的企业代码和商品代码经删"0"得出，统一由 EAN 在各国的分支机构分配，校验码的计算方法同 EAN-13。根据国际物品编码协会的规定，只有当 EAN-13 条形码所占面积超过总印刷面积的 25% 时，使用 EAN-8 条形码才是合理的。

3.2.4 商品条形码的应用

1. 店内码

在一些特殊情况下，如对没有商品条码或商品条码不能识读的商品，销售商可自行编码和印制条码，并只限在自己店内部使用，通常将这类条码称为商品条码，又叫店内码。店内码可分为两类，一类是用于变量消费单元的店内码，如鲜肉、水果、蔬菜、熟食品等商品是按基本计量单位计价的，以随机数量销售；另一类是用于定量消费单元的店内码，这类商品是按商品件数计价销售的，但因厂家生产的商品未申请使用条码或其印刷的条码不能被识读，为便于扫描结算，商店必须通过条码秤自行制作店内码（如图 3-8 所示）。

2. 非零售商品代码与条码

非零售商品是指不通过 POS 扫描结算，用于配送、仓储或批发等操作的商品。其标识代码由全球贸易项目代码（GTIN）及其对应的条码符号组成。非零售商品的条码符

图 3-8　超市条码秤

号主要采用 ITF-14 条码或 UCC/EAN-128 条码,也可使用 EAN/UPC 条码。一个装有 24 条香烟的纸箱、一个装有 40 箱香烟的托盘,都可以作为一个非零售商品进行批发、配送。

3. 物流单元代码与条码

物流单元代码与条码是指在因便于运输或仓储而建立的临时性组合包装上编制的代码或条码,以利在供应链中对其进行个体的跟踪与管理。通过扫描每个物流单元上的条码标签,实现物流与相关信息流的链接,可分别追踪每个物流单元的实物移动。物流单元的编码采用系列货运包装箱代码(SSCC-18)进行标识。一箱装有不同颜色和尺寸的 12 件裙子和 20 件夹克的组合包装,一个含有 40 箱饮料的托盘(每箱 12 盒装)都可以视为一个物流单元。

4. 位置代码与条码

位置代码与条码是指对厂商的物理位置、职能部门等所编制的代码与条码标识。

中国物品编码中心以商品条码为核心技术,在全国范围内建立了农产品追溯、中药材追溯、医药零售与物流追溯、植入性医疗器械追溯与监管等 20 多个应用示范方法。

商品条码标识系统的应用最早是从食品、日用百货等快速消费品在零售 POS 系统自动结算开始的,目前广泛应用于全球的贸易、物流、生产、医药、建材、产品溯源、电子商务等领域,已成为全球通用的商务语言。

资料链接 3-2

有关条码的名词解释

(1) GSI。GSI 是国际物品编码协会的英文全称,不是缩写,它同时包含了五个含义:一是全球的系统;二是全球的标准;三是全球的解决方案;四是世界一流的标准化组织;五是在全球开放标准/系统下的统一商务行为。

(2) 物品编码。物品通常是指各种有形的物理实体与无形的服务产品,而物品编码则是按一定的规则对物品赋予易于计算机和人识别、处理的代码。

(3) 二维码。二维码是用某种特定的几何图形按一定规律在平面上(二维方向上)分布的、黑白相间的图形记录数据符号信息的码,能够在横向和纵向两个方位同时表达信息,具有信息容量大、容错能力强、译码可靠性高等特点。

(4) RFID。RFID(Radio Frequency Identification),即射频识别,是一种非接触式的自动识别技术,通过射频信号自动识别目标对象并获取相关数据。

(5) EPC。EPC(Electronic Product Code),即产品电子代码,它是基于 RFID 和 Internet 的一项物流信息管理技术。EPC 是条码技术的拓展和延续,已成为 GSI 系统的重要组成部分,从狭义上来说,它是一种编码(可以给世界上的任何一件物品都赋予唯一编号);而从广义上来说,它是一个先进的、综合的复杂系统。

图 3-9　光电扫描仪

资料链接 3-3

"物品编码管理"被写入国务院《质量发展纲要(2011—2020)》

国务院于2012年2月6日正式颁发《质量发展纲要(2011—2020)》,"物品编码管理"作为加强质量监督管理,推进质量诚信体系建设的重要手段被明确写入纲要。

纲要指出:推进质量诚信体系建设。健全质量信用信息收集与发布制度。搭建以组织机构为代码实名制为基础、以物品编码管理为溯源手段的质量信用信息平台,推动行业质量信用建设,实现银行、商务、海关、税务、工商、质检、工业、农业、保险、统计等多部门质量信用信息互通与共享。完善企业质量信用档案和产品质量信用信息记录,健全质量信用评价体系,实施质量信用分类监管。建立质量失信"黑名单",并向社会公开,加大对质量失信企业的惩罚力度。鼓励发展质量信用服务机构,规范发展质量信用评价机构,促进质量信用产品的推广使用,建立多层次、全方位的质量信用服务市场。

当前经济全球化的格局已基本形成,围绕产品的生产、流通、销售、服务等环节,组成了由顾客、经销商、运输商、生产商、物流公司和供应商的完整产业链。产品与服务统一代码是该产业链的基础和重要环节。

对商品进行科学、系统的分类,最终编制出各种简便、实用的商品目录,以满足各方面需要,是商品学研究的重要内容之一。近年来,"商品分类",在应用层面上,随着商业零售业多元化和快速发展以及网上贸易的快速展开,与普通老百姓的距离越来越近,并得到企业界的高度关注;在科研层面上,加快了商品管理与国际接轨和标准化进程,统一分类和编码应用研究硕果累累。

复习思考题

一、单项选择题

1. (　　)年我国加入国际物品编码协会IAN。
   A. 1981　　　　B. 1973　　　　C. 1991　　　　D. 1994
2. 标准UPC条形码的数字个数是(　　)。
   A. 13　　　　B. 12　　　　C. 9　　　　D. 8
3. 标准EAN条形码的数字个数是(　　)。
   A. 13　　　　B. 12　　　　C. 9　　　　D. 8
4. EAN(　　)年更名为国际物品编码协会IAN。
   A. 1981　　　　B. 1988　　　　C. 1991　　　　D. 1994

二、简答题

1. 商品代码的种类有哪些?
2. 常用的条形码有哪些?
3. 商品编码的方法有哪些?
4. 求出条形码692045992300C最后的校验码的数值。

三、案例分析题

商品条码食品安全追溯平台

2010年,中国物品编码中心与中国食品工业协会推出了商品条码食品安全追溯平台。这个平台可以为公众提供包括肉、禽、蔬菜、水果、海产品在内的13个大类15万种信息,用户通过输入商品条形码即可查询到产品的相关信息。

举例来说,山东寿光蔬菜安全可追溯性信息系统实现了农产品单品质量信息的跟踪,主要由企业端管理信息系统、食品安全数据平台和超市端查询系统三个部分组成。企业端管理信息系统通过对蔬菜贸易项目、加工原料的来源、包装信息、物流信息以及企业基本信息进行编码,对蔬菜从种植、收购到加工包装全过程进行计算机管理。食品安全质量数据平台主要接受企业端、检验机构和认证机构的所有信息,并对其进行监督、分析和过滤,形成基本信息库,为企业、政府和公众进行全方位、多角度的服务。超市端查询系统主要为广大市民服务,消费者可以通过扫描每包蔬菜上的追溯码,准确了解该蔬菜的种植过程、施肥和用药情况、加工企业、加工日期、检验信息等各项信息等各项数据,以便能买到放心菜。再比如,上海农副产品质量安全信息查询系统包括100多种与市民"菜篮子""米袋子"密切相关的农副产品,安装查询平台的超市大卖场已接近50家。消费者可以通过多媒体查询平台对该条码进行扫描识别。

讨论题:
1. 我国政府推出食品安全追溯条码有何意义?
2. 目前,食品安全追溯条码包括几大类多少种信息?

实 训 题

商品代码应用

1. 编制分类代码表

某超市商品分类表格式如下表所示,请用层次编码法为该超市经营的商品编制分类代码表。

超市商品分类表

商品大类		商品中类		商品小类					
代码	名称	代码	名称	代码	名称	代码	名称	代码	名称

2. 编制商品条码

(1) 查看商品包装上标志的自带码,结合学习的条码知识进行分析。

(2) 根据EAN-13条码的特点及实训室的条件进行商品条码的编制及打印。

第 4 章 商品质量管理与商品质量认证

知识目标：
1. 掌握典型商品质量的基本要求。
2. 掌握影响商品质量的因素。
3. 掌握商品质量认证制度。
4. 掌握商品质量认证的基本程序。

能力目标：
灵活应用商品质量管理的常用方法。

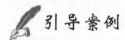
引导案例

对奶粉质量问题必须"零容忍"

日前，两则关于国产婴幼儿配方奶粉的消息引起社会关注。其一，国家食药监总局对婴幼儿配方乳粉进行专项抽检，检出不符合国家标准、存在食品安全风险的样品 11 批次。其二，某国产婴幼儿奶粉品牌通过了全球食品安全标准 BRC 的 A+顶级认证。

两条消息放在一起看，很能说明一些问题。国人对国产奶粉的信心至今尚未完全恢复，大多数人选择海淘洋品牌奶粉就是证明。信任被推倒之后，重建之路难上加难。国产奶粉要想重新赢回消费者信任，进而在国际市场上占有一席之地，关键是必须对奶粉质量问题"零容忍"。

对企业而言，"零容忍"意味着时刻抓紧质量这条"生命线"，一丝一毫不能放松。有报道称，此次检查出来的违规企业大都存在"检验能力不足"的问题。然而，这种不足不能成为放松奶粉质量控制的借口。无法适应标准的企业，就应该退出市场，这也是充分竞争应有的内涵。

对监管部门来说，"零容忍"意味着更严格的规定和更完善的监管处罚制度。应当说，近年来，我国监管部门对乳业的监管日益严格。于 2015 年 10 月 1 日起实施的新修订的食品安全法，不仅增加了相应法律责任的规定，同时也要求，婴幼儿配方乳粉的产品配方应当经国务院食品药品监管部门注册，并提交配方研发报告和其他表明配方科学性、安全性的材料。有了严格的规定，接下来，还要看具体的落实情况，这直接影响着乳粉安全，也考验着各方的执行力。

客观来说，国产奶粉行业近年来在转变生产方式、提振产品质量方面做出了努力，某国产品牌奶粉获得国际顶级认证就是努力的结果。但是，信心恢复是一个漫长而艰苦的过程，尤其不能让类似的质量问题再度发生，只有彻底从机制上保证对奶粉质量问题"零容忍"，并长期坚持下去，国产奶粉今后的路才能越走越宽。

资料来源：中国经济网—《经济日报》，2015-8-17

讨论题：
1. 你喝牛奶吗？是什么品牌的？是国产的还是进口的？是鲜奶还是奶粉？
2. 常常听说"赚奶粉钱"，市场上不同的奶粉价格差异相当大，你了解奶粉的价格吗？
3. 你认为市场上哪种牛奶的性价比比较高？

4.1 商品质量概述

4.1.1 商品质量的内涵

质量的内容十分丰富，随着社会经济和科学技术的发展，也在不断充实、完善和深化。同样，人们对质量概念的认识也经历了一个不断发展和深化的历史过程。有代表性的概念主要有以下几种。

1. 朱兰的质量定义

美国著名的质量管理专家朱兰博士从顾客的角度出发提出，产品质量就是产品的适用性，即产品在使用时能成功地满足用户需要的程度。用户对产品的基本要求就是适用，适用性恰如其分地表达了质量的内涵。

2. 美国质量专家的质量定义

美国质量管理专家克劳斯比从生产者的角度出发，曾把质量概括为"产品符合规定要求的程度"；美国的质量管理大师德鲁克认为"质量就是满足需要"。

3. ISO 9000：2005 质量定义

国际标准化组织（ISO）2005 年颁布的 ISO 9000：2005《质量管理体系基础和术语》中对质量的定义是：一组固有特性满足要求的程度。

一般来说，商品质量是反映商品满足规定或潜在需要的特性的总和。狭义的商品质量是指产品与其规定标准技术条件的符合程度，它是以国家或国际有关法规、商品标准或订购合同中的有关规定作为最低技术条件，是商品质量的最低要求和合格的依据。广义的商品质量是指商品适合其用途所需的各种特性的综合及其满足消费者需求的程度，是市场商品质量的反映。它不仅是指商品的各种特性能够满足需要，而且包括价格实惠、交货准时、服务周到等内容。

商品质量是一个综合性的概念，它受商品本身及商品流通过程中诸因素的影响。从现代市场观念来看，商品质量是内在质量、外观质量、社会质量和经济质量等方面内容的综合体现。

（1）商品的内在质量是指商品在生产过程中形成的商品体本身固有的特性，包括商品实用性能、可靠性、寿命、安全与卫生性等。它构成商品的实际物质效用,是最基本的质量要素。

(2) 商品的外观质量主要指商品的外表形态,包括外观构造、质地、色彩、气味、手感、表面疵点和包装等,它已成为人们选择商品的重要依据。

(3) 商品的社会质量是指商品满足全社会利益需要的程度,如是否违反社会道德,对环境是否造成污染,浪费有限资源和能源等。一种商品不管其技术如何进步,只要有碍于社会利益,就难以生存和发展。

(4) 商品经济质量是指人们按其真实的需要,希望以尽可能低的价格,获得尽可能性能优良的商品,并且在消费或使用中付出尽可能低的使用和维护成本,即物美价廉的统一程度。

商品的内在质量是由商品本身的自然属性决定的;外观质量、社会质量和经济质量则是由商品的社会效应来决定的,它涉及诸多社会因素的影响。

4.1.2 商品质量的基本要求

商品质量的基本要求是根据其用途、使用方法或使用目的以及消费者和社会需求提出来的。由于商品种类繁多,性能各异,又有着不同的用途、特点和使用方法,因此,对不同商品,质量要求也各不相同。下面分别介绍几大类商品的质量要求。

1. 纺织品质量的基本要求

纺织品是人们日常生活不可缺少的生活资料。随着社会的发展,纺织品的款式、品种日趋新颖和丰富,其功能已不再是简单的御寒遮体、保护身体。因此,对纺织品质量的最基本要求,既要耐用舒适、卫生安全,又要美观、大方、流行,具有时代性等。其主要包括以下几方面。

(1) 材料选择适宜性

纺织品的基本性能及外观特征,主要由其所用的纤维材料决定。不同种类的纤维如棉麻、毛涤纶等,其织品的性能各不相同;即使同种纤维因品质不同,其织品也各有特色。因此,纺织品用途不同,所选择的纤维种类和品质也各不相同。

(2) 组织结构合理性

纺织品组织结构主要包括织物组织、重量、厚度、紧度、密度、幅宽和匹长等。纺织品的组织结构影响着纺织品的外观和机械性能,如纺织品的厚度、紧度等可影响其透气性、保暖性、柔软性等。

(3) 良好的机械性

纺织品的机械性能主要是指各种强度指标,它是衡量纺织品耐用性能的重要指标;另外,对织物的尺寸稳定性和手感及成品风格也有影响。

(4) 良好的服用性

服用性主要是要求织品在穿用过程中舒适、美观、大方。要求其缩水率、刚挺性、悬垂性符合规定标准,具有良好的吸湿性、透气性,不起毛起球,花型、色泽、线条图案应大方且富有特色等。

(5) 工艺性

纺织品的工艺性是指纺织品面料必须方便裁剪缝制,易于洗涤、熨烫、定型,染色牢固等。

2. 食品质量的基本要求

食品是指为人体提供热量、营养,维持人体生命,调节人体生理活动,形成和修补人体各组织的物质,是人们生长发育、保证健康不可缺少的生活资料。因此,对食品质量的基本要求是:具有营养价值;具有良好的色、香、味、形;无毒无害,符合卫生要求。

(1) 食品的营养价值

食品能给人体提供营养物质,这是一切食品的基本特征。其功能是提供人体维持生命活动的能源,保证健康,调节代谢以及延续生命。营养价值是评定食品质量优劣的关键指标。

食品的营养价值包括营养成分、可消化率和发热量三项指标。

① 营养成分。营养成分是指食品中所含的蛋白质、脂肪、碳水化合物、维生素、矿物质及水分等。由于各成分各自起着它应有的作用,因此,人们可以从各种不同的食品中获得各种营养成分。

② 可消化率。可消化率是指食品在食用后,可能消化吸收的百分率。它反映了食品中营养成分被人体消化吸收的程度。食品中营养成分只有被人们消化吸收后,才能发挥其作用。营养学专家经过多年研究、实践得出结论:动物性食品的营养价值高于植物性食品的营养价值。

③ 发热量。发热量是指食品的营养成分经人体消化吸收后在人体内产生的热量。它是评价食品营养价值最基本的综合性指标。

人体对食品的需要量通常是采用能产生热量的碳水化合物、蛋白质、脂肪三种主要营养成分的发热量来表示。1 克碳水化合物或 1 克蛋白质在体内经过消化和完全氧化后产生的热值均为 4.1 千卡,1 克脂肪产生的热值为 9.3 千卡。

人们吃的主食,包括各种米、面等,是供给人体热量的主要来源;副食,包括各种蔬菜、水果、鱼、肉、禽蛋、乳品及加工制品等,是供给人体热量的重要来源。一般来说,食品的营养成分和可消化率越高,其产生的热量就越多,营养价值就越高。但也不完全如此,如粮食加工精度提高了,营养成分损失了,可消化率却提高了。

(2) 食品的色、香、味、形

食品的色、香、味、形是指食品的色泽、香气、滋味和外观形状。食品的色、香、味、形不仅能反映食品的新鲜度、成熟度、加工精度、品种风味及变质状况,同时可直接影响人们对食品营养成分的消化和吸收。食品的色、香、味、形良好,还可以刺激人产生旺盛的食欲。许多食品的色、香、味、形还是重要的质量指标。例如,评价烟、酒、茶等商品的质量时,主要从色泽、香气、滋味等方面进行鉴定,不同的色、香、味、形,决定了商品本身的档次和等级。

(3) 食品的卫生性无毒害性

食品的卫生性无毒害性是指食品中不应含有或超过允许限量的有害物质和微生物。食品卫生关系到人们的健康与生命安全,有的还影响子孙后代,所以作为食品,卫生、无毒无害、无污染是最起码的条件。影响食品卫生的主要来源,有以下五个方面。

① 食品自身产生的毒素。如豚鱼、毒蘑菇、苦杏仁、土豆发芽部分产生的氰甙龙葵类毒素;死后的鳝鱼、鳖、河蟹体内的组胺毒素等。这些毒素,对人体的消化系统、神经系

统、血液循环系统都有严重的危害。

② 生物对食品的污染。生物对食品的污染包括微生物污染、寄生虫及虫卵污染、昆虫污染。微生物污染，主要是细菌、细菌毒素、霉菌、霉菌毒素及大肠杆菌等的污染；寄生虫及虫卵污染，主要是旋毛虫、蛔虫、绦虫、蛲虫、姜片虫、肝吸虫等的污染；昆虫污染，主要是粮食中的甲虫类、蛾类、螨类以及鼠类活动所造成的污染。

③ 加工中混入的毒素。如方便面、罐头、小食品、饮料等，因配料不当或超范围使用防腐剂、色素、香精，放置时间久了引起铅、锌中毒；油炸、烧烤食品时生成甘油醛，造成食品污染，影响人体健康。

④ 保管不善产生的毒素。食品因保管不善有可能感染微生物而腐败或霉烂变质，如温度过高，海产品发生变质，容易致癌；花生、小麦、玉米、豆类等发霉后则能产生黄曲霉毒素，使人体致癌。

⑤ 环境、化学品造成的污染。环境、化学品造成的污染主要包括工业上"三废"不合理排放，化肥农药使食物受到污染，不合乎卫生要求的食物添加剂和添加剂使用量不合理等。另外，食品在生产、储存、运输、销售时，受到环境、化学品、菌类、重金属的污染也会使食品有毒有害。

3. 日用工业品质量的基本要求

日用工业品涉及的面很广，有玻璃制品、搪瓷器皿、铝制品、日用塑料制品、皮革制品等，如胶鞋、纸张、洗涤剂、化妆品、钟表、家具、电器、服装等。它们是人们生活中不可缺少的生活资料。因此，对它们质量的基本要求是适用性、耐用性、卫生性和安全性、外观美观性和结构合理性等。

（1）适用性

适用性是指日用工业品满足主要用途所必须具备的性能或质量要求。不同商品的适用性各有不同要求，如保温瓶必须保温，洗涤剂必须去污，电冰箱必须制冷，钢笔必须书写流利，手表要求走时准确，雨鞋必须防水，化妆品对肌肤无刺激，服装、鞋帽要求保暖、透气、无毒等。即使同一类商品，由于品种不同，用途也各不相同。如印刷用纸对油墨应有良好的吸湿性，而包装用纸则要求有一定的厚度和机械强度；又如，玻璃制品中的茶杯，要求耐热性高，镜子要求反映影像逼真，化学仪器要求耐酸、碱性好。商品的多用性扩大了商品的适用范围。因此，适用性是构成商品使用价值的基本条件，也是评价日用工业品质量的重要指标。

（2）耐用性

耐用性是指日用工业品抵抗各种外界因素对其破坏的能力，它反映了日用工业品坚固耐用的程度和一定的使用期限、次数。例如，皮革、橡胶制品和某些纸张常用强度和耐磨耗等指标来评定其耐用性，电器开关可以开关多少次，手机电池可用多长时间，灯管在220V电压下工作多少小时等，这些都是通过使用寿命来反映其耐用性的。提高日用工业品的耐用性，就能延长商品的使用寿命，就等于不用额外消耗原料和劳动力，而提高了产品的质量。所以，耐用性是评价绝大多数日用工业品质量的主要依据。

（3）卫生性和安全性

卫生性和安全性是指日用工业品在使用时不能影响人体健康和人身安全的质量特

性。对盛放食物的器皿、化妆品、玩具、太空杯、肥皂、牙膏及包装材料等商品应具有无毒无害性；各种家用电器不漏电、无辐射、安全可靠，在使用过程中不发生危险；玻璃器皿中有毒的重金属元素应在一定的标准内。所以，在评价日用品的质量时必须重视其卫生性和安全性。

(4) 外观美观性

日用工业品的外观，主要是指其表面特征，一方面包括商品的外观疵点，即影响商品外观或影响质量的表面缺陷；另一方面是指商品的表面装饰，如造型、款式、色彩、花纹、图案等。对商品外观总的要求是式样大方新颖、造型美观、色彩适宜，具有艺术感和时代风格，并且应无严重影响外观质量的疵点。

(5) 结构合理性

日用工业品的结构，主要是指其形状、大小和部件的装配要合理，若结构不合理，不仅影响其外观，而且直接影响其适用性和耐用性。例如，服装、鞋帽结构不当，不仅使人感到不舒服、不美观，而且无法穿戴，丧失了使用价值。对于那些起着美化装饰作用的日用工业品，它们的外观造型结构更具有特殊的意义。

4. 对出口商品质量的要求

我国出口商品要同全世界广大用户和消费者见面，为了适应他们的需要，必须贯彻"以销定产"的方针和坚持"质量第一"的原则，大力提高出口商品质量，使其符合下列具体要求。

(1) 针对不同市场和不同消费者需求来确定出口商品质量

由于世界各国经济发展不平衡，各国生产技术水平、生活习惯、消费结构、购买力和各民族的爱好互有差异，因此，要从国外市场的实际需要出发，搞好产销结合，使出口商品的品质、规格、花色、式样等适应有关市场的消费水平和消费习惯。

(2) 不断更新换代和精益求精

凡质量不稳定或质量不过关的商品，不宜轻易出口，以免败坏名誉。即使质量较好的商品，也不能满足现状，要本着精益求精的精神不断改进，提高出口商品质量，加速更新换代，以赶上和影响世界的消费潮流，增强商品在国际市场上的竞争力。

(3) 适应进口国的有关法令规定和要求

各国对进口商品的质量都有某些法令规定和要求，凡质量不符合法令规定和要求的商品，一律不准进口，有的还要就地销毁，并由货主承担由此引起的各种费用。因此，必须了解和熟悉各国对进口商品质量的规定，使我国出口商品的质量适应并符合这些规定，具有较强的市场适应性、针对性、竞争力，以便能顺利地进入国际市场。

(4) 适应国外自然条件、季节变化和销售方式

由于各国自然条件和季节变化不同，销售方式各异，商品在运输、装卸、存储和销售过程中，其质量可能发生某种变化。因此，注意自然条件、季节变化和销售方式的差异，掌握商品在流通过程中的变化规律，使我国出口商品质量适应这些方面的不同要求，也有利于增强我国出口商品的竞争力。

(5) 强化出口商品生产厂商或销售商的质量观念

应不断提高商品信誉，严格把守质量检验关，凡质量不过关的商品，绝不轻易出口。

商品的质量必须具备产品应当具备的使用性能,符合在产品和包装上注明的用途、标准,符合产品的说明、实物样品等方式表明的质量状况。

(6) 实行出口商品质量许可制度

对符合产品标准、技术要求的出口商品颁发质量许可证,对生产出口商品的企业进行监督检查,不符合出口标准的企业严禁其产品出口。

5. 对进口商品质量的要求

进口商品的质量优劣,直接关系到国内用户和消费者的切身利益,凡品质、规格不符合要求的商品,不应进口;对于国内生产建设、科学研究和人民生活急需的商品,进口时要货比三家,切实把好质量关,使其品质、规格不低于国内的实际需要,以免影响国家的生产建设和人民的消费与使用。但是,不应超越国内的实际需要,任意提高对进口商品品质、规格的要求,以免造成不应有的浪费。总之,对进口商品品质的要求,要从我国现阶段的实际需要出发,区别不同情况,实事求是地予以确定。对进口商品质量的具体要求有以下几点。

(1) 在进口贸易中,必须严格把好质量关。

(2) 在洽购商品时,应充分了解国外卖家所提供商品的质量等级,不进口质量低劣的商品。

(3) 选购进口商品时,还应考虑我国国内现实的消费水平,不应盲目追求高规格、高档次、高质量而造成不必要的消费损失。

(4) 在订立合同时,还应注意对商品品质要求的严密性,避免因疏忽而造成损失。

(5) 在货物到达时,严格质量检验,杜绝不符合合同规定质量的商品进入国门。

资料链接 4-1

伪劣商品

伪劣商品是指生产、经销的商品违反了我国现行的有关法律、法规的规定,其质量、性能指标达不到标准所规定的要求;或是冒用、伪造他人商标,冒用优质产品标志、质量认证标志和生产许可证标志的商品;或是经销已经失去了使用价值的商品。

1989年原国家质量技术监督局(现国家质量技术监督检验检疫总局)在《关于严厉惩处经销伪劣产品责任者的意见》中,列举了以下14种商品为伪劣商品。

(1) 失效、变质的商品。

(2) 危及安全和人身健康的商品。

(3) 所标明的指标与实际不符的商品。

(4) 冒用优质或认证标志和伪造许可证标志的商品。

(5) 掺杂使假、以假充真或以旧充新的商品。

(6) 国家有关法律、法规明确规定禁止生产、销售的商品。

(7) 无检查合格证或无有关单位销售证明的商品。

(8) 没有中文标明商品名称、生产者和产地的商品。

(9) 限时使用而未标失效时间的商品。
(10) 实施生产许可证管理而未标明许可证编号、有效时期的商品。
(11) 按有关规定应用中文标明规格、等级、主要技术指标或成分、含量而未标明的商品。
(12) 属处理品而未在商品或包装的显著部位标明处理品字样的商品。
(13) 剧毒、易燃等危险品而没有标明的商品。
(14) 未注明商品的有关知识和使用说明的商品。

资料链接 4-2

防伪技术

防伪技术是指为了达到防伪的目的而采取的,在一定范围内能准确鉴别真伪并不易被仿制和复制的技术。由此可见,防伪技术是用于识别真伪并防止仿冒行为的一种技术手段,即用于防止伪造或识别真伪的技术措施、产品和技术装备。防伪技术的设置一般包括两方面:一是在产品内在结构上使用高新技术或专门设置增加仿造难度的技术点;二是在产品的包装上加贴防伪标志或增设防伪措施。

由于防伪市场的需求,防伪技术得以迅速发展,在我国已发展成为一个综合光学、生物学、物理学、电子学等多门学科技术的新兴边缘学科。目前,国际国内比较成熟的防伪技术有数十种之多,它们特点各异,防伪效果各有优势。通过综合防伪效果、防伪成本、可操作性等各个方面的比较,可以分为电码电话防伪技术、油墨防伪技术、纸张防伪技术、激光全息图像防伪技术、超能核微孔防伪技术、微缩暗记技术、自检拆封防伪胶带等,它们是较好的防伪技术或产品。这些防伪技术比较适合我国的国情,且在实际应用中起到了很好的防伪效果,因此在目前的防伪领域被广泛采用。

4.2 影响商品质量的因素

4.2.1 原材料对商品质量的影响

原材料是构成商品最原始的物质,对商品的质量起着举足轻重的作用。因此,在分析商品质量时,必须对原材料的质量进行分析。由于原材料的成分、结构、性质不同,使得商品质量也不同。例如,制造玻璃制品时,若硅砂中含有铁离子的成分过高,就会影响制品的色泽和透明度;以春茶为原料制出的绿茶和花茶有益的成分含量高,色、香、味就好,相反以老叶为原料制出的茶叶质量就比较差;用牛、羊脂做的肥皂,去垢力强而且耐用;优质棉能纺出优质纱并织出优质棉布,制成的服装透气性、吸湿性更好。通过对原材料成分、结构及性质的分析,可以加强商品的质量管理,可以揭示商品在流通过程中的质量变化规律,由此确定商品的包装、储存方法及使用注意事项。

原材料本身的质量又受品种、成分、结构、性质、产区的自然条件及饲养或栽培方法等因素的影响。例如，植物性的原材料，因其品种、种植环境、气候条件、栽培技术等不同，造成原材料的质量也不尽相同。如莲子在我国许多地方均有生产，而质量最佳的是湖南产的湘莲，特别是湘莲中的白莲，为莲子中之极品。所以，选择确定原材料的化学成分和质量，就可以获得具备一定性质、一定质量的商品。

研究分析构成商品的原材料，便于了解商品的质量，并为采用代用品、开辟原材料的来源、节约资源和合理使用原材料提供重要的依据。

4.2.2　生产工艺对商品质量的影响

生产工艺主要是指产品在加工制造过程中的配方、操作规程、设备条件以及技术水平等。生产工艺是形成商品质量的关键，对商品质量起决定性作用。因为商品的各种有用性及外形和结构，都是在生产工艺过程中形成和固定下来的。生产工艺不但可以提高质量，也可以改变质量。在很多情况下，虽然采用的原材料相同，但因生产工艺和技术水平不同，不仅产品数量会有差异，质量方面也会相差悬殊。例如，电冰箱、录音机、电视机、手表等一般采用同样的材料和原件，由于不同品牌的生产、装配、调试水平不同，会使它们的质量产生极大的差异。先进的生产工艺，能生产出优质产品；落后的生产工艺，则可能生产出劣质产品。即使原材料的质量发生变化，如果进行必要处理，采取补救性工艺技术，也能改变因原材料质量变化而造成的对产品质量的影响。例如，猪皮毛孔较粗，影响制品的外观质量，如果采取补救性技术，就可以克服这种缺陷，提高猪皮的外观质量。

4.2.3　流通过程对商品质量的影响

商品进入流通过程，储存和运输是不可避免的。流通过程对商品质量的影响，主要体现在运输、储存、装卸搬运、包装、流通加工等方面。商品运输是商品流通的必要条件，没有运输，商品就不会到达消费者手中。运输对商品质量的影响，与运输工具的选择、运程的远近、运输时间长短、运输路线等条件有密切关系。

商品储存是商品流通的一个重要环节。目前，适当的商品储存是保证商品正常运转的必要条件。商品在储存期间的质量变化，与储存场所和方位、时间长短、储存措施与技术、储存数量等条件密切相关。

此外，商品在流通过程中也离不开装卸搬运、包装、流通加工等环节，每个环节对商品质量都有重要影响。例如，装卸搬运环节很容易形成货损；包装对保护商品质量起着保障作用；流通加工对于满足消费需求，提高产品附加值有重要影响。这些因素对商品质量的影响是相辅相成的，如一个古董花瓶经过漫长的运输终于到达目的地，包装完好无损，但在装卸搬运时操作不当造成商品毁损，那么前期的所有努力都将化为泡影。

4.2.4　使用过程对商品质量的影响

商品的使用对商品质量有直接影响。例如，药品、农药、化肥、塑料制品的合理使用，机械商品、电器用品的正确安装，液化气灶具的操作规程，毛、丝类纺织品的洗涤与保管等都对商品质量有重要影响。商品的使用对商品质量的影响主要与商品使用和保养条件、商品安装及商品的使用方法等有关。如果方法不当，环境条件不利，违反了规定要求，不仅损坏了商品，降低了其使用价值，而且还有可能危及人的生命财产安全。

4.3 商品质量管理

4.3.1 商品质量管理的发展阶段

从工业发达国家解决商品质量问题涉及的理论和所使用的技术与方法的发展变化来看,质量管理的发展主要经历了以下 3 个阶段。

1. 质量检验阶段

从 20 世纪初期到 40 年代。其主要特点是按既定质量标准要求对产品进行事后把关式的检验;管理对象限于产品本身的质量;管理领域局限于生产制造过程。依靠少数技术检验人员,运用技术检验的方法检查产品的质量。存在的问题是只能做到事后把关,无法在生产过程中发挥预防和控制作用,出现质量问题不能全面分析原因,而且对所有产品进行检查在时间上和可行性上是难以做到的。

2. 统计质量管理阶段

从 20 世纪 40 年代到 50 年代末。其主要特点是按照商品标准,运用数理统计原理在从设计到制造的生产工序间进行质量控制,预防不合格产品的产生,进行事中控制;管理对象包括产品质量和工序质量;管理领域涵盖了制造过程和设计过程。但这一阶段的管理仍然是局部的。

3. 全面质量管理阶段

从 20 世纪 60 年代至今,世界各国都在积极推行全面质量管理。全面质量管理是指一个组织以质量为中心,以全员参与为基础,目的在于通过让顾客满意和本组织所有成员及社会受益而达到长期成功的管理途径。具体地说,全面质量管理就是以质量为中心,全体职员和有关部门积极参与,把专业技术、经济管理、数理统计和思想教育结合起来,建立起产品(商品)的研究、设计、生产、服务等全过程的质量体系,从而有效地利用人力、物力、财力和信息等资源,以最经济的手段生产出顾客满意、组织及其全体成员和社会受益的产品(商品),从而使组织获得长期成功和发展。其特点如下。

(1) 采用科学的、系统的方法满足用户需求。在全面质量管理中,"用户至上"是十分重要的指导思想。"用户至上"就是树立以用户为中心,使产品质量和服务质量全面地满足用户需求。产品质量的好坏最终以用户的满意程度为标准。

(2) 以预防为主的事先控制的质量管理。进入 20 世纪 90 年代以后,新的生产模式,包括准时制生产(JIT)、精良生产(LP)、敏捷制造(AM)等对事先控制提出了更高的要求。在产品的生产阶段,除了统计过程控制外,基于计算机的预报、诊断技术及控制技术受到越来越广泛的重视,使生产过程的预防性质量管理更为有效。同时,重视 80% 的产品质量问题是在产品设计阶段发生的。

(3) 计算机支持的质量信息管理。及时、正确的质量信息是企业制定质量政策、确定质量目标和措施的依据,质量信息的及时处理和传递也是生产过程质量控制的必要条件,信息技术和计算机集成制造的发展为企业实施全面质量管理提供了有力的支持。

(4) 突出人的因素。与质量检验阶段和统计质量管理阶段比较,全面质量管理阶段更加强调调动人的积极性的重要性。实现全面质量管理必须加强质量意识,发挥人的主观能动性。

4.3.2 商品质量管理的常用方法

1. PDCA 管理循环

PDCA 管理循环又叫质量环或戴明环,是管理学中的一个通用模型,最早由休哈特于 1930 年构想,后来被美国质量管理专家戴明博士在 1950 年再度挖掘出来,并加以广泛宣传和运用于持续改善产品质量的过程。PDCA 管理循环是质量管理的基本工作方法,它把质量管理的全过程划分为 P(Plan,计划)、D(Do,实施)、C(Check,检查)、A(Action,总结处理)四个阶段。

(1) P(计划)阶段有以下 4 个步骤:

① 分析现状,找出存在的主要质量问题;
② 分析产生质量问题的各种影响因素;
③ 找出影响质量的主要因素;
④ 针对影响质量的主要因素制订措施,提出改进计划,定出目标。

(2) D(实施)阶段:按照制订的计划目标加以执行。

(3) C(检查)阶段:检查实际执行结果,看是否达到计划的预期效果。

(4) A(总结处理)阶段:首先总结成熟的经验,纳入标准制度和规定,以巩固成绩,防止失误;然后把本轮的 PDCA 循环中未解决的问题,纳入下一轮 PDCA 循环中加以解决。

PDCA 管理循环遵循"大环套小环,一环扣一环,缓缓上升"的规律,为企业质量管理提供方法论,如图 4-1 所示。

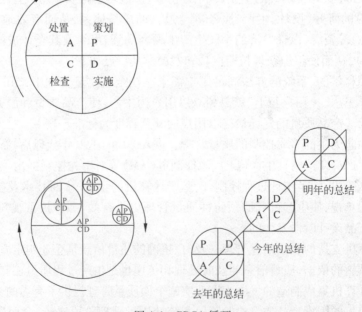

图 4-1 PDCA 循环

2. 5W2H 法

5W2H 法要求在实施质量管理的过程中,要带着疑问去检查、落实。
Why:为何——为什么要这么做?
What:何事——为什么事?准备什么事?
Where:何处——在何处进行最好?
When:何时——什么时候开始?什么时候完成?
Who:何人——由谁来完成?
How:如何——如何做?
How much:多少——成本如何?

3. 头脑风暴法

头脑风暴法又称脑力激励法,可以有效地识别问题的可能解决办法和潜在的质量改进机会,一般应用在分析讨论会议中,特别是 QC 小组会议、质量分析会等。在运用头脑风暴法时,应注意以下几个问题:欢迎多提观点;注意与别人的意见特别是不同意见相结合,不断启发和完善自己的想法;还应如实记录,一是获取全面的信息,二是给人以重视感,从心理上感召他人多发表意见。

4. 因果分析法

因果分析法是通过因果图表现出来,因果图又称鱼刺图或树枝图,是为了寻找产生某种质量问题的原因,发动大家谈看法,作分析,将群众的意见反映在一张图上。用因果图分析产生问题的原因,便于集思广益。这种图反映的因果关系直观、醒目、条理分明,用起来比较方便,效果好,因而得到了许多企业的重视,如图 4-2 所示。

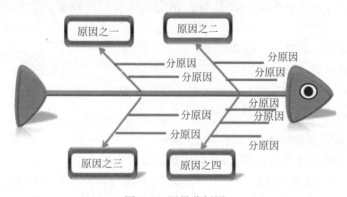

图 4-2 因果分析图

5. 统计过程控制

统计过程控制主要是指应用统计分析技术对生产过程进行实时监控,科学地区分出生产过程中产品质量的随机波动与异常波动,从而对生产过程的异常趋势提出预警,以便生产管理人员及时采取措施,消除异常,恢复过程的稳定,从而达到提高和控制质量的目的。质量管理中常用的统计过程控制方法有如下几种。

(1)控制图。用来对过程状态进行监控,并可度量、诊断和改进过程状态。

（2）直方图。是以一组无间隔的直条图表现频数分布特征的统计图，能够直观地显示出数据的分布情况。

（3）排列图。又称帕累托图，它是将各个项目产生的影响从最主要到最次要的顺序进行排列的一种工具。可用其区分影响产品质量的主要、次要、一般问题，找出影响产品质量的主要因素，识别进行质量改进的机会。

（4）散布图。以点的分布反映变量之间的相关情况，是用来发现和显示两组数据之间相关关系的类型和程度，或确认其预期关系的一种示图工具。

（5）相关分析。研究变量之间关系的密切程度，并且假设变量都是随机变动的，不分主次，处于同等地位。

（6）回归分析。分析变量之间的相互关系。

4.4　商品质量认证

4.4.1　商品质量认证及其种类

1. 质量认证

质量认证是由一个公认的权威机构对企业的质量体系、产品、过程或服务是否符合质量要求、标准、规范和有关政府法规进行鉴别，并提供文件证明的活动。

2. 商品质量认证

商品质量认证又称商品质量合格认证，《中华人民共和国产品质量认证管理条例》中将产品质量认证定义为：依据产品标准和相应的技术要求，经认证机构确认并通过颁发认证证书和认证标志来证明某一产品符合相应标准和相应技术要求的活动。主要包含4项基本内容。

（1）质量认证的对象是产品或服务；

（2）标准是质量认证的基础；

（3）证明批准认证的方式是合格证书或合格标志；

（4）质量认证是第三方从事的活动。

3. 商品质量认证的种类

（1）从认证的法规性质来看，可分为强制认证和自愿认证。

① 强制认证是政府通过法令形式，对那些关系人身安全和健康的产品要求必须达到相应标准的认证，又称安全性认证。凡属强制性认证范围的产品，企业必须取得认证资格，并在出厂合格的产品上或其包装上使用认证机构发给的特定的认证标志。否则，不准生产、销售或进口和使用。

② 自愿认证是按照现行标准自愿申请认证，适用于质量合格认证。企业自愿选择由国家认可的认证机构，不应有部门和地方的限制；企业自主选择认证的标准依据，即可在GB/T 19000—ISO 9000 族标准的三种质量保证模式标准中进行选择，但是在具体选择时，企业和认证机构应就使用哪一个标准作为认证的基准达成一致意见。所选择的质量保证模式应是适宜的，并且不会误导供方的顾客。此外，在产品质量认证中，认证现场审

核一般以 ISO 9002 为依据,认证产品的产品标准应是达到国际水平的国家标准和行业标准。企业在选择体系认证机构时,一般应考虑权威性、价格、顾客是否接受和认证机构的业务范围四个因素。

（2）从认证的范围来看,可分为国家认证、区域性认证和国际认证三种。

① 国家认证是指各国对其国内产品(商品)实行的认证。

② 区域性认证是指由若干国家或地区根据自愿原则自行组织起来,按照共同的技术标准和规范进行的认证。

③ 国际认证是指参与国际标准化组织的各成员国按照国际标准开展的认证。

4.4.2 商品质量认证制度的发展

世界上实行商品质量认证最早的国家是英国,1903 年英国工程标准委员会首创世界第一个用于符合标准的标志,即"BS"标志或称"风筝标志"。该标志开始时用于符合尺寸标准的铁路钢轨,后来按英国 1922 年的商标法注册,成为受法律保护的认证标志,一直使用至今,在国际上享有很高的声誉。

商品质量认证制从 20 世纪 30 年代开始发展较快,到 20 世纪 50 年代,基本上普及于所有工业发达的资本主义国家;20 世纪 60 年代起,苏联和东欧国家陆续采用,现在实行商品质量认证制度已经是一种世界趋势。从 20 世纪 70 年代起商品质量认证开始跨越国界,建立起若干区域认证制和国际认证制。如欧洲的电子元器件认证制、国际电子元器件质量认证制、国际电工产品的安全认证制等,使商品质量认证成为国际贸易中消除非关税壁垒的一种手段,促进了国际贸易的发展。

为进一步适应国际商品认证体系的需要,国际标准化组织(ISO)理事会于 1970 年成立了"认证委员会"(CERTICO),在 1985 年改为"合格认证委员会"(CASCO)。目前,该委员会的任务由原来单一的合格认证逐步发展到合格认证、实验室认证和质量体系的评定,并制定了 ISO/IEC 第三方认证制相应标准的原则法典,为实行国际商品质量认证制度奠定了基础。

中国商品质量认证起步较晚,1981 年建立了中国第一个认证委员会,即中国电子元器件质量认证委员会(QCCECC),依据国际电工委员会(IEC)有关规范制定的中国标准,对电子元器件商品进行自愿性认证。1988 年 12 月公布了《中华人民共和国标准化法》以后,中国商品质量认证工作开始纳入法制轨道。1991 年发布实施了《中华人民共和国管理条例实施办法》《产品质量认证委员会管理办法》《产品质量检验机构管理办法》《产品质量认证证书和认证标志管理办法》等,标志着我国的商品质量认证进入了一个新的阶段。

4.4.3 商品质量认证标志及程序

1. 商品质量认证标志

商品质量认证标志就是合格标志。它是由认证机构专门设计并经正式发布的一种专用标志,用以证明某些商品或服务符合特定标准或技术规范,经认证机构批准,使用在合格出厂的认证商品上。认证标志应按有关的法律规定进行注册,受到法律保护,以防止被人冒用。有许多国家的认证标志还进行了国际注册,在国际上被注册过的认证标志就无需在进出口贸易中再签订"双边认证协议",国际注册的认证在任何一个国家都被认可。

各国商品质量认证标志一般是以国家标准的代号或标准化机构及认证机构的名称缩写为基础组成的简单图案。

商品质量认证标志在各国使用时都有以下特点。

(1) 具有专用性,标志的制作受法律保护,不得随意使用;

(2) 给予编号并给予特别的设计,以利于对伪造和其他形式的滥用进行追查;

(3) 具有专一性,不允许从一种产品换到另一种产品上;

(4) 在该产品的外形尺寸或形式不允许的情况下,标志可应用于其出售时的最小包装上。

2. 商品质量认证程序

(1) 申请认证的企业,要按认证章程规定,向认证机构提交质量认证申请书及附件;

(2) 认证机构对申请书及附件进行审查,并派员到企业对质量保证体系进行全面审查,同时提出审查报告;

(3) 审查合格后,对商品进行抽样检验,由认证机构认可的检验单位提供商品检验报告;

(4) 上述各项合格后,为申请企业颁发认证合格证明文件(包括认证书和认证标志);

(5) 定期对已取得认证的企业质量保证体系及商品质量进行复检和抽查,对国外企业,根据双边协议、多边协议规定的质量要求,可以委托国外认证机构代理;

(6) 对质量保证体系进行复查,发现监督检验的商品不符合要求时,要及时采取措施,必要时撤销认证合格证明文件。

资料链接 4-3

我国酒类产品将实施质量等级认证

记者日前从中酒联合(北京)质量认证中心获悉,为规范酒类市场管理,引导我国酒类产品认证与国际市场接轨,国家认证认可监督管理委员会已将《食品质量认证实施规则——酒类(征求意见稿)》发给商务部、中国酿酒工业协会及相关单位征求意见,预计近期将向社会公布。

国家认监委在组织《食品质量认证实施规则——酒类(征求意见稿)》起草过程中,对本规则作了明确要求。一是对认证受理、产品检验、检查和评定程序及管理等做出了规定。围绕酒类生产企业建立良好生产规范(GMP)、良好卫生规范(GHP)、危害分析与关键控制点(HACCP),并与产品的卫生、理化、感官等要求相结合,力求通过一次认证活动,对酒类生产质量保证能力及产品安全卫生质量水平做出全面评价。二是认证规则分为产品质量标准和企业质量保证能力要求两部分。产品质量标准,以现行的国家标准为依据,明确各种酒的理化、卫生、感官等级要求;企业质量保证能力要求,参照了相关国家标准、GFSI——全球食品行动计划基准性标准有关内容,结合我国酒类企业实际情况而制定,其内容包括了对生产企业良好生产规范(GMP)、良好卫生规范(GHP)、危害分析与关键控制点(HACCP)应用的要求。三是增加了感官品评,主要是对酒的色、香、味、风格要求等进行品评,是国际通行的酒类质量评价方法,也是国家标准中酒类分级的主要依据。本规则参照国际酒类品评惯例,将品酒师的感官品评作为产品质量检验的组成部分,将品酒师出具的品评报告作为认证产品检测结果的依据之一。

据国家认监委有关负责人介绍,酒类标志分为三种图形,分别为"优级产品标志""一级产品标志"和"二级产品标志",与国家标准中规定的"优级""一级""二级"产品相对应。酒类标志图形力求与国家质检总局已发布的有机产品标志保持一致,以体现国家食品和农产品认证标志的整体一致性,便于提高食品和农产品认证标志的社会认知度。

另外,经中国酿酒工业协会多次向国内酒类企业征求意见,企业普遍赞成在认证标志中加注"GMP""HACCP",并参照美国 SQF 1000/2000 认证(SQF 标准是 GFSI 承认的标准之一)、泰国 HACCP 认证、台湾地区食品 GMP 认证的做法。

业界人士认为,国家认证认可监督管理委员会以酒类产品认证为起点推动中国食品质量认证制度建设,将为我国酿酒行业发展带来新契机,并成为国内酿酒企业踏入国际市场的通行证。

资料来源:国际商报,2005 年 7 月 21 日

复习思考题

一、单项选择题

1. 中国消费者协会根据消费者投诉,从市场取样进行监督检验,并将结果通过媒介向社会公布,促进生产企业改进商品质量,这种活动属于(　　)。

　　A. 国家质量监督　　B. 社会质量监督　　C. 消费者质量监督

2. 进出口商品质量监督、进出境动植物检疫监督、特殊商品质量监督等活动在形式上都属于(　　)。

　　A. 国家质量监督　　B. 社会质量监督　　C. 消费者质量监督

3. 表明产品的质量符合规定要求,或者符合有关国家标准或行业标准要求的认证属于(　　)。

　　A. 安全性认证　　B. 质量认证　　C. 安全、质量同时认证

二、判断题

1. 商品质量的本质是商品满足消费者需求的程度。(　　)
2. 设计质量是商品质量形成的前提和基础。(　　)
3. 农副产品的质量取决于品种、栽培或饲养方法。(　　)

三、简答题

1. 什么是商品质量?

2. 对食品质量的基本要求有哪些?
3. 对纺织品质量的基本要求有哪些?
4. 阐述对进出口商品质量的要求。
5. 影响商品质量的因素有哪些?
6. 简述商品质量管理发展的三个阶段。
7. 什么是5W2H法?

四、案例分析题

案例1　　　　　　　奔驰：严格的品质管理制度

德国的戴姆勒—奔驰汽车公司是德国著名的汽车制造公司之一，素以生产优质高价的"梅赛德斯—奔驰"汽车著称于世。作为世界上历史最悠久的汽车公司，奔驰公司自1883年创建之日起，就始终处于执世界汽车之牛耳的地位。一个多世纪以来，世界汽车业几经沧桑，许多汽车公司在激烈的市场竞争中几度沉浮。然而，奔驰汽车公司却始终"吉星高照"，这在很大程度上归功于其产品的高品质。

奔驰公司认为，只有全体员工都重视产品品质，产品的品质才有保证。因此，公司十分强调企业精神，强调人人参与，努力营造一种具有严格品质意识的企业理念。高品质与员工的高素质是分不开的，因此，奔驰公司十分注意培训技工队伍，仅在德国就设有52个培训中心。接受培训的主要包括两个方面的人员：一是受基本职业训练的年轻人；二是培训有经验的工程技术人员、商业人员和技术骨干。

受基本职业训练的年轻人经常保持在6 000人左右，他们大部分都具有十年制学校毕业的文化程度，进厂后进行为期两年的培训。在培训过程中，除每周一天的厂外文化学习外，其余时间都在厂内进行车、焊、测等基本理论和实践的训练。学员在结业考试合格后才能成为正式工人。

奔驰公司的工程技术人员、商业人员和技术人员共有9 300多人，占员工总数的2%，他们是公司的骨干力量，公司对他们的再培训是不惜血本的。公司通过举办专题讲座，派员工外出学习，设立业余学校等形式，对他们进行内容丰富的各种再培训活动，平均每年约有2万至3万人参加这类再培训。

奔驰公司对产品的每一个部件的制造都一丝不苟，有时甚至到了吹毛求疵的地步。人们在判断一辆汽车的品质时，大都对外观、性能较为重视，而很少注意它的座位，但即使在这个极少引人注意的部位，奔驰公司也极为认真。例如在制作皮面的座位时，他们首先要选好牛皮。他们曾到世界各地进行考察、选择，确定牛皮品质最好的地区和牛的种类作为他们的牛皮供应点。在确定了供应点以后，奔驰厂要求在饲养过程中要防止牛身上出现外伤和寄生虫，保持良好的卫生状况，以保证牛皮不受伤害。一张6平方米左右的牛皮，奔驰厂只用一半，因为肚皮太薄，颈皮太皱，腿皮太窄。以后的制作、染色等都有专门的技术人员负责，直到座椅制成。从制作座椅的这种认真精神，可以推想到奔驰公司对主要机件的制造是如何精细了。

为了保证产品的高品质，奔驰公司的检查制度是十分严格的。即使是一颗小小的螺丝钉，在组装到车上之前，也要先经过检查。生产中的每个组装阶段都进行检查，最后经专门技师总查签字,车辆才能开出生产线。许多笨拙的劳动如焊接、安装发动机和挡风玻璃等都采用了机器人,从而保证了品质的统一。

由于采取了上述诸多的措施,使得它生产的汽车耐用、舒适、安全,在人们心目中树立起了高品质的形象。

第二次世界大战后,新兴的日本汽车工业迅猛发展,日本车大量冲击欧洲市场,奔驰车在这种情况下,不仅顶住了日本车的压力,而且增加了对日本的出口。尽管一辆奔驰车的价格能买两辆日本车,但奔驰车始终在日本市场保持了一块地盘,在世界汽车市场激烈竞争中求得生存和发展,成为世界汽车工业中的佼佼者,一辆辆头顶"三叉星"商标的戴姆勒—奔驰汽车风驰电掣般地疾驰在世界各国的公路上,显得生机勃勃、前程万里,奔驰以其优越的品质而享誉全球。而它的创始人特利布·戴姆勒和卡尔·本茨制造出世界上最早的汽车,因而被誉为"世界汽车之父"。

思考题:
1. 结合案例分析影响商品质量的因素。
2. 根据所学知识论述质量在企业发展中的价值。

案例2　　　　　　　　　　　"精"养

讨论题:
1. 你了解什么是瘦肉精吗?
2. 瘦肉精有什么危害?
3. 关于加强食品安全,你有什么好的建议?

实 训 题

组成每组3~5人的小组去大型超市调查牛奶的销量及品牌分布比例,借助媒体和网络查找有关商品质量的资料,联系实际分组讨论,根据讨论过程和结果写出调研报告。

第 5 章 商品标准与标准化

知识目标：
1. 掌握标准的概念。
2. 掌握标准的分类方法。
3. 掌握商品标准的分类和分级。
4. 熟悉标准化权威机构。

能力目标：
掌握部分行业的商品标准。

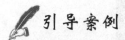

> **2015 版《中华人民共和国食品安全法》即将实施**
>
> 2015 版《中华人民共和国食品安全法》经 2015 年 4 月 24 日第十二届全国人大常委会第十四次会议审议通过。新版食品安全法共 10 章，154 条，将于 2015 年 10 月 1 日起正式施行。新修订的食品安全法明确，婴幼儿配方食品生产企业应当建立实施从原料进厂到成品出厂的全过程质量控制，对出厂的婴幼儿配方食品实施逐批检验，保证食品安全。
>
> 资料来源：中国食品安全标准网

5.1 商品标准概述

5.1.1 标准的概念

在《标准化工作指南（第一部分）：标准化和相关活动的通用词汇》（GB/T 20000.1—2002）中，标准是这样定义的：标准是科学、技术和实践经验的总结；它是指为了在一定范围内获得最佳秩序，经协商一致制定并由公认机构批准，共同使用和重复使用的一种规范性文件；标准宜以科学、技术的综合成果为基础，以促进最佳的共同利益为目的。标准包含以下几个方面的含义。

1. 标准的本质属性是一种统一规定

标准是由标准主管机构批准,以特定形式发布,作为共同遵守的准则和依据的统一规定。不同级别的标准是在不同适用范围内进行统一,不同类型的标准是从不同侧面进行统一,这种统一规定作为有关各方共同遵守的准则和依据。

2. 标准制定的对象是重复性事物和概念

重复性指的是同一事物或概念反复多次出现的性质。例如,批量生产的产品在生产过程中的重复投入、重复加工、重复检验等;同一类技术管理活动中反复出现同一概念的术语、符号、代号等被反复利用等。只有当事物或概念具有重复出现的特性并处于相对稳定时才有制定标准的必要,使标准作为今后实践的依据,以最大限度地减少不必要的重复劳动,同时又能扩大标准重复应用的范围。

3. 标准产生的客观基础是科学、技术和实践经验的综合成果

标准既是科学技术成果,又是实践经验的总结,并且这些成果和经验都是在分析、比较、综合和验证的基础上再进一步规范化的,只有这样制定出来的标准才能具有科学性。

4. 制定标准过程要经有关方面协商一致

制定标准要发扬技术民主,与有关方面协商一致。如制定产品标准不仅要有生产部门参加,还应当有用户、科研、检验等部门共同讨论研究,协商一致,这样制定出来的标准才具有权威性、科学性和适用性。

5. 标准文件具有一套特定格式和制定颁布的程序

标准的编写、印刷、幅面格式和编号、发布的统一,既可保证标准的质量,又便于资料管理,体现了标准文件的严肃性。所以,标准必须"由主管机构批准,以特定形式发布"。标准从制定到批准发布的一整套工作程序和审批制度,是使标准本身具有法规特性的表现。

资料链接 5-1

标准的定义

1. 盖拉德定义

盖拉德在1934年所著的《工业标准化——原理与应用》一书中,把标准定义为"是对计量单位或基准、物体、动作、程序、方式、常用方法、能力、职能、办法、设置、状态、义务、权限、责任、行为、态度、概念和构思的某些特性给出定义,做出规定和详细说明,它是为了在某一时期内运用,而用语言、文件、图样等方式或模型、样本及其他表现方法所做出的统一规定"。

2. 桑德斯定义

桑德斯在1972年发表的《标准化的目的与原理》一书中给出标准的定义为:"是经公认的权威机构批准的一个个标准化工作成果,它可以采用以下形式:文件形式,内容是记述一系列必须达成的要求；规定基本单位或物理常数，如安培、米、绝对零度等。"

3. 日本工业标准 JIS 28101—1956 对标准的定义

标准是为广泛应用及重复利用而采纳的规格。

4. 德国标准 DIN 820—1960 对标准的定义

标准是调节人类社会的协定或规定，有理论的、法律的、科学的、技术的和管理的标准等。

5. 我国 1983 年颁布的《标准化基本术语》中对标准的定义

标准是对重复性事物和概念所做的统一规定。它以科学、技术和实践经验的综合成果为基础，经有关方面协商一致，由主管机构批准，以特定形式发布，作为共同遵守的准则和依据。

6. 国际标准化组织对标准的定义

标准是由一个公认的机构制定和批准的文件，它对活动或活动的结果规定了规则、导则或特性值，供共同和反复使用，以实现在预定结果领域内最佳秩序的效益。

5.1.2 标准的种类

根据《中华人民共和国标准化法》规定，我国标准分为 4 级：国家标准、行业标准、地方标准、企业标准。国家标准由国务院标准化行政主管部门负责组织制定和审批；行业标准由国务院有关行政主管部门负责制定和审批，并报国务院标准化行政主管部门备案；地方标准由省级政府标准化行政主管部门负责制定和审批，并报国务院标准化行政主管部门和国务院有关行政主管部门备案；企业标准由企业制定，由企业法人代表或法人代表授权的主管领导批准、发布，由企业法人代表授权的部门统一管理，企业产品标准应向当地标准化行政主管部门和有关行政主管部门备案。

为了不同的管理目的，可以从各种不同的角度，对标准进行不同的分类。目前，人们常用的分类方法有以下几种。

1. 按照标准的约束程度分类

（1）强制性标准。指必须遵照执行的标准。凡不符合强制标准要求的商品不准生产、销售和进口。我国对于关系到人体健康和人身、财产安全的标准都实行强制性标准。

（2）推荐性标准。指国家鼓励企业自愿采用的标准。国家往往采取优惠政策，鼓励企业使用。推荐性标准在一定条件下是可以转化为强制性标准的，可以通过法律、法规或合同等形式赋予标准强制性。

2. 按照标准的表述方式分类

（1）文件标准。指用文字来表述商品的规格、质量、检验等有关方面的技术要求和规定。我国现行的各级商品标准，绝大多数是文件标准。

（2）实物标准。指以实物作为鉴别商品质量和评定商品等级的标准样品。在用文字难以明确表述某些商品或商品的某些质量内容时，实物标准用以作为文件标准的补充。

实物标准一般由产销双方或买卖双方经协商决定,以封样实物作为标准。如食品容器、包装材料用三聚氰胺—甲醛成型品卫生标准 GB 9690—2009。

3. 按照标准的作用和有效的范围分类

（1）国际标准。国际标准是指由国际上权威专业组织制定发布,并为世界上大多数国家承认和采用的标准。它主要是指由国际标准化组织(ISO)和国际电工委员会(IEC)制定和发布的标准,以及经国际标准化组织确认并公布的其他国际组织制定的标准。国际标准对于促进国际贸易往来和科学、文化、技术的交流具有重大意义。国际标准都为推荐性标准,但由于其具有较高的权威性和科学性,因而越来越多地被世界各国所尊重和自愿采用。

国际标准采用标准代号、标准序号及发布年号来表示。其形式如下。

ISO××××—××××

IEC××××—××××

（2）区域标准。区域标准又称国际地区性标准,它是由国际地区性或国家集团性标准化组织制定和发布的标准。这种国际地区性或国家集团性组织有的是由于地理原因,有的是由于政治经济原因而形成的,这些标准仅在这些地区或国家集团内发生作用。如欧洲标准化委员会(CEN)制定发布的标准(EN),就是区域标准,主要在西欧国家通行。

（3）国家标准。根据《中华人民共和国标准化法》的规定,对需要在全国范围内统一的技术要求应当制定国家标准。国家标准是由国务院标准化行政主管部门组织制定的。其中,建设工程、药品、食品卫生、环境保护方面的国家标准分别由工程建设部门、卫生部门、环保部门审批,国务院标准化行政部门统一编号、发放。强制性国家标准用 GB 表示；推荐性国家标准用 GB/T 表示。国家标准号由国家标准代号、发布顺序号和年号的后两位数字构成。发布年代从 1995 年以后由 2 位数字改为 4 位数字。其形式如下。

GB(强制国标代号)×××××(标准顺序号)—××××(标准发布年号)

GB/T(推荐国标代号)×××××(标准顺序号)—××××(标准发布年号)

（4）行业标准。根据《中华人民共和国标准化法》的规定,由我国各主管部、委(局)批准发布,在该部门范围内统一使用的标准,称为行业标准。例如,机械、电子、建筑、化工、冶金、轻工、纺织、交通、能源、农业、林业、水利等,都制定有行业标准。行业标准由国务院有关行政主管部门制定,并报国务院标准化行政主管部门备案。当同一内容的国家标准公布后,则该行业标准即行废止。行业标准的形式如下。

强制性行业标准：—××××—××××

推荐性行业标准：—/T××××—××××

（5）地方标准。根据《中华人民共和国标准化法》的规定,对没有国家标准和行业标准而又需要在省、自治区、直辖市范围内统一的工业产品的安全、卫生要求,可以制定地方标准。在公布国家标准或行业标准之后,该地方标准即行废止。地方标准的形式如下。

强制性地方标准：DB××/×××—××××

推荐性地方标准：DB××/T×××—××××

（6）企业标准。有些国家又称企业标准为公司标准,是由企事业单位自行规定、发布的标准,是对企业范围内需要协调、统一的技术要求、管理要求和工作要求所制定的标准。

如美国波音飞机公司、德国西门子电器公司、新日本钢铁公司等企业发布的企业标准都是国际上有影响的先进标准。企业标准代号的编号方法如下。

Q/×××（企业代号）×××（顺序号）—××××（年号）

4. 按照标准对象的名称归属分类

（1）产品标准。为保证产品的使用性，对一个或一组产品应达到的技术要求作出规定的标准称为产品标准，有时还可包括工艺方面的要求。

（2）工程建设标准。对基本建设中各类工程的勘察、规划、设计施工、安装、验收等需要协调统一的事项所制定的标准称为工程建设标准。

（3）方法标准。以试验、检查、分析、抽样、统计、计算、测定、作业等各种方法为对象制定的标准称为方法标准。

（4）安全标准。以保护人和财产的安全为目的而制定的标准称为安全标准。

（5）环境保护标准。为保护环境和有利于生态平衡，对大气、水、土壤、噪声、振动等环境质量、污染源等检测方法以及其他事项制定的标准称为环境保护标准。

（6）服务标准。为某项服务工作要达到的要求所制定的标准称为服务标准，又称服务规范。它们一般在交通运输、饭店宾馆、邮电、银行等服务部门中制定和使用。

（7）包装标准。为保障物品在储藏、运输与销售中安全和科学管理的需要，以包装的有关事项为对象所制定的标准称为包装标准。

（8）数据标准。包含有特性值和数据表的标准称为数据标准。它对产品、过程或服务的特性值或其他数据做出了规定。

（9）过程标准。对一个过程应满足的要求作出规定，以实现其适用性的标准称为过程标准。

5.1.3 商品标准的内容

商品标准是一种具有法规性的文件，为便于使用和管理，国内外对其封面格式、内容编排以及符号和编号等都有统一规定。我国商品标准包含的内容很多，一般是由概述、正文和补充三个部分组成。

1. 概述部分

商品标准的概述部分，概括地说明了标准的对象、技术特征和适用范围。其主要内容包括封面与首页、目次、标准名称和引言。

（1）封面与首页。封面列有标准名称、编号、分类号、批准发布单位、发布和实施日期等。合订本内的标准只有首页，首页上的内容与封面相近。

（2）目次。当商品标准的内容较长、结构较复杂、条文较多时，一般应编写目次。

（3）标准名称。标准名称一般由标准化对象的名称和标准所规定的技术特征两部分组成。可用商品名称作为标准名称，也可用商品名称和技术条件或规范作为标准名称。

（4）引言。主要阐述制定标准的必要性和主要依据，历次复审、修订的日期，修订的主要内容，废除和被代替的标准，以及采用国际标准的程度。一般不写标题，也不编号。

2. 正文部分

商品标准的正文部分是商品标准的实质性内容，包括主题内容、适用范围、引用标准、术语、符号、代号、商品分类、技术要求、试验方法、检验规则、标志、包装、运输和储存等方面。

(1) 主题内容与适用范围。该部分简要说明标准的主要内容及其适用范围。有的商品标准在必要时还明确指出该标准不适用的范围。

(2) 引用标准。引用标准主要说明标准中直接引用的标准和本标准必须配套使用的标准，并列出标准的编号和名称。

(3) 术语、符号和代号。标准中采用的术语、符号和代号，在现行国家标准、行业标准中尚无规定的，一般在标准中给出定义或说明。其定义或说明集中写在标准技术内容部分的前面，或分别写在有关章、条的前面。

(4) 商品分类。商品分类是在商品标准中规定商品种类和形式，确定商品的基本参数和尺寸，作为合理发展商品品种、规格以及用户选用的依据。

商品分类的内容包括商品的种类、结构形式与尺寸、基本参数、工艺特征、型号与标记、商品命名和型号编制方法等。

在商品分类中，为协调同类商品和配套商品之间的关系，常按一定数值规律排列成科学的系列标准化形式。

(5) 技术要求。技术要求是保证商品使用要求而必须具备的技术性能方面的规定，是指导生产、流通、使用及对商品检验的主要依据。

列入标准的技术要求，应当是决定商品质量和使用特性的关键性指标，对商品性能无重要影响的次要指标和要求一般不列入标准。列入标准的各项指标应该是可以测定或鉴定的质量特性。

(6) 试验方法。试验方法是评定商品质量的具体做法，是对商品质量是否符合标准而进行检测的方法、程序和手段所做的统一规定。

试验方法一般包括试验原理、试样的采取或制备、所用试剂或标样、试验用仪器和设备、试验条件、试验步骤、试验结果的计算、分析评定、试验的记录和试验报告等内容。

(7) 检验规则。检验规则是对商品如何进行验收而作的具体规定。它是商品制造厂将商品提交质量检验部门进行检验的规定，也是商品收购部门检查商品质量的依据，其目的是保证商品质量合乎标准要求。

检验规则一般包括检验的类别和项目、抽样或取样方法、检验方法、检验结果的评定和复检规则等。

(8) 标志、包装、运输和储存。标志、包装、运输和储存是为使商品从出厂到交付使用的过程中不致受到损失所做的规定。

① 标志。商品标准一般都有对商品标志的规定，特别是对消费品和涉及卫生、安全和环境保护的商品，要求更加严格。标志一般包括标志在商品及其包装上的位置、制作标志的方法、标志的内容和质量要求等内容。

② 包装。一切需要包装的商品，在商品标准中都规定有包装的要求。包装要求一般包括包装材料、包装技术与方法，每件包装中商品的数量、重量或体积，以及包装试验方法等内容。

③ 运输。在运输中有特殊要求的商品，经常规定运输要求。其内容主要包括运输方

式、运输条件和运输中的注意事项。

④ 储存。根据商品的特点,规定商品的储存场所、储存条件、储存要求以及储存期限等。

3. 补充部分

补充部分是对标准条文所做的必要的补充说明和提供使用参考的资料。它包括附录和附加说明两项内容。

(1) 附录。根据实际需要,一个标准可以有若干个附录,依其性质分补充件和参考件两种。

① 补充件。补充件是标准条文的补充,是标准技术内容的组成部分,与标准条文具有同等效力。

② 参考件。参考件是用来帮助使用者理解标准的内容,如某些条文的参考资料或推荐性方法,标准中重要规定的依据等,它不是标准条文的组成部分,仅供参考。

(2) 附加说明。附加说明是制定和修订标准中的一些说明事项,分段写在标准终结符号下面。其内容主要有:标准提出单位、归口单位、负责起草单位和标准主要起草人;标准首次发布、历次修订和重新确认的年月;标准负责解释单位以及其他附加说明等。

5.2 商品标准化

5.2.1 商品标准化的概念

在《标准化工作指南(第一部分):标准化和相关活动的通用词汇》(GB/T 20000.1—2002)中,标准化的定义是:为了在一定范围内获得最佳秩序,对现实问题或潜在问题制定共同使用和重复使用的条款的活动,此活动主要包括编制、发布和实施标准的过程。标准化的主要作用在于为了其预期目的改进产品、过程或服务的适用性,防止贸易壁垒,并促进技术合作。国家标准中对标准化的定义是:在经济、技术、科学及管理等社会实践中,对重复性事物和概念通过制定、实施标准,达到统一,以获得最佳秩序和经济效益的过程。

标准化研究的范围很广泛,除了生产、流通、消费等经济领域外,还包括科学、技术、人类生活及社会管理等其他实践领域。标准化工作就是制定标准、组织实施标准和对标准进行监督,它是以制定标准和实施贯彻标准为主要内容的全部过程。这个过程不是一次完结,而是一个不断循环、螺旋式上升的运动过程。每完成一次循环,标准的水平就在原有的基础上提高一步。

5.2.2 标准化的作用

标准化对生产发展和社会进步都起着非常重要的作用。生产越发展,社会越进步,人们越离不开标准化。标准化的效果只有当标准在社会实践中实施以后才能显现出来。因此,贯彻实施标准是标准化活动中一个不容忽视的环节。

1. 标准化为科学管理奠定了基础,是实现企业经营管理目标化的条件

所谓科学管理,就是依据生产技术的发展规律和客观经济规律对企业进行管理,而各种科学管理制度的形式,都以标准化为基础。企业的全面质量管理和以国际标准ISO 9000为模式的标准化管理,都要以企业的总目标和对总目标的层层分解为基础,以目标管理实现企业的经营目的,目标的量化和具体化就是企业内部的各种标准。

2. 标准化促进经济全面发展,提高经济效益

通过标准化简化、系列化、统一、协调的原则,可以把生产、科技领域中纷繁复杂的产品品种、规格尺寸、结构性能,在满足市场需要的前提下,有目的地大大简化,不仅减少了成本,提高了效益,还最大限度地保证互换性和通用性,方便选购和修理。总之,标准化应用于科学研究,可以避免在研究上的重复劳动;应用于产品设计,可以缩短设计工期;应用于生产,可使生产在科学有序的基础上进行;应用于管理,可促使协调性和统一性,提高管理的科学性和管理效率。

3. 标准化可以巩固科技成果,促进科技水平的提高

标准化是科研、生产和使用三者之间的桥梁。一项科研成果,一旦纳入相应的标准,就能迅速得到推广和应用。因此,标准化可使新技术和新的科研成果得到推广应用,从而促进技术进步。在生产活动中推广、强制实施各种标准,引导科研的方向不断步入新领域,就能达到提高生产力、提高产品质量、提高管理水平、提高推荐科研成果速度和扩大推荐科研成果范围的目的。特别是国际标准的广泛使用和推广,使科技成果被越来越多的国家承认和使用,进而促进科学技术水平的提高。

4. 标准化为组织现代化生产创造了前提条件

随着科学技术的发展,生产的社会化程度越来越高,生产规模越来越大,技术要求越来越复杂,分工越来越细,生产协调越来越广泛,就必须通过制定和使用标准,来保证各生产部门的活动,在技术上保持高度的统一和协调,以使生产正常进行。没有标准化,企业与企业之间,企业与消费者之间,或者说供方与需方之间,就没有共同语言,就不能规范市场商品和市场秩序,就没有现代化大生产的基本前提条件。

5. 标准化可以合理发展产品品种,提高企业的应变能力,以更好地满足社会需要

在保证产品本身基本属性的前提下,充分利用社会有限资源开发满足市场需求的产品是企业生存发展的需要。企业要可持续发展,就必须保持市场占有率,就要求企业有较强的市场适应能力,满足消费者日益增长的物质和精神需要,即不断提高科技水平,开发新产品,提供差异化优质产品,争夺消费者的货币选票。

6. 标准化可以保证产品质量,维护消费者利益

随着市场的变化,各种产品标准也应不断完善更新,不断把企业具有竞争优势的企业标准变成行业标准、国家标准乃至国际标准,必将规范并提高各类产品质量,对保证产品质量、维护消费者利益产生重要影响。

7. 标准化可以在社会生产组成部分之间进行协调,确立共同遵循的准则,建立稳定的秩序

在市场竞争越来越激烈的形势下,企业容易出现互相打压、竞相降价,生产假冒伪劣产品,进行恶意竞争的现象。也需要结成联盟形式,以合力参与市场竞争。这就要有共同的准则。联盟标准正是稳定秩序的维护者,是联盟生存和发展的基础。

8. 国际标准化可以促进世界范围内打破贸易壁垒

贸易壁垒是发达国家强加给欠发达国家的不平等条件,技术贸易壁垒是发达国家以自己的技术优势限制进口的技术条件。制定合理的国际标准,打破技术贸易壁垒,在消除贸易障碍、促进国际技术交流和贸易发展、提高产品在国际市场上的竞争力方面具有重大作用。

9. 标准化有利于保障产品健康和生命安全

大量的环保标准、卫生标准和安全标准制定发布后,用法律形式强制执行,对保障人民的身体健康和生命财产安全具有重大的作用。

10. 标准化可以促进自然资源的合理利用,保持生态平衡,保持社会可持续发展

人类社会正经历前所未有的快速发展,对自然及资源的攫取也是前所未有的。一场以保护生态环境、防治和减少环境污染、节约和合理利用资源为中心内容的环境革命,在各个生产领域,尤其在农业、畜牧业、渔业等众多食品生产行业和其他各类生产领域展开。规范各类生产行为,确立科学、安全、合理、环保的标准,对促进自然资源的合理利用,保持生态平衡,维护人类社会当前和长远利益具有不可替代的作用。

5.2.3 标准化机构

1. 国际标准化机构

国际标准化机构包括国际标准化组织(ISO)、国际电工委员会(IEC)和国际电信联盟(ITU)。

(1) 国际标准化组织

国际标准化组织(ISO)是目前世界上最大、最有权威性的国际标准化专门机构。1946年10月14～26日,中、英、美、法、苏等25个国家的64名代表集会于伦敦,正式表决通过建立国际标准化组织。1947年2月23日,ISO章程得到15个国家标准化机构的认可,国际标准化组织宣告正式成立。参加1946年10月14日伦敦会议的25个国家,为ISO的创始人。ISO是联合国经社理事会的甲级咨询组织和贸发理事会综合级(即最高级)咨询组织。此外,ISO还与600多个国际组织保持着协作关系。

国际标准化组织的目的和宗旨是:在全世界范围内促进标准化工作的开展,以便于国际物资交流和服务,并扩大在知识、科学、技术和经济方面的合作。其主要活动是制定国际标准,协调世界范围的标准化工作,组织各成员国和技术委员会进行情报交流,以及与其他国际组织进行合作,共同研究有关标准化问题。按照ISO章程,其成员分为团体成员和通信成员。团体成员是指最有代表性的全国标准化机构,且每一个国家只能有一个机构代表其国家参加ISO。通信成员是指尚未建立全国标准化机构的发展中国家(或地区)。通信成员不参加ISO技术工作,但可了解ISO的工作进展情况,经过若干年后,待条件成熟,可转为团体成员。ISO的工作语言是英语、法语和俄语,总部设在瑞士的日内瓦。ISO现有成员143个。ISO现有技术委员会(TC)186个和分技术委员会(SC)552个。截至 2001 年 12 月底,ISO 已制定了 13 544 个国际标准。1978 年 9 月 1 日,我国以中国标准化协会(CAS)的名义重新进入 ISO。1988 年起改为以国家技术监督局的名义参加 ISO 的工作。近期将改为以中国国家标准化管理局(SAC)的名义参加 ISO 的工作。1999 年 9 月,我国在北京承办了 ISO 第 22 届大会。

(2) 国际电工委员会

国际电工委员会(IEC)成立于 1906 年,至今已有近百年的历史。它是世界上成立最早的国际性电工标准化机构,负责有关电气工程和电子工程领域中的国际标准化工作。

IEC 的宗旨是,促进电气、电子工程领域中标准化及有关问题的国际合作,增进国与国间的相互了解。为实现这一目的,IEC 出版包括国际标准在内的各种出版物,并希望各成员在本国条件允许的情况下,在本国的标准化工作中使用这些标准。近 20 年来,IEC 的工作领域和组织规模均有了相当大的发展。今天 IEC 成员国已从 1960 年的 35 个增加到 61 个。它们拥有世界人口的 80%,消耗的电能占全球消耗量的 95%。目前,IEC 的工作领域已由单纯研究电气设备、电机的名词术语和功率等问题扩展到电子、电力、微电子及其应用、通信、视听、机器人、信息技术、新型医疗器械和核仪表等电工技术的各个方面。IEC 标准已涉及了世界市场中 35% 的产品,到 21 世纪末,这个数字可达 50%。IEC 标准的权威性是世界公认的。IEC 每年要在世界各地召开 100 多次国际标准会议,世界各国的近 10 万名专家在参与 IEC 标准的制定和修订工作。IEC 现在有技术委员会(TC)89 个、分技术委员会(SC)88 个。IEC 标准在迅速增加,1963 年只有 120 个标准,截至 2001 年 12 月底,IEC 已制定了 5 098 个国际标准。

我国 1957 年参加 IEC,1988 年起改为以国家技术监督局的名义参加 IEC 的工作。现在以中国国家标准化管理局(SAC)的名义参加 IEC 的工作。目前,我国是 IEC 理事局、执委会和合格评定局的成员。1990 年我国在北京承办了 IEC 第 54 届年会,2002 年 10 月我国在北京承办了 IEC 第 66 届年会。

(3) 国际电信联盟

国际电信联盟是联合国的一个专门机构,也是联合国机构中历史最长的一个国际组织,简称国际电联、电联或 ITU。该国际组织成立于 1865 年 5 月 17 日,是由法、德、俄等 20 个国家在巴黎会议为了顺利实现国际电报通信而成立的国际组织,定名国际电报联盟。1932 年,70 个国家的代表在西班牙马德里召开会议,决议把国际电报联盟改名为国际电信联盟,这个名称一直沿用至今。1947 年在美国大西洋城召开国际电信联盟会议,经联合国同意,国际电信联盟成为联合国的一个专门机构。总部由瑞士的伯尔尼迁至日内瓦。另外,还成立了国际频率登记委员会(IFRB)。

为了适应电信科学技术发展的需要,国际电信联盟成立后,相继产生了 3 个咨询委员会。1924 年在巴黎成立了国际电话咨询委员会(CCIF);1925 年在巴黎成立了国际电报咨询委员会(CCIT);1927 年在华盛顿成立了国际无线电咨询委员会(CCIR)。这 3 个咨询委员会都召开了不少会议,解决了不少问题。1956 年,国际电话咨询委员会和国际电报咨询委员会合并成为国际电报电话咨询委员会,即 CCITT。

1972 年 12 月,国际电信联盟在日内瓦召开了全权代表大会,通过了国际电信联盟的改革方案,国际电信联盟的实质性工作由三大部门承担,它们是国际电信联盟标准化部门

(ITU-T)、国际电信联盟无线电通信部门和国际电信联盟电信发展部门。其中电信标准化部门由原来的国际电报电话咨询委员会(CCITT)和国际无线电咨询委员会(CCIR)的标准化工作部门合并而成,主要职责是完成国际电信联盟有关电信标准化的目标,使全世界的电信标准化。我国于1920年加入了国际电报联盟,1932年派代表参加了马德里国际电信联盟全权代表大会,1947年在美国大西洋城召开的全权代表大会上被选为行政理事会的理事国和国际频率登记委员会委员。中华人民共和国成立后,我国的合法席位一度被非法剥夺。1972年5月30日在国际电信联盟第27届行政理事会上,正式恢复了我国在国际电信联盟的合法权利和席位。

2. 我国标准化机构

中国国家标准化管理委员会为国家质检总局管理的事业单位。国家标准化管理委员会是国务院授权的履行行政管理职能,统一管理全国标准化工作的主管机构。

中国国家标准化管理委员会主要有如下职责。

(1) 参与起草、修订国家标准化法律、法规的工作;拟定和贯彻执行国家标准化工作的方针、政策;拟定全国标准化管理规章,制定相关制度;组织实施标准化法律、法规和规章、制度。

(2) 负责制定国家标准化事业发展规划;负责组织、协调和编制国家标准(含国家标准样品)的制定、修订计划。

(3) 负责组织国家标准的制定、修订工作,负责国家标准的统一审查、批准、编号和发布。

(4) 统一管理制定、修订国家标准的经费和标准研究、标准化专项经费。

(5) 管理和指导标准化科技工作及有关的宣传、教育、培训工作。

(6) 负责协调和管理全国标准化技术委员会的有关工作。

(7) 协调和指导行业、地方标准化工作;负责行业标准和地方标准的备案工作。

(8) 代表国家参加国际标准化组织(ISO)、国际电工委员会(IEC)和其他国际或区域性标准化组织,负责组织ISO、IEC中国国家委员会的工作;负责管理国内各部门、各地区参与国际或区域性标准化组织活动的工作;负责签订并执行标准化国际合作协议,审批和组织实施标准化国际合作与交流项目;负责参与与标准化业务相关的国际活动的审核工作。

(9) 管理全国组织机构代码和商品条码工作。

(10) 负责国家标准的宣传、贯彻和推广工作;监督国家标准的贯彻执行情况。

(11) 管理全国标准化信息工作。

(12) 在质检总局统一安排和协调下,做好世界贸易组织技术性贸易壁垒协议(WTO/TBT协议)执行中有关标准的通报和咨询工作。

(13) 承担质检总局交办的其他工作。

根据上述职责,中国国家标准化管理委员会内设6个职能部门,即办公室、计划和信息部、国际标准部、农轻和地方部、工交部和高新技术部。

资料链接 5-2

国外标准缩写

ISO—国际标准
ANSI—美国国家标准
BS—英国国家标准
DIN—德国国家标准
NF—法国国家标准
JIS—日本工业标准
JPI—日本石油学会标准
MIL—美国军用标准
ASME—美国机械工程师学会标准
AISI—美国钢铁学会标准
API—美国石油学会标准
MSS—美国阀门和管件制造厂标准化协会标准
AWS—美国焊接协会标准
ASI—美国规格学会标准
ASTM—美国材料试验协会标准

国际主要协会标准代号

序号	代号	含义	负责机构
1	BISFA	国际人造纤维标准化局标准	国际人造纤维标准化局
2	CAC	食品法典委员会标准	食品法典委员会
3	CCC	关税合作理事会标准	关税合作理事会
4	CIE	国际照明委员会标准	国际照明委员会
5	CISPR	国际无线电干扰特别委员会标准	国际无线电干扰特别委员会
6	IAEA	国际原子能机构标准	国际原子能机构
7	IATA	国际航空运输协会标准	国际航空运输协会
8	ICAO	国际民航组织标准	国际民航组织
9	ICRP	国际辐射防护委员会标准	国际辐射防护委员会
10	ICRU	国际辐射单位和测量委员会标准	国际辐射单位和测量委员会
11	IDF	国际乳制品联合会标准	国际乳制品联合会
12	IEC	国际电工委员会标准	国际电工委员会
13	IFLA	国际签书馆协会和学会联合会标准	国际签书馆协会和学会联合会
14	IIR	国际制冷学会标准	国际制冷学会
15	ILO	国际劳工组织标准	国际劳工组织
16	IMO	国际海事组织标准	国际海事组织
17	IOOC	国际橄榄油理事会标准	国际橄榄油理事会
18	ISO	国际标准化组织标准	国际标准化组织

续表

序号	代号	含义	负责机构
19	ITU	国际电信联盟标准	国际电信联盟
20	OIE	国际兽疾局标准	国际兽疾局
21	OIML	国际法制计量组织标准	国际法制计量组织
22	OIV	国际葡萄与葡萄酒局标准	国际葡萄与葡萄酒局
23	UIC	国际铁路联盟标准	国际铁路联盟
24	UNESCO	联合国教科文组织标准	联合国教科文组织
25	WHO	世界卫生组织标准	世界卫生组织
26	WIPO	世界知识产权组织标准	世界知识产权组织

资料来源：百度文库

资料链接 5-3

国内标准相关机构

中国标准出版社

出版发行国家标准、行业标准、国际标准及有关标准化读物的专业出版机构，隶属于国家质量监督检验检疫总局。始建于 1963 年 10 月 22 日，是中国唯一以出版标准文本为主导业务的出版机构。原称技术标准出版社，1983 年更名为中国标准出版社。

中国标准出版社的出版范围为：

（1）除药品、兽药、工程建设以外的全部中国国家标准；

（2）大部分的中国行业标准；

（3）标准宣贯资料；

（4）各类标准汇编；

（5）标准化理论著作教材、普及读物等；

（6）科技、经济管理、质量管理类图书；

（7）手册、词典、目录、年鉴类工具书。

由中国标准出版社主办的《中国标准导报》为双月刊，除刊载标准化学术论述、报道标准化动态、宣贯重点标准、普及标准化知识外，还重点提供标准的审批、发布、出版发行信息，是学术性、实用性、信息性兼备的刊物。

中国标准研究院

国家质量监督检验检疫总局直属事业单位，专门从事标准化理论和方法、标准化基础和应用技术研究的国家级科研中心。除标准化研究外，还担负着全国组织机构代码注册管理、全国商品条码登记注册、全国工业产品及节能产品认证等标准化管理和对外服务工作。

中国标准研究院的主要任务是标准研究、质量研究、标准管理、标准质量信息管理与服务、生产许可证审查、质量认证和全国商品条码管理等，还承担全国质量管理与质量保证标准化技术委员会等10个全国专业标准化委员会秘书处的管理工作，与多个国际标准化机构建立了合作关系。

中国标准化协会

中国标准化工作者的学术性群众团体，中国科学技术协会的成员单位，简称中国标协。业务主管为国家质量监督检验检疫总局。正式成立于1978年9月。中国标准化协会第一次全国代表大会于1979年6月28日至7月4日在杭州召开，会议通过了中国标准化协会章程，选出由103人组成的第一届理事会。

中国标准化协会的主要任务是：

(1) 开展国内外标准化学术交流，普及标准化知识，培训标准化人才；

(2) 开发标准化信息资源，开展标准化法律、法规、技术标准、质量认证等咨询服务工作；

(3) 向政府标准化行政主管部门提出标准化技术和政策建议，反映标准化工作者的意见；

(4) 开展标准化国际合作与交流；

(5) 组织企业和团体参加国家标准的制定、修订和宣传活动；

(6) 依据国家标准开展质量管理认证及有关专业培训；

(7) 受政府标准化行政管理部门委托，承担标准化技术管理，制定、修订标准，发布标准化信息；

(8) 接受委托，承担或参与标准化科技项目的论证、科技成果的鉴定、标准化水平的确认及优秀标准评选工作。

5.2.4 标准化在物流过程中的意义

物流标准化是指从物流系统的整体出发，制定其各子系统的设施、设备、专用工具等的技术标准，以及业务工作标准；研究各子系统技术标准和业务工作标准的配合性，按配合性要求，统一整个物流系统的标准；研究物流系统与相关其他系统的配合性，谋求物流与社会大系统的和谐统一。

物流标准化意义重大。只有实现了物流标准化，才能有效地实施物流系统的科学管理，加快物流系统建设，促进物流系统与其他系统和国际系统的衔接，有效地降低物流费用，提高物流系统的经济效益和社会效益。随着全球经济一体化进程的加快和中国加入WTO，中国物流标准化落后问题将严重制约国际贸易的发展。物流标准化工作，应当引起各有关部门的高度重视。随着物流产业基础市场的发育，我国的物流标准化工作开始启动，并取得了一系列成绩。具体表现在以下几个方面。

1. 制定了一系列物流或与物流有关的标准

据粗略统计，在我国现已制定颁布的物流或与物流有关的标准已有近千个。在包装标准方面，我国已全面制定了包装术语、包装尺寸、包装标志、运输包装件基本试验、包装技术、包装材料、包装材料试验方法、包装容器、包装容器试验方法以及产品包装、运输、贮存与标志等方面的标准;在物流机械与设施方面,我国制定了起重机械、输送机械、仓储设备、装卸机械、自动化物流装置以及托盘、集装箱等方面的标准。

从系统性的角度来看,已不仅仅是单纯制定技术标准,有关物流行业的通用标准、工作标准和管理标准也已开始制定;从标准层次性的角度来看,制定的与物流有关的标准不只有企业标准、地方和行业标准,也有不少的国家标准,其中有一部分标准还采用了国际标准或国外先进标准;从部门的角度来看,中国与物流关系比较密切的一些部门,如铁道部、交通部、机械工业部、冶金部、国内贸易部等均制定了一系列与物流有关的标准,特别是制定了许多作为国家标准系列中比较欠缺的作业标准和管理标准。

2. 建立了与物流有关的标准化组织和机构

中国已经建立了一套以国家技术监督局为首的全国性的标准化研究管理机构体系,而这中间有许多机构和组织从事着与物流有关的标准化工作。据悉,国家质量技术监督局即将成立全国供应链过程管理与控制标准化技术委员会。该委员会的对外名称是SCM-CHINA,秘书处设在中国物品编码中心。

3. 积极参与国际物流标准化活动

中国参加了国际标准化组织 ISO 和国际电工委员会 IEC 与物流有关的各技术委员会与技术处,并明确了各自的技术归口单位。此外,还参加了国际铁路联盟 UIS 和社会主义国家铁路合作组织 OSJD 等两大国际铁路的权威机构。

4. 积极采用国际物流标准

在包装、标志、运输、贮存方面的近百个国家标准中,已采用国际标准的约占30%;公路水路运输方面的国标中,已采用国际标准的约占5%;在铁路方面的国标中,已采用国际标准的约占20%;在车辆方面的国标中,已采用国际标准的约占30%。此外,在商品条形码、企事业单位和社团代码、物流作业标志等方面也相应采用了一些国际标准。

5. 积极开展物流标准化的研究工作

在加入 WTO 的今天,中国物流国际化是必然的趋势,如何实现我国物流系统与国际物流大系统顺利接轨,关键在于物流标准化。至此,物流标准化工作被提到了前所未有的高度上来,全国不少相关科研院所、高等院校的科研机构,都投入到了这项研究工作当中。

复习思考题

一、单项选择题

1. 国家标准代号为(   )。
   A. ISO   B. GB   C. DB   D. QB
2. 下列关于标准的说法不正确的是(   )。
   A. 只有重复性的事物和概念,才有制定标准的必要
   B. 对于不重复的事物和概念,是不必也不可能制定标准的
   C. 标准产生的基础是科学技术和实践经验的综合结果

D. 标准不需要公认的机构批准
3. 我国的商品标准分为( )。
　　A. 2个等级　　　　B. 3个等级　　　　C. 4个等级　　　　D. 5个等级
4. 国际上电工领域的标准化机构是( )。
　　A. ISO　　　　　　B. IEC　　　　　　C. CAC　　　　　　D. GB/T

二、简答题

1. 标准的含义有哪些？
2. 商品标准是如何分类的？
3. 商品标准有哪些表示方法？
4. 商品标准的内容有哪些？
5. 标准化对物流有何意义？

三、案例分析题

手机拍摄性能不合格　苹果三星等品牌上榜

近日,国家照相机质量监督检验中心测试发现,苹果iPhone 6、三星Galaxy S5、诺基亚Lumia 930、OPPO R5、TCL Hero N3、SONY Xperia Z1等多款品牌手机拍照、摄像成像性能不合格。

测试的10款手机样品中,8款样品分别在不同测试项目上不达标,其中包括苹果、三星、诺基亚、OPPO、SONY、TCL等品牌,而主要问题集中在色彩还原准确度、曝光量误差、动态分辨率等项目上,拍出的照片过亮或过暗、易偏色,摄像不清晰。

资料来源：搜狐新闻—央视新闻,2015-8-30

讨论题：
1. 你用的手机品牌上黑榜了吗？
2. 你认为应如何处置问题手机？
3. 这一信息是否会影响你对品牌手机的信心？

实　训　题

联系实际谈谈标准化的意义。

第 6 章

商品检验

知识目标：
1. 掌握商品检验的概念与内容。
2. 掌握商品检验的常用方法。
3. 能熟练进行商品抽样的操作。
4. 掌握商品分级的方法。

能力目标：
1. 熟练掌握和区分质量标志。
2. 能根据具体情况分析使用不同的质量检验方法。

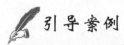引导案例

质检总局：检出进口三文鱼含霍乱弧菌等有害菌

　　质检总局昨天公布了 2015 年 6 月进境不合格食品、化妆品信息。记者统计发现，6 月份共有 365 项不合格产品，其中包括 328 种食品和 37 种化妆品。这些不合格产品中有大量产品是百姓日常生活中经常食用的。网友张先生看到这份名单中第一项就是他所酷爱的三文鱼和鳕鱼，而它们均检出有害菌，不禁感叹："幸亏质检系统帮着百姓把关食品安全，否则，我这三文鱼控早被各类细菌所吞没。"

　　事实上，像网友张先生一样的消费者不计其数，大家得益于国家检验检疫部门食品安全把关，才放心食用进口食品。

　　记者在这份列表中发现，在进口鱼类食品中，重庆大洋铭嘉进出口有限公司进口的挪威制造商名称及注册编号为 H-72 5392 STOREBO 的三文鱼检出金黄色葡萄球菌；同时，厦门华兴峰航进出口有限公司进口的，制造商名称及注册编号为 Ocean Supreme AS 的挪威冰鲜鲑鱼，检出霍乱弧菌。记者就检出的有害物质查询百度并咨询了有关专家，据了解，金黄色葡萄球菌是人类的一种重要病原菌，隶属于葡萄球菌属，可引起多种严重感染，有"嗜肉菌"的别称。

另据了解，检测出的霍乱弧菌，共分为 139 个血清群，其中 O1 群和 O139 群可引起霍乱。专家提醒消费者，霍乱有多种传播途径，主要经水、食物、接触传播和苍蝇传播。这 4 种途径最后都是由病人的粪便或呕吐物等污染外环境，污染饮用水源、饮食及手，再经口入，是典型的"病从口入"病。感染后，临床特征主要为腹泻、呕吐，严重者可因体液和电解质丢失，形成脱水、休克，延误治疗的还可能危及生命。

在鱼类进口食品中，最令消费者瞠目结舌的是，厦门三木通进出口有限公司进口的挪威宝沃海产公司生产的 9 种冰鲜大西洋鳕鱼，检出挥发性盐基氮含量不符合国家标准要求，与此同时，还检出有害生物。

质检总局提醒广大消费者，检验批次的食品、化妆品的问题是入境口岸检验检疫机构实施检验检疫时发现的，都已依法做退货、销毁或改作他用处理，这些不合格批次的食品、化妆品未在国内市场销售。

资料来源：中国经济网，2015 年 8 月 5 日

6.1 商品检验概述

6.1.1 商品检验的概念

商品检验是指商品的生产方、销售方或者第三方在一定条件下，借助一定的仪器、器具、试剂或检验者的感觉器官等手段和方法，按照合同、标准以及国内国际法律、法规，对商品的质量、规格、重量、数量以及包装等方面进行检验，并做出合格与否和等级判定的业务活动。

商品检验是商品质量监督和认证的一项基础工作，是商品生产和流通中不可缺少的一个重要环节，它对于确保商品质量，维护产、供、销三方的正当利益，都有重要意义。生产企业通过对生产各环节的商品质量检验来保证产品质量，促进产品质量不断提高；商品流通部门在流通各环节进行商品检验，及时防止假冒伪劣商品进入流通领域，以减小经济损失，维护消费者利益；质量监督部门通过商品检验，实施商品质量监督，向社会传递准确的商品质量信息，促进我国市场经济的发展。

6.1.2 商品检验的种类

1. 按检验主体和目的划分

（1）生产检验。生产检验又称第一方检验，是指商品制造商为了在竞争中得以生存和发展，保证商品质量，获得较好的经济效益，对企业的原材料、半成品和成品进行的检验。

（2）验收检验。验收检验又称第二方检验，是指商品的购买方为了维护自身及消费者的利益，保证其所购商品符合合同或标准规定所进行的检验。

（3）第三方检验。第三方检验是指处于交易双方利益之外的第三方，以公正、中立的身份，应有关方面的请求或指派，依据有关法律、合同或标准对商品进行的检验。第三方检验可以合理维护交易双方的权利以及国家和消费者的权益，可以及时协调和解决商品贸易或交换中出现的纠纷，促进商品流通的顺畅进行。

2. 按检验是否具有破损性划分

(1) 破损性检验。破损性检验是指为了对商品进行各项技术指标的测定、试验,经测定、试验后的商品遭受破坏,甚至再也无法使用了的检验,如加工食品罐头、饮料以及茶类的检验等。

(2) 非破损性检验。非破损性检验是指经过检验的商品仍能发挥其正常使用性能的检验,如电器类、纺织品类、黄金首饰等的检验。

3. 按被检验商品的数量划分

(1) 全数检验。全数检验是对被检验商品逐一进行的检验,它适合于批量小、质量特征少且质量不稳定、较贵重的商品检验。该检验的特点是可以提供完全的质量信息,给人以安全可靠感。但由于它实行全部商品检验,所以检验费用昂贵,检验工作量大,为此应该预防重复单调的检验工作给检验人员造成疲劳而产生漏检或错检现象。

(2) 抽样检验。抽样检验是按合同或标准中规定的抽样方案,从被检验商品中随机抽取样品,然后对样品逐一进行测试的检验形式。抽样检验适合于批量较大的商品检验,它可以节省检验时间和费用,有利于商品流转。但由于该种检验提供的商品信息量少,可能导致检验结果和实际商品品质的偏差,所以它不适用于质量差异大的商品。

(3) 免于检验。免于检验是对商品质量保证体系良好、质量控制完备、成品质量长期稳定的生产企业所生产的产品,在企业自检合格后,商业企业或进出口公司可以直接收货,免于检验。我国进出口商品免检办法中规定,对于法定检验的进出口商品,凡具备下列情况之一者,申请人可以申请免检:

① 在国际上获得质量奖未超过三年时间的商品;

② 经国家商检部门认可的国际有关组织实施质量认证,并经商检机构检验质量长期稳定的商品;

③ 连续三年出厂合格率及商检机构检验合格率均为百分之百,并且没有质量异议的出口商品;

④ 连续三年商检机构检验合格率及用户验收合格率均为百分之百,并且获得用户和消费者良好评价的进出口商品。

4. 按商品流向划分

按商品流向划分可以分为内销商品检验和进出口商品检验两种。具体来说可以细分为以下几种。

(1) 工厂签证,商业免检。工厂生产出来的产品,经工厂检验部门检验签证后,销售企业可以直接进货,免于检验程序。该形式多适用于生产技术条件好,工厂检测手段完善,产品质量管理制度健全的生产企业。

(2) 商品监检,凭工厂签证收货。商品监检是指销售企业的检验人员对工厂生产的半成品、成品及包装,甚至原材料等,在工厂生产全过程中进行监督检验,销售企业可凭工厂检验签证验收。该形式适用于比较高档的商品质量检验。

(3) 工厂签证交货,商业定期不定期抽验。对于某些工厂生产的质量稳定的产品、质量信得过的产品或优质产品,一般是工厂签证后便可交货,但为确保商品质量,销售企业可采取定期不定期抽验的方法。

(4) 商业批检。商业批检是指销售企业对厂方的每批产品都进行检验,否则不予收货。此种检验形式适用于质量不稳定的产品。

(5) 行业会检。对于多个厂家生产的同一种产品,在同行业中由工商联合组织行业会检。一般是联合组成产品质量评比小组,定期或不定期地对行业产品进行检验。

(6) 库存商品检验。库存商品检验是指仓储部门对贮存期内易发生质量变化的商品所进行的定期检验,目的是及时掌握库存商品的质量变化状况,达到安全贮存的目的。

(7) 法定检验。法定检验是根据国家法令规定,对指定的重要进出口商品执行的强制性检验。其方法是根据买卖双方签订的经济合同或标准进行检验,对合格商品签发检验证书,作为海关放行凭证。未经检验或检验不合格的商品,不准出口或进口。

(8) 公证检验。公证检验是不带强制性的,完全根据对外贸易关系人的申请,接受办理的各项鉴定业务检验。商品检验机构以非当事人的身份和科学公正的态度,通过各种手段,来检验与鉴定各种进出口商品是否符合贸易双方签订的合同要求或国际上的有关规定,得出检验与鉴定的结果和结论,或是提供有关数据,以便签发证书或其他有关证明等。

(9) 委托业务检验。委托业务检验是我国商检机构与其他国家商检机构开展的相互委托的检验业务和公证鉴定工作。各国质量认证机构实行相互认证,大大方便了进出口贸易。

6.1.3 商品检验的内容

商品检验是一项科学性、技术性、规范性较强的复杂工作,为使检验结果更具有公正性和权威性,必须根据具有法律效力的质量法规、标准及合同等开展商品检验工作。

1. 商品检验的依据

(1) 商品质量法规。国家有关商品质量的法律、法令、条例、规定、制度等,规定了国家对商品质量的要求,体现了人民的意志,保障了国家和人民的合法权益,具有足够的权威性、法制性和科学性。商品质量法规是国家组织、管理、监督和指导商品生产与商品流通,调整经济关系的准绳,是各部门共同行动的准则,也是商品检验活动的重要依据。质量法规包括商品检验管理法规、产品质量责任制法规、计量管理法规、生产许可证及产品质量认证管理法规等。

(2) 技术标准。技术标准是指规定和衡量标准化对象的技术特征的标准。它对产品的结构、规格、质量要求、实验检验方法、验收规则、计算方法等均作了统一规定,是生产、检验、验收、使用、洽谈贸易的技术规范,也是商品检验的主要依据,它对保证检验结果的科学性和准确性具有重要意义。

(3) 购销合同。供需双方约定的质量要求,必须共同遵守。一旦发生质量纠纷,购销合同的质量要求,即为仲裁、检验的法律依据。但是,购销合同必须符合经济合同法的要求。

2. 商品检验的程序

商品质量检验程序一般由定标、抽样、检验、判定、处理五大步骤组成。

(1) 定标。定标是指检验前根据合同或标准规定,明确技术要求,掌握检验手段和方法,拟定商品检验计划。

(2) 抽样。抽样是指按合同或标准规定的抽样方案,抽取样品,使样品对商品总体具有充分的代表性,同时对样品进行合理的维护。

(3) 检验。检验是指在规定要求的环境下,使用一定的检验设备和条件,采用测量、测试、试验等检验方法,检测样品的质量特性。

(4) 判定。判定指通过将检测的结果与合同及标准要求的技术指标进行对照,根据合格判定原则,对被检商品合格与否做出判定。

(5) 处理。处理是指对检验结果出具检验报告,反馈质量信息,对不合格商品做出处理。

3. 商品检验的内容

(1) 包装检验

包装检验是根据购销合同、标准和其他有关规定,对进出口商品或内销商品的外包装和内包装以及包装标志进行检验。包装检验首先核对外包装上的商品包装标志标记、号码等是否与有关标准的规定或贸易合同相符。对进口商品主要检验外包装是否完好无损,包装材料、包装方式和衬垫物等是否符合合同规定要求。对外包装破损的商品,要另外进行验残,查明货损责任方以及货损程度。对发生残损的商品要检查其是否由于包装不良所引起。对出口商品的包装检验,除包装材料和包装方法必须符合外贸合同、标准规定外,还应检验商品内外包装是否牢固、完整、干燥、清洁,是否适于长途运输和保护商品质量、数量的要求。

商检机构对进出口商品的包装检验,一般抽样或在当场检验,或进行衡器计重的同时结合进行。

(2) 品质检验

品质检验又称质量检验,指运用各种检验手段,包括感官检验、化学检验、仪器分析、物理测试、微生物学检验等,对商品的品质、规格、等级等进行检验,确定其是否符合贸易合同包括成交样品、标准等的规定。品质检验的范围很广,大体上包括外观质量检验与内在质量检验两个方面。外观质量检验主要是对商品的外形、结构、花样、色泽、气味、触感、疵点、表面加工质量、表面缺陷等的检验;内在质量检验一般指对有效成分的种类、含量,有害物质的限量,商品的化学成分、物理性能、机械性能、工艺质量、使用效果等的检验。

(3) 卫生检验

卫生检验主要是根据《中华人民共和国食品卫生法》《化妆品卫生监督条例》《中华人民共和国药品管理法》等法规,对食品、药品、食品包装材料、化妆品、玩具、纺织品、日用器皿等进行的卫生检验,检验其是否符合卫生条件,以保障人民健康和维护国家信誉。如《中华人民共和国食品卫生法》规定:"进口的食品、食品添加剂、食品容器、包装材料和食品用工具及设备,必须符合国家卫生标准和卫生管理办法的规定。进口上款所列产品,由国家食品卫生监督检验机构进行卫生监督检验。进口单位在申报检验时,应当提供输出国地区所使用的农药、添加剂、熏蒸剂等有关资料和检验报告。海关凭国家卫生监督检验机构的证书放行。"又规定:"出口食品由国家进出口商品检验部门进行卫生监督、检验。海关凭国家进出口商品检验部门的证书放行。"

(4) 安全性能检验

安全性能检验是根据国家规定和外贸合同、标准以及进口国的法令要求,对进出口商品有关安全性能方面的项目进行的检验,如易燃、易爆、易触电、易受毒害、易受伤害等,以保证生产使用和生命财产的安全。目前,除进出口船舶及主要船用设备材料和锅炉及压力容器的安全监督检验,根据国家规定分别由船舶检验机构和劳动部门的锅炉、压力容器安全监察机构负责监督检查外,其他进出口商品涉及安全性能方面的项目,由商检机构根据外贸合同规定和国内外的有关规定和要求进行检验,以维护人身安全和确保经济财产免遭侵害。

(5) 数量和重量检验

商品的数量和重量是贸易双方成交商品的基本计量计价单位,是结算的依据,直接关系到双方的经济利益,也是贸易中最敏感而且容易引起争议的因素之一。商品的数量和重量检验包括商品的个数、件数、长度、面积、体积、容积、重量等。

资料链接 6-1

出口商品检验和预先检验

出口商品的出口检验必须具备下列条件。

(1) 外贸经营单位已对外成交签订对外贸易销售合同,凭信用证结算货款的,已收到国外开来的信用证,明确了装运条件和检验依据。

(2) 出口货物已备齐,除散装货、裸装货外,已成箱成件包装完毕,外包装符合出口要求。

(3) 除合同、信用证规定的中性包装外,已刷好出口唛头标记。

(4) 整批商品堆码整齐,便于检验人员查看包装和标记,进行抽样和现场检验。

符合上述要求的出口商品,出入境检验检疫机构派员到货物堆存地点,按照标准、合同、信用证的规定要求,执行抽样检验。经检验评定合格后,发给证书、放行单(或在出口报关单上加盖放行章),外贸经营单位即可办理报关出运。

出口预验是出入境检验检疫机构为了方便对外贸易,根据需要和可能,对某些经常出口的商品同意接受预先检验,简称出口预验。预验的概念是:出口商品尚未对外成交,或虽已成交、已签订了出口贸易合同,但尚未接到信用证,不能确定装运数量、运输工具,要暂缓出口的商品,出入境检验检疫机构应申请人要求预先进行的检验。

出入境检验检疫机构对申请出口预验的商品,已成交的可先按合同检验,未成交的只能按标准检验,由于尚未收到信用证或合同,所以经检验合格的商品,不能最后评定为合格。同时,因装运条件尚未明确,故不能发给证书和放行单,只能发给预验合格的证单。出口预验初评所发的预验合格证单有以下两种。

(1) 出口商品检验换证凭单,供出口时向出口口岸出入境检验检疫机构换证用。

(2) 预验结果单,供出口时向原出入境检验检疫机构换证用。如需转运其他口岸出口时,要申请换发出口商品检验换证凭单。

> 经预验初评合格的出口商品，出口时，外贸经营单位应持出口商品检验换证凭单（或预验结果单）连同合同、信用证副本向出口地出入境检验检疫机构办理报验，申请出口换证。经出入境检验检疫机构审核检验依据，并按照规定执行查验或口岸查验，对符合规定要求的，准予换发出口证书，办理放行手续，外贸经营单位才可报关输出。
>
> 出入境检验检疫机构办理的产地检验，大部分是预验性质，按同样情况办理。
>
> 资料来源：锦程物流网，2007年4月20日

6.2 商品检验的方法

6.2.1 感官检验法

1. 感官检验法

感官检验是以人体感觉器官作为检验器具，对商品的色、香、味、形、手感、音质、音色等感官质量特性做出判定和评价的检验方法。该方法操作简便、灵活易行、节省费用，特别适用于目前还不能用仪器定量评价其感官指标的商品和不具备组织昂贵、复杂仪器进行检验的企业和团体。现代感官检验技术更是利用心理学原理设计，并用统计学方法分析和处理一系列感官数据，同时借助计算机技术将不易确定的商品感官指标客观化、定量化，从而使感官检验更具有可靠性，成为与理化检验相辅相成的现代检验技术。感官检验的商品主要有食品、纺织品及服装、乐器等。感官检验依据检验时所主要使用的感觉器官的不同，分为视觉检验、嗅觉检验、味觉检验、听觉检验和触觉检验。

（1）视觉检验

视觉检验是通过视觉器官来观察商品的外形、结构、色泽、外观疵点、包装装潢等感官指标，并据此评定商品的质量特性的检验方法。视觉检验在检验日用工业品、纺织品时主要检验其美学特点和表面缺陷，在检验食品时则主要检验其新鲜度、成熟度和加工程度。例如，茶叶品质评审中决定茶叶品质的外形、香气、滋味、汤色和叶底五项指标中的外形、汤色和叶底这三项均需通过视觉检验来判定。外形评定须取样茶于茶盘中，在用双手波浪式筛转后，样茶大体分为面张茶、中段茶和下盘茶。先看粗松轻薄的面张茶，再观察紧结重实的中段茶，最后拨开中段茶看下盘茶。最后取一小撮混合均匀的样茶，观察其条索形态、色泽、整碎、净度，与标准样茶进行比较，综合分析，做出外形评审结论。汤色评审主要是对茶汤汤色的深浅、明暗、清浊、新陈等做出判定。叶底判定则是依据叶底色泽的明暗、有无花杂、叶张的软硬、粗嫩、芽头的多少和匀齐程度等得出评审结论。

视觉检验应注意以下几点。

① 为使检验者对商品外观评定有所依据，应制定相应的样品标准。

② 检验者应具备丰富的感官检验的知识和经验，并熟悉标准样品各等级的条件、特征和界限。

③ 光线强度应适中。由于视觉检验是用肉眼观察评定商品的外观质量，因此鉴定场所的光线强弱是直接影响鉴定结果的重要条件。

(2) 嗅觉检验

嗅觉检验是凭借嗅觉器官——鼻来鉴定商品气味，评定商品品质的检验方法。嗅觉是由于商品体发散于空气中的物质颗粒作用于鼻腔嗅觉细胞，产生兴奋传入大脑皮层引起的感觉。嗅觉检验应用于食品、家用化工用品和香精香料等商品的质量检验。凡品质优良的商品均具有其特有的正常气味或香气。而劣质商品气味特征也会有所不同，有的乏味，有的则会有霉、臭等怪味。正常、无异味是对商品气味的基本要求，对不同的商品，嗅觉检验的内容和要求也相应不同。如茶叶香气检验。

茶叶香气检验是指将3克样茶置于容积为50毫升的审茶杯内，用沸水冲泡5分钟，倾茶汤于审茶碗后，评审茶杯中的香气。审评时左手持杯送至鼻下，右手掀开杯盖，半掩半开，反复嗅闻叶底的香气。首先要鉴定香气是否正常，有无异味，继而区别香气类型，最后鉴定香气的持久度。

嗅觉检验的结果能否正确反映商品的品质，除了检验者自身的素质外，检验场所的清洁度、有无异味对检验结果也有很大影响。因此进行嗅觉检验时，检验场所、盛样器皿、检验者的手和衣物等均不应有不利于嗅觉检验的异种气味。

(3) 味觉检验

味觉检验是借用人的味觉器官来检查有一定滋味要求的商品品质的过程。味觉是溶解于水或唾液中的物质作用于舌面和口腔黏膜上的味觉细胞，产生兴奋传入大脑皮层而引起的感觉。基本味觉有酸、甜、苦、辣、咸五种。其中辣味也被认为是热觉、痛觉和味觉的混合。食品的滋味和风味是决定食品品质的重要因素，凡品质正常的食品均具有应有的滋味和风味。同一原料来源的食品，由于加工调制方法的不同，滋味和风味也各异。质量发生变化的食品，滋味必然变劣，产生异味。所以，味觉评定是检验食品品质的重要手段之一，如茶叶滋味审评。

茶叶滋味是决定茶叶品质的四项指标之一，品尝时需用汤匙取少许茶汤入口，使茶汤留在舌上部，通过舌的轻缓转动使茶汤在舌与口腔黏膜间充分接触，然后将茶汤吐出，继而判定滋味类型、味的强度水平（醇厚、平淡、乏味、无味）、味道滞留度等，并依此对茶叶滋味品级做出判定。

味觉检验应注意被检样品的温度要与对照样品温度一致，在一些检验细节上必须严格遵循检验规程，如检验前后必须漱口等。

(4) 听觉检验

听觉检验是凭借听觉器官来鉴定商品质量的方法。听觉是通过外界商品的音响刺激耳膜引起大脑神经反应而产生的一种感觉。听觉检验一般用来检验玻璃制品、瓷器、金属制品有无裂痕或其他内在缺陷；评价以声音作为重要指标的乐器、音响装置、家用电器；评定食品的成熟度、新鲜度、冷冻程度等。如人们在购买鸡蛋时，常将鸡蛋放在耳边轻轻摇动，如有明显晃动声音发出，说明鸡蛋由于放置时间较长，内部蛋清因水分散失而体积收缩，这时就有一个空间在人们摇动时使蛋清与蛋壳碰撞发出声音。又如罐头"打检"是判定罐头食品品质的行之有效的简易方法。检验人员手持打检杆，轻敲罐盖，发出清脆的叮叮声者品质正常，而发出混浊声音者则属次品。听觉检验需要适宜的环境条件，力求安静，尽量避免外界因素对听觉灵敏度的影响。

(5) 触觉检验

触觉检验是利用人的触觉器官感受商品,从而对商品品质做出判定的检验方法。触觉是皮肤受到外界刺激而引起的感觉,如触压觉、触摸觉等。人的手指和头面部的触觉感受性较强,触觉检验主要用于检查纸张、塑料、纺织品以及食品和其他日用工业品的表面光滑细致程度、强度、厚度、弹性、紧密程度、软硬等质量特性。触觉检验时,应注意环境条件的稳定以及手指皮肤正常状态的保持。

2. 感官检验评价方法

感官检验评价分析方法一般可分为以下三种。

(1) 差别检验。差别检验是用于判定两种样品之间是否存在感官差别的检验。如检验某种商品样品与标准样品在感官特性上是否存在差别。

(2) 使用标度和类别检验。这是对于两种以上的商品,在采用差别检验确定其具有明显差别的基础上,为进一步明确差别的大小或估计样品归属的类别而采用的方法。具体方法是排序、量值估计、评分、评估、分类等。

(3) 分析或描述性检验。这种评价方法要求评价员对构成商品的各个特性指标进行定性、定量描述,以尽可能完整地描述商品品质。

6.2.2 理化检验法

理化检验法是在实验室等一定环境条件下,利用各种仪器、器具和试剂等手段,运用物理、化学、生物学原理测试商品质量的方法。它主要用来检验商品的成分、结构、物理性质、化学性能、安全性、卫生性等。理化检验法的显著特点是可用数据定量表示测定结果,其结论较感官检验更客观和精确。同时对检验设备、仪器和检验人员素质也有较高要求。理化检验方法根据其使用原理可分为物理检验法、化学检验法和生物学检验法。

1. 物理检验法

物理检验法是运用各种物理仪器、量具对商品的各种物理性能和指标进行测试检验,以确定商品质量的方法。根据测试检验的内容不同,可分为以下几类。

(1) 度量衡检验。度量衡检验是利用各种量具、量仪来测定商品的长宽度、细度、厚度、体积、密度、容重、表面光洁度等物理特性的检验方法。如纤维的长度、细度,粮谷的容重,水果个体的体积和重量等都适用此检验法。

(2) 力学检验。力学检验是用各种力学仪器测定商品的力学性能的检验方法。这些机械性能包括抗拉强度、抗压强度、抗冲击强度、硬度、弹性、耐磨强度等。商品的力学性能与商品的耐用性密切相关。如水泥的抗压强度是用水泥试样被压碎时,试样单位面积平方厘米所承受的外力表示的,单位为千克/平方厘米;水泥标号表明水泥具有的抗压强度,如普通水泥有 225、295、325、425、625 等标号。

(3) 热学检验。热学检验是使用热学仪器测定商品热学特性的检验方法。商品的热学特性有沸点、熔点、凝固点、耐热性等。橡胶、塑料制品、玻璃和搪瓷制品、金属制品、化工制品、皮革制品等,其热学性质与商品质量相关。如搪瓷制品的耐热性测定,是将搪瓷制品加热到一定温度后,将其迅速投入冷水中,以珐琅层在突然受冷时不致炸裂和脱落的温度表示,温度差越大,耐热性越好。

(4) 电学检验。电学检验是利用电学仪器测量商品电学特性的检验方法,如电阻、电容、电导率、介电常数等。对电器类商品,其电学特性直接决定商品的质量。

(5) 光学检验。光学检验是利用光学仪器如光学显微镜、折光仪、旋光仪等来检验商品光学特性的检验方法。光学显微镜用于观察商品的细微结构,进而判定商品的使用性能;折光仪用于测定液体的透射率,通过透射率的测定可分析液体商品的品质,如通过测定油脂的透射率可判定油脂的新陈与掺假与否;旋光仪是通过对旋光性物质如蔗糖、葡萄糖等的旋光度进行测定,从而判定光旋性物质的纯度。

2. 化学检验法

化学检验法是用化学试剂和仪器对商品的化学成分及其含量进行测定,从而判定商品品质的检验方法。化学检验法按检验手段可分为化学分析法和仪器分析法。

(1) 化学分析法。化学分析法是根据检验过程中试样和试剂所发生的化学反应和在化学反应中试样和试剂的用量,鉴定商品的化学组成和化学组成中各成分的相对含量的检验方法。以物质的化学反应为基础的化学分析法是一种传统的化学分析方法,它设备简单、准确度高,是其他化学分析方法的基础,又称常规分析法。

(2) 仪器分析法。仪器分析法是采用光学、电学方面较为复杂的仪器,通过测量商品的光学性质、电化学性质来确定商品的化学成分的种类、含量以及化学结构,以判断商品品质的检验方法。仪器分析法分为光学分析法和电化学分析法。光学分析法是通过被测成分吸收或发射电磁辐射的特性差异来进行化学鉴定的;电化学分析法是利用被测物的化学组成与电物理量之间的定量关系来确定被测物的组成和含量的。仪器分析法适用于微量成分含量的分析。

6.2.3 生物学检验法

生物学检验主要是用于对食品、动植物及其制品、医药类商品进行的检验,它包括微生物学检验和生理学检验。

(1) 微生物学检验是对商品中有害微生物存在的种类及其数量进行的检验,它是判定商品卫生质量的重要手段。一般有害微生物有大肠菌群、致病菌等,它们直接危害人体健康及商品的储存安全。

(2) 生理学检验是用于测定食品可消化率、发热量、维生素种类、维生素含量、矿物质含量等指标的检验。生理学检验一般用活体动物进行试验。

6.3 商品抽样

6.3.1 商品抽样的概念和要求

1. 商品抽样的概念

抽样又称取样、采样、拣样,是指从被检验的商品中按照一定的方法采集样品的过程。抽样检验是按照事先规定的抽样方案,从被检批中抽取少量样品,组成样本,再对样品逐一进行测试,将测试结果与标准或合同进行比较,最后由样本质量状况统计推断受检商品整体质量合格与否。

(1) 商品批、批量的概念

生产时具有大致相同的条件,生产时间大致相同的同等级、同种类、同规格尺寸、同原料工艺的产品可组成商品批。一批商品中每个单位商品的性质、功能彼此接近,该批商品的单位商品数量称为批量。

(2) 抽样检查的优点

检查的商品数量少,省时、省力,比较经济合算;检查人员能集中精力仔细检查,便于发现问题;适用于破坏性测试,通过少数商品的破坏检查,正确判断整批商品的质量;抽样检查中,搬运损失少;生产方或卖方必须保证自己的产品质量,否则会出现整批商品拒收的情况,给生产方或卖方造成经济损失,这样对商品的生产部门和检查部门的组织管理工作是一个促进,及时发现问题,采取措施加以改进,能起某种预防纠正的作用。

(3) 抽样检查的缺点

由于是进行抽样,样本较少,所以反映整批产品质量状况的信息一般不如100%检验那样多,有时会存在片面性。可能会将优质批误判为不合格批,或将劣质批误判为合格批,因而存在接受"劣质"批和拒收"优质"批的风险。

2. 商品抽样的要求

抽样应当依据抽样对象的形态、性状,合理选用抽样工具与样品容器。抽样工具与样品容器必须清洁,不含被鉴定成分,供微生物鉴定的样品应无菌操作。外地调入的商品,抽样前应检查有关证件,如商标、运货单、质量鉴定证明等,然后检查外表,包括检查包装以及起运日期、整批数量、产地厂家等情况。各类商品的抽样要有代表性和典型性,注意抽样部位分布均匀。抽样的同时应做好记录,内容包括抽样单位、地址、仓位、车间号、日期、样品名称、样品批号、样品数量、抽样者姓名等。抽取的样品应妥善保存,保持样品原有的品质特点。抽样后应及时鉴定,商品抽样必须及时。由于很多商品的组成、成分、含量等会随着时间的推移而迅速发生变化,因而进行抽样检验必须及时,否则很可能导致检验结果失真。

6.3.2 商品抽样的方法

商品抽样的目的在于通过尽可能少的样本所反映出的质量状况来推断整批商品的质量水平,因此如何抽取对该批商品具有代表性的样品,对准确评定整批商品的平均质量显得十分重要,它是关系着生产者、消费者利益的大事。要正确选择抽样方法,控制抽样误差,以获取较为准确的检验结果。根据商品的性能特点,抽样方法在相应的商品标准中均有具体规定。当被检查批次的质量均匀一致时,无论怎样抽取样品,无论样品的数量多少,一般都能反映整批商品的质量。但是在工业生产中,由于原材料、加工条件和技术水平的差异,生产出来的产品质量总是不完全均匀一致的,这时怎样抽取样品就变得很重要了。

为了使抽取的样品能准确反映检查批次的总体质量,应提倡采用符合概率论与数理统计理论的抽样方法。目前,被广泛采用的是随机抽样法,即被检验整批商品中的每一件商品都有同等机会被抽取的方法。被抽取机会不受任何主观意志的限制,抽样者按照随机的原则、完全偶然的方法抽取样品,这样比较客观,适用于各种商品、各种批量的抽样。

常用的抽样方法有简单随机抽样、分层随机抽样和系统随机抽样三类。

1. 简单随机抽样

简单随机抽样法又称单纯随机抽样法,它是对整批同类商品不经过任何分组、划类、排序,直接从中按照随机原则抽取检验样品。简单随机抽样通常用于批量不大的商品的抽样,通常是将批中各单位商品编号,利用抽签或随机表抽样。从理论上讲,简单随机抽样最符合随机的原则,可避免检验员主观意识的影响,是最基本的抽样方法,是其他复杂的随机抽样方法的基础。当批量较大时,则无法使用这种方法。

2. 分层随机抽样

分层随机抽样法又称分组随机抽样法、分类随机抽样法。它是将整批同类商品按主要标志分成若干个组,然后从每组中随机抽取若干样品,最后将各组抽取的样品放在一起作为整批商品的检验样品的抽样方法。分层随机抽样方法适用于批量较大的商品检验,尤其是当批中商品质量可能波动较大时,如不同设备、不同时间、不同生产者生产的商品组成的被检批次。它抽取的样本有很好的代表性,是目前使用最多、最广的一种抽样方法。

3. 系统随机抽样

系统随机抽样法又称等距随机抽样法、规律性随机抽样法。它是先将整批同类商品按顺序编号,并随机决定某一个数为抽样的基准号码,然后按已确定的"距离"机械地抽取样品的方法。如按2、12、22…的顺序抽取样品。这种抽样方法抽样分布均匀,比简单随机抽样更为精确,适用于较小批量商品的抽样,但当被检批商品质量问题呈周期性变化时,则易产生较大偏差。

 资料链接 6-2

为什么要重视对外贸易合同中的商品检验条款

对外贸易合同中,有关进出口商品检验的条款是十分重要的,它关系到贸易的成败和经济得失。出口商品能否顺利地交货履约,进口商品能否保证符合订货的质量要求,以及发生问题时能否对外索赔挽回损失,都同合同的商品检验条款密切相关。

合同中的商品检验条款,一般分为品质数量条款和检验索赔条款两个方面。品质数量条款是对进出口商品的品质、规格、等级、包装和数量、重量等的具体要求,各种商品、各个合同往往都不一样。品质数量条款是评定进出口商品是否合格的重要的检验依据。有的商品应订明有关的检验标准,或抽样、检验方法,有的商品甚至还要规定使用的检测仪器设备,防止使用不同的标准,不同的抽样、检验方法,或使用不同精度的检测仪器设备,得出不同的检验结果而引起争议。

检验索赔条款是有关检验交货和复验索赔的条款,包括发货人的检验机构、检验时间、检验地点、收货人的复验、复验机构、索赔期限、检验费用,以及仲裁等条款。这些条款一般称基本条款,各种商品、各个合同往往在基本原则一致的基础上,签订基本相同的条款。

进出口业务中,在签订对外贸易合同时,必须十分重视订好合同中的商品检验条款。

6.4 商品质量评价与管理

6.4.1 商品品级的概念

商品品级是表示商品质量高低优劣的标志,也是表示商品在某种条件下适合用途大小的标志,是商品鉴定的重要内容之一。它是相对的、有条件的,有时会因不同时期、不同地区、不同使用条件及不同个性而产生不同的质量等级和市场需求。一般来说,工业品分优等品、一等品和合格品三个等级,而食品特别是农副产品、土特产等多分为四个等级,最多达到六七个等级,如茶叶、棉花、卷烟等。

6.4.2 商品品级的划分方法

商品品级的划分方法很多,一般有百分法和限定法两种。

1. 百分法

将商品各项质量指标规定为一定的分数,重要指标占高分,次要指标占低分。如果各项指标都符合标准要求,或认为无瑕可挑的,则打满分,某项指标欠缺则在该项中相应扣分,全部合格为满分100分。如酒的评分方法,满分为100分,其各项指标分数分配如下。

白酒:色10分、香25分、味50分、风格15分。

啤酒:色10分、香20分、味50分、泡沫20分。

2. 限定法

将商品各种疵点规定一定的限量,又可分为限定记分法及限定数量和程度法。

(1) 限定记分法。将商品各种疵点规定为一定的分数,由疵点分数的总和确定商品的等级,疵点分数越高,则商品的等级越低。这种方法一般在日用工业品中采用。

(2) 限定数量和程度法。在标准中规定商品每个等级限定疵点的种类、数量和疵点的程度。如日用工业品中全胶鞋质量指标共有3个感官指标,其中鞋面起皱或麻点在一级品中规定"稍有",二级品中规定"有",鞋面砂眼在一级品中规定"不许有"等。

6.4.3 商品质量标志

1. 质量合格标志

质量合格标志又称产品检验合格证,是商品出厂前经工厂质检部门检验,产品的各项质量指标均已达到要求而颁发的合格证标志。任何产品出厂前都要经过合格检验。合格标志的形式根据产品的形状、性质等特点不同而异,一般用图案或代码表示,或者系挂,或者贴在包装上。不同等级的同类产品,可以用不同图案或颜色的标志来表示。

2. 质量认证标志

质量认证标志是指产品经法定的认证机构按规定的认证程序认证合格,准许在该产品及其包装上使用的表明该产品的有关质量性能符合认证标准的标识。我国国内经国务院产品质量监督部门批准的认证标志主要有适用于电工产品的专用认证标志长城标志、适用于电子元件产品的专用认证标志 PRC 标志和适用于其他产品的认证标志方圆标志三种。此外,一些较有影响的国际机构和外国的认证机构按照自己的认证标准,也对向其申请认证并经认证合格的我国国内生产的产品颁发其认证标志。如国际羊毛局的纯羊毛标志,美国保险商实验室的 UL 标志等。

3. 商检标志

商检标志又称 CCIB 标志,是国家商品检验局对认证合格的进出口商品生产企业颁发证书,允许使用的进出口商检标志。商检标志分为安全标志、卫生标志和质量标志三种。国家商检总局统一管理全国商检标志的颁发、使用工作,各地商检局负责管理管辖范围内的商检标志的颁发、使用工作。我国对于涉及安全、卫生等重要的进出口商品及其企业实施进口安全许可制度和出口质量许可制度,实施进口安全许可制度的进口商品,必须取得进口商检安全标志,方可进口;实施出口质量许可制度的出口商品必须取得出口商检质量标志,方可出口。

资料链接 6-3

购物请认清标志

(1) QS 标志。"QS"是食品质量安全的英文缩写,食品经过国家强制性检验,合格加贴 QS 标志,它代表着该产品经过了国家的批准,消费者可以放心购买食用。QS 标志如图 6-1 所示。

(2) 免检标志。免检标志属于质量标志。获得免检证书的企业在免检有效期内,可以自愿将免检标志标示在获准免检的产品或者其铭牌、包装物、使用说明书、质量合格证上。免检标志如图 6-2 所示。

图 6-1　QS 标志　　　　　　图 6-2　免检标志

(3)"CCC"标志。CCC 是"中国强制认证"的英文缩写。3 个"C"构成了中国强制认证标志的基本图案。根据《强制性产品认证管理规定》(中华人民共和国国家质量监督检验检疫总局令第 5 号),国家对涉及人类健康和安全、动植物生命和健康以及环境保护和公共安全的产品实行强制性认证制度。"CCC"标志如图 6-3 所示。

（4）中国名牌产品标志。中国名牌产品是指实物质量达到国际同类产品先进水平、在国内同类产品中处于领先地位、市场占有率和知名度居行业前列、用户满意程度高、具有较强市场竞争力的产品。国家质检总局授权中国名牌战略推进委员会统一组织实施中国名牌产品的评价工作。中国名牌产品在有效期内，免于各级政府部门的质量监督检查。对符合出口免检有关规定的，依法优先予以免检（中国名牌产品标志从2012年起已禁用）。

（5）绿色食品标志。绿色食品标志是经国家工商行政管理局注册的质量证明商标，用以标识和证明无污染的安全、优质、营养类食品及与此类食品相关的事物。其标志如图6-4所示。

图6-3 "CCC"标志

图6-4 绿色食品标志

（6）无公害农产品标志。此标志是由农业部和国家认证认可监督管理委员会联合制定并发布、加施于经农业部农产品质量安全中心认证的产品及其包装上的证明性标志。无公害农产品标志如图6-5所示。

（7）有机食品标志。有机食品标志是加施于农业部所属中绿华夏有机食品认证中心的产品及包装上的证明性标志。此标志如图6-6所示。

图6-5 无公害农产品标志

图6-6 有机食品标志

质监部门有关负责人表示，购物时留意质量标志，就多了一份安全保证。目前市场上还是存在一些未经有关部门批准而擅自在自己的产品上印制质量标志的情况。消费者可以通过以下两种方法来捍卫自身的权益：一是要求销售者出具此商品或生产厂家享有此种标志使用权的相关证书；二是向此种标志的管理部门进行咨询，查询此商品或生产厂家是否真的获得此认证。

资料来源：天津日报网—每日新报，2006-9-23

资料链接 6-4

质量认证的产生与发展

质量认证是随着现代工业的发展、外部质量保证要求的提出而发展起来的。最初出于社会对大工业产品如锅炉等压力容器的质量保证要求,为适应市场需要建立了非官方组织,如美国保险商实验室(UL)和德国技术监督协会(TUV)。

1903年,英国首先以国家标准为依据对英国铁轨进行合格认证并在铁轨上打上风等标志,开创了以国家标准为依据的质量认证,开创了国家认证制度的先河,其后各国纷纷效仿。一些工业化国家相继建立起以本国法规、标准为依据的国家认证制度,主要国家有英国、法国、德国、美国等10多个西欧和北美国家。其后发展到多个国家一起以区域标准为依据的区域性认证制,例如以欧洲标准为依据而建立的欧洲电器产品、汽车等区域性认证制。

20世纪80年代之后,在国际标准化组织(ISO)和国际电工委员会(IEC)的积极倡导下,开始在几类产品上推行以国际标准为依据,全世界范围内多国参加的国际认证制,如IEC建立的电子元器件认证、电工产品安全认证、防爆电器标志认证和国际羊毛局建立的纯羊毛标志认证等。

复习思考题

一、单项选择题

1. 感官检验商品的弹性、韧性、硬度、温度等质量特性时,用(　　)检验法。
   A. 视觉　　　B. 听觉　　　C. 嗅觉　　　D. 触觉
2. 检验商品的外形结构、颜色、表面疵点等质量特性时,用(　　)检验法。
   A. 视觉　　　B. 听觉　　　C. 嗅觉　　　D. 触觉
3. 商品检验的依据是(　　)。
   A. 商品认证　　B. 商品标准　　C. 商品监督　　D. 商品贸易
4. 限定积分法分值越高,商品质量等级越(　　)。
   A. 高　　　　　　　　　　　B. 一般
   C. 低　　　　　　　　　　　D. 以上都不是

二、判断题

1. 商品的感官检验具有准确、客观的特点。(　　)
2. 百分积分法分值越高,商品的质量等级越高。(　　)
3. 商品破坏性检验是商品不能全检的因素之一。(　　)

三、简答题

1. 说明商品检验的概念及意义。
2. 商品质量检验的依据及基本内容有哪些?

3. 感官检验法和理化检验法各有何优缺点?
4. 什么叫抽样?常见的商品抽样方法有哪些?
5. 举例说明你所熟悉的一种商品的感官质量检验方法。
6. 什么是商品的品级?试分析几种主要商品品级划分方法的不同之处。

四、案例分析题

案例 1 充电宝市场一片乱象 电芯质劣有自燃爆炸隐患

近年来发生的移动电源突然冒烟或爆炸的事件并不少见,至于容量虚标、产品标志不全等问题,更是屡见不鲜。不合格的充电宝,可能就是一个有着潜在危险的"炸弹"。国内第一个移动电源国家强制标准将正式实施,该标准对移动电源工作参数、电路安全等进行 30 多项测试,以确保生产出来的移动电源安全可靠。

记者调查:充电宝市场一片乱象

随着智能手机和平板电脑等电子产品逐渐成为日常生活中的"必要装备",为解决电池消耗大、待机时间短的问题,便携式移动电源应运而生。记者调查发现,由于相关标准的缺失,目前在网上和市面上销售的充电宝中,品牌混杂,大量劣质产品充斥其中,因充电宝质量问题而导致的事故时有发生。

乱象 1:安全标志五花八门

近日,记者走访岛城多处商家发现,虽然有关部门对电子类产品实行的"CCC 认证"早已出台,但由于移动电源未被纳入监管范围,此类产品尚无明确质量标准。记者在走访中还发现,移动电源外包装上的安全标志非常混乱,记者看到的就有 CE(欧盟强制性认证)、FCC(美国联邦通信委员会认证)、RoHS(欧盟环保认证)、"PICC 承保"等,部分品牌甚至没有任何安全标志。

乱象 2:充电能力各说各话

记者发现,移动电源的品牌数量有近百个,容量范围更是从 2 000 毫安小时到 30 000 毫安小时。对于移动电源的充电能力,众商家的说法有较大分歧。在一家店里,记者看到其出售的 5 000 毫安小时移动电源可供 iPhone 4s(容量 1 420 毫安小时)"充电三到四次"。但在另一家店,店员告诉记者,5 000 毫安小时移动电源只能供 iPhone 4s 充电两次。

调查中,由于充电宝的品牌不同,同样容量的充电宝价格更是相差很大。以 10 000 毫安小时的充电宝为例,辽宁路一家电子产品专卖店给出的价格为 60 多元;而在香港中路一家专卖店内,该容量的充电宝标价为 540 元。记者在网店搜索栏输入关键词"充电宝",一下子就可搜到 290 多万条相关产品的信息。其中仅位于搜索栏首位的"充电宝 30 000 毫安小时"就有上万条的相关信息。在一家网店,30 000 毫安小时充电宝的销量很高,标价为 99 元,相比实体店,这个售价低了很多。但是记者注意到,在售后评价中,不少网友指出这款充电宝充电续航次数少、充电时发热、容易损坏等。

乱象 3:虚标容量提高售价

据业内人士称,充电宝的电芯、保护板、外壳的阻燃性以及零部件的组装都有一套极其严格的检验标准。但是质量差、安全性低的充电宝却大量充斥市场,消费者的权益遭到损害。

业内人士表示,劣质充电宝存在着容量虚标的问题,大部分劣质充电宝的实际电量不足标记电量的40%,通过虚标容量来提高产品售价,为厂家获得更大的利润空间。此外,为了追求所谓"超轻超薄""快速充电"等概念,厂家在设计上大动手脚。有的厂家将输出电压调至5.1V甚至5.2V,以达到快速充电的目的。这种改造违背了移动电源设计的基本常识,如果长期使用这种高电压向手机输出电量,会导致充电宝性能下降,进而影响手机的正常使用。

乱象4:电芯质劣有自燃隐患

移动电源生产的成本构成中,电芯占据了很大一部分,而电芯生产对生产商有很高的要求。大厂商往往在电芯的前期研发、测试中就投入大笔资金,自然就提升了产品的成本。而劣质产品的电芯大多来自于大厂商淘汰的残次品和二次回收的废弃电池。

记者了解到,劣质充电宝主要分为外部材质不合格、电池内芯老化、线路连接错误等,其中电池内芯老化及不达标是质量低劣的最主要原因。如果电池内芯不达标,很容易导致在充电过程中器材发热量过高,耗能过大等。如果这时电源周边有易燃物,或者产品材质耐火性不达标,自燃或者爆炸的危险就会很高。

最新消息:强制标准今起正式实施

记者了解到,为了避免移动电源行业的乱象,国内首个移动电源国家强制标准将在今天正式实施。该标准的标准号为GB31241—2014,全称为《便携式电子产品用锂离子电池和电池组安全要求》,包含30多项数据指标。根据测试指标,电池组的测试项目中除了包含常规的一般安全要求(安全工作参数、标志要求、警示说明、耐久性),还对电池组环境试验、电池组电安全试验、电池组保护电路安全测试要求、系统保护电路安全要求等30多项测试。该标准对移动电源的测试达到了无死角覆盖。按照该标准生产的移动电源,将是安全可靠的。

消费者在购买充电宝时如何保障自己的权益?工商部门工作人员表示,消费者应该要求商家出具发票,并在发票中详细注明购买产品的时间、品名及型号。对于拒绝开具发票的商家,消费者可以向工商部门投诉。据工商部门人员介绍,他们接到的投诉中,95%以上的不合格品都来源于小厂商或者无名厂商生产的产品。他建议,在选用充电宝时,尽量选择一些较为知名的大品牌产品,以安全为重,不要只看价格。

资料来源:大众网,2015年8月4日

讨论题:

1. 你用充电宝吗?
2. 如果你用充电宝,你用的是什么品牌?
3. 请查一下你所用充电宝的质量标志,并注意安全使用充电宝。

案例2　　婴幼儿服装质量令人担忧　大人选衣需谨慎

近日,广东省质监局公布了广东省婴幼儿服装等6种产品质量专项监督抽查质量状况结果:8批次中山产婴幼儿服装均上"黑榜"。其中,1批次被检出甲醛含量超标,而榜单上更有两家生产企业多次列入质监、工商各类抽检不合格名单。

据公告显示,本次共抽查了广州、深圳、珠海、中山等10个地区88家企业生产的婴幼儿服装产品200批次,检验不合格35批次,其中涉及中山产品8个批次,涉及的不合格项目包括甲醛含量、pH、纤维含量、标签4个项目。在本次监测中,共有3批次产品"纤维成分含量"项目不合格。

南都记者注意到榜单中标称中山市名太子服饰有限公司生产的2批次针织T恤因"纤维成分含量"项目不合格而上榜,而在2013年1月及2012年年底,该公司生产的2批次产品分别上了省质监局及广州市工商局的抽检"黑榜"。

此外,另一不合格批次产品——小童针织短袖T恤的生产商"中山市晓邦制衣有限公司",也因为1批次中童梭织长袖棉衣pH项目不合格,曾经在今年3月份时上过广州市工商局公布的抽检不合格名单。

昨日,南都记者走访了中山城区吉之岛、益华百货、壹加壹、沃尔玛、爱婴岛等多家商场超市,发现该类大型或专业超市卖场未现"黑榜"上登出的所有问题批次婴幼儿服装。

前日下午,中山市晓邦制衣有限公司相关工作人员李先生表示,可能去年确实有一批产品被检出了问题,即使存在不合格的情况,他认为消费者也不用太担心,"这种存在问题的产品不会流入到客户手里的,基本在销售商手里就全部处理好了"。李先生表示,消费者如果买到了这种产品可以拿到厂家来退。

中山市名太子服饰有限公司曾3次上"黑榜",其工作人员杨小姐表示,"纤维成分含量就是我们标的75%的棉,25%的麻,其实我们用的70%的棉,30%的麻,这个对小朋友是没有影响的",之所以存在这样的问题,主要是为了"颜色的搭配"。她表示,如果消费者购买了榜单上问题批次的产品,可以将该衣物寄回厂家,厂家可以予以退货。

资料来源:高雄伟.童装品牌,2014-5-22

讨论题:
1. 以上抽检结果说明了什么问题?
2. 你认为应该怎样对生产不合格产品的厂家进行处罚?
3. 应当如何杜绝此类现象发生?

实 训 题

组织学生分组体验比较茶叶和鲜肉的质量检验过程,并写出实训报告。

第 7 章

商品储存与养护

知识目标：
1. 掌握商品储存的基础知识。
2. 掌握商品质量变化的类型和主要影响因素。

能力目标：
1. 熟悉仓库内外温湿度的变化规律及控制与调节方法。
2. 能够掌握商品防霉腐、防锈蚀、防虫害以及防老化等常见养护的技术方法。

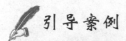引导案例

解读永辉超市如何实现生鲜高毛利

永辉超市的生鲜经营可谓是业内典范，不仅获得了顾客的一片称赞，而且永辉超市生鲜经营的毛利也相当高。那么，永辉超市的生鲜是如何实现如此高的毛利呢？

1. 追踪香蕉

永辉超市在香蕉这一个单品的经营上，就充分体现了其经营优势：在源头以较低的价格采摘未成熟的香蕉，通过调节香蕉的外部储藏温度，利用大型冷库进行人工温度控制，通过简单的制作工艺使香蕉由生变熟，再统一配送到各门店进行销售，在价格和品质上占据整个市场的绝对优势，其利润空间较为可观。从操作流程来看，可能大家会更多地关注其固定资产的投入和产出是否成正比，但是从长远的销售目标来看，它的价值不可估量。因为，一个单品几乎可以垄断整个市场。生鲜自营要想迈出成功的一步，必须加强商品的源头直采，借助品种、品质和价格的优势，通过减少中间环节、人为控损，不仅使门店在竞争中能占据主动，而且可以获取商品在买与卖之间最大的利润空间。

2. 注重细节

永辉超市在卖场外设置有一个宰杀间，配备专门人员从事鲜活商品的剖杀，不另外收取任何费用。善于创新、人性化的操作方法，不仅能够满足消费者的需求，同时也

使商品的人为损耗降至最低。以消费者需求为核心,不断创新,注重每一个细节,最大限度地减少自营工作中人为的商品损耗,确保商品利润最大化,这是永辉成功的一个秘诀。

3. 人才保证

自营的核心是营运,这一点在永辉得到充分的证实。在相对完善的采购体系建立以后,卖场的营运尤为重要,从商品的订货、陈列、定价、销售、损耗控制、信息反馈等各个环节均能反映出门店的经营能力及业绩。永辉单独成立了生鲜营运部,由40人的团队专门负责对门店营运做出指导,有为门店收集订单及审核的订单组,有对门店经营数据进行分析的数据分析组,有收集门店反馈信息的信息处理组,有负责巡店及市场调查的指导组等,每个部门分工明确,确保了门店经营工作的顺利开展。卖场生鲜经营是其门店生鲜部的组织核心,在订货、定价、促销等方面,均由生鲜经理负责,而生鲜经营的培养是其人才培养的核心。据了解,生鲜经理的流动性相对较低,异地新店开业,生鲜经理均是永辉本土培养的精英。由此可见,永辉对生鲜营运及专业人才十分重视。

4. 真功夫在店外

永辉有一批员工怀揣现金配合前端采购员,一旦生意谈妥立刻付账。上海商学院教授顾国建认为,永辉超市变"坐商"为"行商",成功地保证了低成本采购。

"在永辉,行业的'毒瘤'拖欠货款现象不会出现。我们生鲜产品是没有账期的。有时候,为了预订一些产品,我们甚至会预付一些费用。"永辉总经理张轩宁告诉记者。

5. 店内也有一本经

"在永辉,全国所有门店的信息都是联网的,如果有产品是负毛利,通常有两种原因:单品订量不对,或损耗比较大。"张轩宁认为,单品订量要根据实际销售量进行预估,而损耗则要通过有效的管理和陈列来实现。

永辉的新鲜蔬果一般在早上10点左右进店,生鲜保鲜期较短,其损耗是所有商品中最高的,这就需要有一个准确的进货量。永辉的采购员十分专业,他们会根据销售情况确定进货量,除了供应当天销售外,还要存出第二天新货到来之前的售货量。永辉有非常先进的冷链设备,能保证生鲜经过整夜仍像昨天一样新鲜。比如鱼的配送,从捕捞开始到运至门店全程供氧,而鱼基本是不离水的,这就保障了鱼的鲜活,也大大降低了损耗。

资料来源:天霸商场网,2014-8-6

讨论题:
1. 合理的维护保养对商品有哪些影响?
2. 合理的维护保养对超市有哪些影响?
3. 永辉超市是如何实现细节化的生鲜管理的?

7.1 商品储存概述

7.1.1 商品储存的概念

商品储存是指商品在流通领域中暂时滞留时的存放。它是商品流通过程中的必要条件,是保证市场供应、调节市场供求、满足消费者需求的必备条件。由此可见,商品储存直接影响商品生产和商品流通。

7.1.2 商品储存的作用

1. 商品储存可以消除商品的价格波动

很多商品的生产和消费具有季节性,商品储存可以说是物流的时间控制开关,通过储存时间的调整,使商品按市场需求的节奏流动,满足生产与消费的平衡需求。对于一般商品而言,适当进行安全储备,是保证生产稳定进行和促进销售的重要手段,也是应对交通阻塞和意外事故等偶发事件的重要应急手段。

2. 商品储存可以降低运输成本,提高运输效率

由于存在着运输费用率随着运量的增大而减小的规模经济现象,因而尽可能大批量运输是节省运费的有效手段。将连续不断生产出来的商品集中运输,或者将众多供应商的商品整合运输,可以通过合并运输和运输配载充分利用交通工具,降低物流成本。

3. 商品储存,可以满足消费者个性化消费的需求

对于需要通过整合运达消费地的产品,在仓库里根据流出去向、流出时间,将产品和零部件进行分拣分类,实现产品组合,可以更好地满足消费者的个性化需求。

4. 商品储存同时进行流通加工,可以实现增值服务

在仓储中进行流通加工,既不影响商品的流通速度,同时又能满足市场的需求变化和不同客户的需要,实现产品的增值。仓储中常见的流通加工形式包括包装、贴标签、改型、上色、定量和组装等。

7.1.3 商品储存的原则

商品储存虽然是商品流通过程中的一种停滞,但这种停滞是为了保证商品流通的顺畅,因此商品储存绝不是随心所欲的,它必须遵循一定的原则。

1. 确保商品质量的原则

商品储存的目的是为了更好地销售和消费,因此储存的商品必须保持其原有的使用价值,否则便失去了储存的意义。但是商品在储存过程中,由于受到各种外部因素和商品本身品质的影响,其质量或多或少地会起一些变化,这就要求在商品储存过程中严格监控商品质量,加强对商品的维护和保养,建立和保持适宜的环境条件,合理确定商品的储存期和储备量,确保商品的质量不发生改变。

2. 确保市场供应的原则

由于市场需求的商品数量和种类始终处于变化当中且无法预测,为了保证商品流通正常、持续地进行,企业必须要根据一定的比例关系,按照销售量的大小保持一定数量的商品储存,这样才能确保市场供应的持续性,防止商品脱销或积压。另外,储存的商品还必须根据生产的周期和流通的时间长短,确定相应的储备量,这样才能保证市场的均衡。

3. 确保生产稳定的原则

商品储存是支持生产,使生产与流通连接起来的一个重要手段。由于商品的生产和消费在时间上、空间上和数量上无法同步进行,为了确保商品生产得以均衡稳定地进行,避免生产的盲目性和随意性,使生产的资源达到有效配置和充分利用,就要求企业根据具体的生产情况确定相应的储存量和储存期,以保证生产持续稳定地进行。

4. 确保库存结构合理的原则

由于商品储存在数量上和结构上都要适应市场的需要,因此库存的商品在品种、规格、等级等各方面应保持合理的比例关系,以适应消费需求的多层次、多样化的变化情况,防止库存的商品出现有些积压有些脱销的情况。同时,商品储存还要注意畅销商品和积压商品的转化趋势,随时改变库存商品的结构和数量,进行有效管理。

5. 经济核算的原则

由于库存商品的数量和储存期直接决定企业的储存成本,从而影响企业的经济效益。因此,商品储存量的多少、储存时间的长短、库存商品的结构的确定等必须遵循经济核算的原则。

7.1.4 商品储存的种类

商品储存可按不同的方法进行分类,最为基本的是按其目的和作用分类,因为为了适应不同的营销要求和流通状况,商品储存带有明显的目的性。因此,商品储存可分为季节性储存、周转性储存、储备性储存。

1. 季节性储存

由于商品的生产和消费在时间上存在差异,为协调这种时间上的不一致性而引起的储存称为季节性储存。大多数的农副产品,如粮食、油料、水产品、水果等,属于季节生产、全年消费类产品;一些日用工业品,如服装、鞋帽、空调、电暖气等,属于全年生产、季节消费类产品;还有一些商品,如元宵、粽子、月饼、圣诞礼品等,则属于季节生产、季节消费类产品。以上这些产品都需要通过季节性储存来维持生产正常进行,从而保证市场的销售。季节性储存的进货量、库存量和库存结构随市场情况而变动较大,往往成为企业市场营销策略的组成部分。

2. 周转性储存

周转性储存是为维持正常的商品经营业务需要而进行的商品储存,是商品储存的最主要的方式。周转性商品储存的数量和结构主要取决于企业的经营能力和管理水平,与商品的生产周期和运输周期也有直接联系。在实际工作中,周转性储存是保证市场均衡供应,维持企业正常运作的重要手段。

3. 储备性储存

为预防自然灾害、战争或应急特殊需要而进行的商品储备称为储备性储存。储备性储存的商品主要是关系国计民生的重要物资,如粮食、棉花、药品、石油及战备军用物资。

7.2 商品质量变化及其影响因素

商品在储存期间由于本身的性能特点,以及各种外界因素的影响,可能发生各种各样的质量变化,归纳起来有物理机械变化、化学变化、生理生化变化及某些生物活动引起的变化等。研究商品的质量变化,了解商品质量变化的规律及影响商品质量变化的因素,对确保商品安全,防止、减少商品劣变或损失有十分重要的作用。

7.2.1 商品的物理机械变化

物理变化是只改变物质的外表形态,不改变其本质,没有新物质的生成,并且有可能反复进行的质量变化现象。商品的机械变化是指商品在外力作用下发生的形态变化。物理机械变化的结果不是数量损失,就是质量降低,甚至失去使用价值。商品常发生的物理机械变化有挥发、溶化、熔化、渗漏、串味、沉淀、玷污、破碎与变形等。

1. 挥发

挥发是低沸点的液体商品或经液化的气体商品,在空气中经汽化而散发到空气中的现象。挥发速度与气温的高低、空气流动速度的快慢、液体表面接触空气面积的大小成正比关系。液体商品的挥发不仅会降低商品的有效成分,增加商品损耗,降低商品质量,有些燃点很低的商品还可能引起燃烧或爆炸;有些商品挥发的蒸气有毒性或麻醉性,容易造成大气污染,对人体有害;一些商品受到气温升高的影响体积膨胀,使包装内部压力增大,可能发生爆裂。常见易挥发的商品有酒精、白酒、香精、花露水、香水、化学试剂中的各种溶剂、医药中的一些试剂、部分化肥农药、杀虫剂、油漆等。

防止商品挥发的主要措施是加强包装的密封性。此外,要控制库房温度,高温季节要采取降温措施,保持在较低的温度条件下储存商品。

2. 溶化

溶化是指固体商品在保管过程中,吸收空气或环境中的水分达到一定程度时,就会成为液体的现象。常见易溶化的商品有食糖、糖果、食盐、明矾、硼酸、甘草硫浸膏、氯化钙、氯化镁、尿素、硝酸铵、硫酸铵、硝酸锌及硝酸锰等。

商品溶化后,商品本身的性质并没有发生变化,但由于形态改变,给储存、运输及销售部门带来很大的不便。商品溶化与空气温度、湿度、堆码高度有密切关系。对易溶化品应按商品性能,分区分类存放在干燥阴凉的库房内,不适合与含水分较大的商品放在一起。在堆码时要注意底层商品的防潮和隔潮,垛底要垫得高一些,并采取吸嘲和通风相结合的温湿度管理方法来防止商品吸湿溶化。

3. 熔化

熔化是指低熔点的商品受热后发生软化甚至变为液体的现象。熔化除受气温高低的影响外,与商品本身的熔点、商品中杂质种类和含量高低密切相关。熔点越低,越易熔化;杂质含量越高,越易熔化。常见易熔化的商品有:百货中的香脂、蛤蜊油发蜡、蜡烛;文化用品中的复写纸、蜡纸、打字纸、圆珠笔芯;化工商品中的松香、石蜡粗萘、硝酸锌;医药商品中的油膏、胶囊、糖衣片等。

商品熔化,有的会造成商品流失、粘连包装、玷污其他商品;有的因产生熔解热而体积膨胀,使包装爆裂;有的因商品软化而使货垛倒塌。预防商品的熔化,应根据商品熔点高低,选择阴凉通风的库房储存。在保管过程中,一般可采用密封和隔热措施,加强库房的温度管理,防止日光照射,尽量减小温度的影响。

4. 渗漏

渗漏主要是指液体商品发生跑、冒、滴、漏的现象。商品渗漏,除了与包装材料性能、包装容器结构及包装技术的优劣有关外,还与仓储温度变化有关。如金属包装焊接不严,受潮锈蚀;有些包装耐腐蚀性差;有的液体商品因气温升高,体积膨胀而使包装内部压力增大进而胀破包装容器;有的液体商品在降温或严寒季节结冰,也会发生体积膨胀引起包装破裂而造成商品损失。因此,对液体商品应加强入库验收和在库商品检验及温度控制和管理。

5. 串味

串味是指吸附性较强的商品吸附其他气体、异味,从而改变本来气味的现象。具有吸附性易串味的商品,主要是因为它的成分中含有胶体物质,以及具有疏松、多孔性的组织结构。商品串味,与其表面状况,与异味物质接触面积大小、接触时间的长短,以及环境中异味的浓度有关。

常见易被串味的商品有大米、面粉、木耳、食糖、饼干、茶叶、卷烟等。常见的易引起其他商品串味的商品有汽油、煤油、桐油、腌鱼、腌肉、樟脑、肥皂、化妆品以及农药等。预防商品串味,应对易被串味的商品尽量采取密封包装、在储存运输中不得与有强烈气味的商品同车船并运或同库储存,同时还要注意运输工具和仓储环境的清洁卫生。

6. 沉淀

沉淀是指含有胶质和易挥发的商品,在低温或高温条件下,部分物质凝固,进而发生下沉或膏体分离的现象。常见的易沉淀的商品有墨汁、墨水、牙膏、雪花膏等。预防商品沉淀,应根据不同商品的特点,防止阳光照射,做好商品冬季保温和夏季降温工作。

7. 玷污

玷污是指商品外表沾有其他脏物、染有其他污秽的现象。商品玷污,主要是生产、储运中卫生条件差及包装不严所致。对一些外观质量要求高的商品,如绸缎呢绒、针织品、服装等,要注意防玷污,精密仪器、仪表类也要特别注意。

8. 破碎与变形

破碎与变形是指商品在外力作用下所发生的形态上的改变。脆性较大或易变形的商品,如玻璃、陶瓷、搪瓷、铝制品等,因包装不良,在搬运过程中受到碰、撞、挤、压和抛掷而易破碎、掉瓷、变形等;塑性较大的商品,如皮革、塑料、橡胶等制品由于受到强烈的外力撞击或长期重压,易丧失回弹性能,从而发生形态改变。对易发生破碎和变形的商品,要注意妥善包装,轻拿轻放,堆垛高度不能超过一定的压力限度。

7.2.2 商品的化学变化

商品的化学变化,是指不仅改变物质的外表形态,也改变物质的本质,并生成新物质的变化现象。商品发生化学变化,严重时会使商品完全丧失使用价值。常见的化学变化有氧化、分解、化合、老化、聚合等。

1. 氧化及锈蚀

氧化是指商品与空气中的氧或其他放出氧的物质接触,发生与氧结合的化学变化。商品氧化,不仅会降低商品的质量,有的还会在氧化过程中产生热量,发生自燃,有的甚至会引发爆炸事故。商品容易发生氧化的品种比较多,例如某些化工原料、纤维制品、橡胶制品、油脂类商品等。

锈蚀是金属制品的特有现象,即金属制品在潮湿空气及酸、碱、盐等作用下而被腐蚀的现象。金属制品的锈蚀,会影响制品的质量和使用价值。

2. 分解及水解

分解是指某些化学性质不稳定的商品,在光、热、酸、碱及潮湿空气的影响下,会由一种物质变成两种或两种以上物质的现象。水解是指某些商品在一定条件下,遇水发生分解的现象。

3. 化合

化合是指两种或两种以上物质互相作用,生成一种新物质的反应。

4. 老化

老化是指高分子材料如橡胶、塑料、合成纤维等在储存过程中,受到光、热、氧等的作用,出现发黏、龟裂、变脆、强力下降、失去原有优良性能的变质现象。易老化是高分子材料存在的一个严重缺陷。老化的原因,主要是高分子物质在外界条件作用下,分子链发生了降解和交联等变化。

5. 聚合

聚合是指某些商品组成中的化学键在外界条件下发生聚合反应,成为聚合体而变性的现象。例如,福尔马林变性、桐油表面结块等均是聚合反应的结果。

7.2.3 商品的生理生化变化及生物引起的变化

生理生化变化是指有生命活动的有机体商品,在生长发育过程中,为了维持它的生命,本身所进行的一系列变化,如粮食、水果、蔬菜、鲜蛋等商品的呼吸作用、发芽、胚胎发育和后熟等。生物引起的变化是指由微生物、仓库害虫以及鼠类等生物所造成的商品质量的变化,如工业品商品和食品商品的霉变、腐败、虫蛀和鼠咬等。

1. 呼吸作用

呼吸作用是指有机体商品在生命活动过程中,由于氧和酶的作用,体内有机物质被分解,并产生热量的生物氧化过程。呼吸作用可分为有氧呼吸和无氧呼吸两种类型。

不论是有氧呼吸还是无氧呼吸,都要消耗营养物质,降低食品的质量。有氧呼吸会产生热量,随着热量的积累,往往使食品腐败变质。同时,有机体分解出来的水分,又有利于有害微生物生长繁殖,使商品的霉变加速。无氧呼吸则会产生酒精积累,引起有机体细胞中毒,造成生理病害,缩短储存时间。对于一些鲜活商品,无氧呼吸往往比有氧呼吸要消耗更多的营养物质。

保持正常的呼吸作用,维持有机体的基本生理活动,有机体商品本身会具有一定的抗病性和耐储性。因此,鲜活商品的储藏应保证它们正常而最低的呼吸,利用它们的生命活性,减小损耗、延长储藏时间。

2. 发芽

发芽是指有机体商品在适宜条件下,冲破休眠状态而发生的萌芽现象。发芽的结果会使有机体商品的营养物质转化为可溶性物质,供给有机体本身的需要,从而降低有机体商品的质量。在发芽过程中,通常伴有发热、发霉等情况,不仅增加损耗,而且降低质量。因此,对这类商品必须控制它们的水分,并加强温湿度管理,防止发芽现象的发生。

3. 胚胎发育

胚胎发育主要指鲜蛋的胚胎发育。在鲜蛋的保管过程中,当温度和供氧条件适宜时,胚胎会发育成血丝蛋、血环蛋。经过胚胎发育的禽蛋,其新鲜度和食用价值大大降低。为抑制鲜蛋的胚胎发育,必须加强温湿度管理,最好在低温储藏或截止供氧。

4. 后熟作用

后熟是指瓜果、蔬菜等类食品脱离母株后继续成熟过程的现象。瓜果、蔬菜等的后熟作用,能改进色、香、味以及硬脆度食用性能。但当后熟作用完成后,则容易发生腐烂变质,难以继续储藏甚至失去食用价值。因此,对于这类食品,应在其成熟之前采收并采取控制储藏条件的办法,来调节其后熟过程,以达到延长储藏期、均衡上市的目的。

5. 霉腐

霉腐是商品在霉腐微生物作用下所发生的霉变和腐败现象。在气温高、湿度大的季节,如果仓库对温湿度控制不好,储存的针棉织品、皮革制品、鞋帽、纸张、香烟以及中药材等许多商品就会生霉;肉、鱼、蛋类就会腐败发臭,水果、蔬菜就会腐烂;果酒变酸,酱油生白膜。无论哪种商品,只要发生霉腐,就会受到不同程度的破坏,严重霉腐可使商品完全失去使用价值。有些食品还会因腐败变质而产生能引起人畜中毒的有毒物质。对易霉腐的商品在储存时必须严格控制温湿度,做好商品防霉工作。

6. 虫蛀

商品在储存期间,常常会遭到仓库害虫的蛀蚀。经常危害商品的仓库害虫有40多种。仓库害虫在危害商品的过程中,不仅破坏商品的组织结构,使商品发生破碎和洞孔,而且排泄各种代谢废物污染商品,影响商品质量和外观,降低商品的使用价值。

小思考:只要商品在储存期间发生质量变化,就会导致商品质量下降吗?

7.3 常见的商品养护技术

商品养护,是根据库存商品的变化规律,采取相应的技术组织措施,对商品进行有效的保养与维护,以保持其使用价值和价值的生产活动。

7.3.1 商品防霉防腐技术

商品的霉变是由于霉腐微生物在商品上进行新陈代谢作用,将商品中的营养物质转变成各种代谢物,引起商品生霉、腐烂、产生异味等质量变化的现象。

对商品影响较大的霉腐微生物主要有细菌、霉菌、酵母菌。细菌主要是破坏含水量较大的动植物食品;酵母菌主要引起含有淀粉、糖类的物质发酵变质。引起商品霉变的霉腐微生物主要是霉菌,霉菌又有曲霉、毛霉、青霉、根霉之分,它对商品破坏的范围较大。

1. 霉腐微生物的生长条件

霉腐微生物的生长繁殖需要一定的条件,当这些条件得到满足时商品就容易发生霉变;这些条件没有满足时商品就不易或不能发生霉变。霉腐微生物的生长需要下列外界环境条件。

(1) 水分和空气湿度。当湿度与霉腐微生物自身的要求相适应时,霉腐微生物就生长繁殖旺盛;反之,则处于休眠状态或死亡。各种霉腐微生物生长繁殖的最适宜相对湿度,因微生物不同略有差异。多数霉菌生长的最低相对湿度为80%~90%。在相对湿度低于75%的条件下,多数霉菌不能正常发育。因而通常把75%这个相对湿度称为商品霉变的临界湿度。

(2) 温度。霉腐微生物的生长繁殖有一定的温度范围要求,超过这个范围其生长会滞缓甚至停止或死亡。高温和低温对霉腐微生物生长都有很大的影响。低温对霉腐微生物生命活动有抑制作用,能使其休眠或死亡;高温能破坏菌体细胞的组织和酶的活动,蛋白质发生凝固作用,使其失去生命活动的能力,甚至会很快死亡。

霉腐微生物中大部分是中温性微生物,其最适宜的生长温度为20~30℃,在10℃以下不易生长,在45℃以上停止生长。

(3) 光线。日光对于多数微生物都有影响,主要是日光中的紫外线能强烈破坏微生物的细胞和酶。多数霉腐微生物日光直射4小时就能大部分死亡。

(4) 空气成分。有些微生物特别是霉菌,需要在有氧条件下才能正常生长,二氧化碳浓度的增加不利于微生物生长,甚至导致其死亡。也有一些微生物是厌氧型的,它们不能在有氧气或氧气充足的条件下生存。通风可以防止部分商品霉腐,主要是防止厌氧微生物引起的霉腐。

2. 常见的易霉变的商品

霉腐微生物的生长需要一定的条件,由于商品本身的特点,有些商品比较容易构成这些条件,有些商品很难构成这些条件,前者容易发生霉腐,后者则不容易发生霉腐。一般来说,含糖、蛋白质、脂肪等有机物质的商品在养护不当时最易发生霉变。常见易发生霉变的商品如下。

(1) 食品类。食品类商品中容易发生霉变的有糖果、糕点、饼干、罐头、饮料、酱醋和香烟等。这些商品的原料、再制品、半制品和成品都易沾染微生物而发生霉变。值得注意的是,食品包装材料和商标纸发霉的情况也并不少见。这不仅影响产品的外观,也影响其内在质量。

(2) 纺织原料及其制品。棉、毛、麻、丝等天然纤维及其制品,在一定的温湿度条件下,很容易生霉。化纤织品也会长霉腐微生物,属于可以发生霉变的商品。

(3) 纸张及其制品。各种纸、纸板及其制品含有大量的纤维素,能够被微生物利用,当温度和湿度适宜时极易发生霉变。

(4) 橡胶和塑料制品。橡胶内含微生物可以利用的营养成分。同时,无论橡胶还是塑料制品,在加工过程中都加入了一些添加剂,其中有些容易被霉腐微生物危害,造成制品霉变。

(5) 日用化学品。在日用化学品中,最易发生微生物灾害的是化妆品。由于其配料不少是甘油、十八醇、单硬脂酸甘油酯、白油及水等,实际成了许多微生物的良好培养基地,因而化妆品是很容易发生霉变的商品。

(6) 皮革及其制品。皮革是由蛋白质组成的,表面修饰时又添加了微生物可利用的营养成分,一旦温湿度适宜,微生物就会在上面繁殖,从而对皮革及其制品产生严重的破坏作用,因此在春、夏季节特别是黄梅时节,容易长霉。

此外,光学仪器、电子产品、电器、录音带、录像带、药品等,在适宜的温湿度条件下也容易发生霉变。

3. 商品霉变的防治

(1) 加强库存商品的管理

① 加强入库验收。易霉商品入库,首先应检验其包装是否潮湿,商品的含水量是否超过安全标准。

② 加强仓库温湿度管理。根据商品的不同性能,正确地运用密封、吸潮及通风相结合的方法,控制好库内的温湿度。特别是在梅雨季节,要将相对湿度控制在不适宜于霉菌生长的范围内。

③ 选择合理的储存场所。易霉商品应尽量安排在空气流通、光线较强、比较干燥的库房,并应避免与含水量大的商品储存在一起。

④ 合理堆码,下垫隔潮。商品堆垛不应靠墙靠柱。

⑤ 对商品进行密封。

⑥ 做好日常的清洁卫生。

(2) 化学药剂防霉

防霉最主要的方法是使用防霉剂,防霉剂能使微生物菌体蛋白凝固、沉淀、变性;或破坏酶系统,使酶失去活性,影响细胞呼吸和代谢;或改变细胞膜的通透性,使细胞破裂、解体。防霉剂浓度低能抑制霉腐微生物,浓度高就会使其死亡。

有实际应用价值的防霉剂需具有以下特点:低毒、广谱、高效、长效、使用方便和价格低廉;适应商品加工条件和应用环境,与商品其他成分有良好的相溶性,不降低商品性能;在储存、运输中稳定性好,等等。防霉剂的使用方法主要有以下几种方法。

① 添加法。将一定比例的药剂直接加入到材料或制品中去。

② 浸渍法。将制品在一定温度和一定浓度的防霉剂溶液中浸渍一定时间后晾干。

③ 涂布法。将一定浓度的防霉剂溶液用刷子等工具涂布在制品表面。

④ 喷雾法。将一定浓度的防霉剂溶液均匀地喷洒在材料或制品表面。

⑤ 熏蒸法。将挥发性防霉剂的粉末或片剂置于密封包装内,通过防霉剂的挥发成分防止商品生霉。

(3) 商品防霉的其他方法

① 气调储藏防霉。在密封条件下,通过改变空气成分,主要是创造低氧5%以下环境,抑制微生物的生命活动和生物性商品的呼吸强度。

② 紫外线防霉。目前应用的紫外线灯辐射出的是25～38微米紫外线,其灭菌作用强而稳定。但紫外线穿透力弱,易被固形物吸收,因而其使用范围受到限制。

③ 微波防霉。微生物吸收微波后易引起温度升高,使蛋白质凝固,菌体成分破坏,水分汽化排出,促使菌体迅速死亡。

④ 红外线防霉。微生物吸收红外线,使细胞内温度迅速上升,造成蛋白质凝固,核酸被破坏,菌体因水分汽化脱水而死亡。

⑤ 低温储藏防霉。低温对微生物具有抑制作用,用冷库储藏可防止霉变。

⑥ 干燥防霉。对已经发生霉变但可以救治的商品,应立即采取措施,避免霉变继续发展,造成更加严重的损失。根据商品性质可选用晾晒、加热消毒、烘烤等办法。

7.3.2 商品防锈蚀技术

金属在环境的作用下所引起的破坏或变质称金属的锈蚀。

1. 金属制品锈蚀的原因

就金属锈蚀的原因分析,既有金属本身的原因,也有大气中各种因素的影响。

(1) 金属材料本身的原因。金属的化学性质越稳定、金属材料纯度越高,金属的耐锈蚀性就越强。研究得知,集中应力和变形部位,锈蚀速度往往增加,原因是这些部位的电位下降,从而引起电极电位不均而加速锈蚀。

(2) 大气中的因素。金属制品锈蚀与外界因素有直接关系,如受温度、湿度、氧气、有害气体、商品包装、灰尘等的影响。

空气的相对湿度通常被认为是影响金属锈蚀的最重要因素,它直接影响金属表面上水—膜的形成和保持时间的长短。空气的相对湿度越高,金属表面越容易形成电解液膜,金属就越容易被锈蚀。在干燥的空气中金属不会被锈蚀,只有当空气的相对湿度达到一定程度时,金属的锈蚀才会突然上升。此时的相对湿度称为金属锈蚀的临界相对湿度。所以,储存金属商品的库房,如能将相对湿度控制在临界相对湿度以下,储存的金属即使长期存放也难以锈蚀。

温度对金属锈蚀影响很大。当温度剧烈下降时,水蒸气会在金属表面凝成水滴或液膜,从而加速锈蚀。大气温度升高,在其他条件相同的情况下,锈蚀反应的速度也会加快。

2. 金属制品的防锈

(1) 控制和改善储存条件。金属商品储存的露天货场要尽可能远离工矿区,特别是化工厂,应选择地势高、不积水、干燥的场地。较精密的五金工具、零件等金属商品必须在库房内储存,并禁止与化工商品或含水量较高的商品同库储存。

(2) 涂油防锈。在金属制品表面涂、浸或喷一层防锈油脂薄膜。防锈油分软膜防锈油和硬膜防锈油两种。

(3) 气相防锈。一些具有挥发性的化学药品在常温下会迅速挥发,并使空间饱和,这些挥发出来的气体物质吸附在商品表面,可以防止或延缓商品的锈蚀。常用的气相防锈有气相防锈纸防锈、粉末法气相防锈和液相法气相防锈三种形式。

7.3.3 商品防虫害技术

1. 商品虫害的渠道

（1）商品入库前已有害虫潜伏在商品之中，随商品一起进入仓库。
（2）商品包装物中有害虫隐藏。
（3）运输工具的带入。
（4）仓库内本身隐藏有害虫。
（5）环境卫生不清洁，有害虫滋生。
（6）邻近仓间或邻近货垛储存的具有害虫商品的感染。
（7）农业害虫的侵入。

2. 常见的易虫蛀商品

容易虫蛀的商品，主要是一些由营养成分含量较高的动植物原料加工制成的商品，如以下几种商品。

（1）纺织品，特别是毛丝织品。
（2）毛皮、皮制品，包括皮革及其制品、毛皮及其制品等。
（3）竹藤制品。
（4）纸张及纸制品，包括纸张及其制品和很多商品的纸制品包装物。
（5）木材及其制品。

3. 仓库害虫的防治

商品中发生虫害如不及时采取措施进行杀灭，常会造成严重损失。仓库害虫防治的方法主要有以下几种。

（1）杜绝仓库害虫来源

要杜绝仓库害虫的来源和传播，必须做好以下几点。

① 商品原材料、商品包装物的杀虫、防虫处理。
② 入库商品的虫害检查和处理。
③ 仓库的环境卫生及备品用具的卫生消毒。

（2）药物防治

使用各种化学杀虫剂，通过胃毒、触杀或熏蒸等作用来杀害虫，是当前防治仓库害虫的主要措施。常用的防虫、杀虫药剂有以下几种。

① 驱避剂。驱避剂的驱虫作用是利用易挥发并具有特殊气味有毒性的固体药物，使挥发出来的气体在商品周围经常保持一定的浓度，从而达到驱避害虫的目的。
② 化学药剂杀虫。化学药剂杀虫主要通过触杀、胃毒作用杀灭害虫。触杀剂和胃毒剂很多，常用于仓库及环境消毒的有敌敌畏、敌百虫等。
③ 熏蒸。杀虫剂的蒸气通过害虫的气门及气管进入害虫体内，使之中毒死亡，起到熏蒸作用。具有熏蒸作用的杀虫剂称熏蒸剂。用熏蒸的方法杀虫有成本低、效率高等优点。

仓库害虫的防治方法，除了药物防治外，还有高温和低温杀虫、缺氧防治、辐射防治以及各种合成激素杀虫等。

7.3.4 商品防老化技术

塑料、橡胶、纤维等高分子材料的商品,在储存和使用过程中性能逐渐变坏,致使最后丧失使用价值的现象称为"老化"。老化是一种不可逆的变化,它的特征是商品外观、物理性能、机械性能、电性能、分子结构等方面发生变化。

1. 商品老化的内在因素

影响高分子商品老化的主要因素有以下几种。

(1) 高分子材料老化的主要原因是材料内部结构存在着易于引起老化的弱点,如不饱和的双键、大分子上的支链等。

(2) 其他组分对老化有加速作用。塑料中的增塑剂会缓慢挥发或促使霉菌滋生;着色剂会产生迁移性色变;硫化剂用量增多会产生多硫交联结构,降低橡胶制品的耐氧化能力等。

(3) 杂质对老化的影响。杂质是指含量虽然很少,但对制品耐老化性能有较大影响的有害成分。其来源是单体制造、聚合时带入或配合剂带入。

(4) 成型加工条件对老化的影响。加工时由于温度等的影响,使材料结构发生变化,影响商品的耐老化性能。

2. 商品老化的外部因素

影响高分子商品老化的外部环境因素也有很多,主要有温度、日光、空气中的氧气和臭氧等。

(1) 日光。日光的紫外线是引起高分子材料老化最主要的因素。紫外线会引起高聚物的光化学反应,首先引起表层高聚物的老化,并随着老化时间的推移而逐步向内层发展。因此,在大气环境中,材料受光面积的大小和单位面积上所接受的光的强度的大小,对材料老化的速度有很大的影响。

(2) 热。热是促使高分子类商品老化的重要因素。因为温度升高会使分子的热运动加速,从而促使高分子材料大分子的氧化裂解或交联反应的产生。裂解的结果,使高分子材料的分子量降低,强度、伸长率下降;而交联的结果,使分子量增大,刚性提高等。

(3) 氧气和臭氧。氧气是一种活泼的气体,在接近地面的大气层中氧气占空气体积的21%,能对许多物质发生氧化反应,高分子材料的老化,实际上也是在热的参与下或者在光的引发下进行的氧化反应。氧气可以使某些高分子材料的抗张强度、硬度、伸长率等性能产生严重的变化。所以,氧气是引发高分子材料老化的又一重要外因。

臭氧对高分子商品的作用与氧气一样,主要起氧化作用。臭氧的化学活性比氧气高得多,因而其破坏性比氧气更大。

此外,水分和湿度、昆虫的排泄物等也对商品的老化有加速作用。

3. 商品防老化技术

(1) 材料改性,提高商品本身的耐老化性能。材料改性的方法很多,应用较多的有共聚、减少不稳定结构、交联、共混合改进成型加工工艺以及后处理等。

(2) 物理防护。抑制或减小光、氧气等外因对商品影响的方法有涂漆、涂胶、涂塑料、涂金属、涂蜡、涂布防老化剂溶液等。

（3）添加防老剂。能够抑制光、热、氧气、臭氧、重金属离子等对商品老化作用的物质称防老剂。在制品中添加防老剂，是当前国内外防老化的主要途径。防老剂的种类主要有抗氧剂、紫外线吸收剂、热稳定剂。

此外，加强管理、严格控制仓储条件，也是商品防老化的有效方法。

复习思考题

一、单项选择题

1. 粮食、生产用原材料储备属于（　　）。
   A. 季节性储存　　　　　　　　　　B. 周转性储存
   C. 储备性储存　　　　　　　　　　D. 战备性储存
2. 储运商品的物理变化不包括（　　）。
   A. 挥发　　　　B. 溶解　　　　C. 串味　　　　D. 水解
3. 下列商品中易发生老化的是（　　）。
   A. 食品　　　　B. 塑料　　　　C. 五金　　　　D. 陶瓷
4. 下列商品中属于鲜活易腐商品的是（　　）。
   A. 蔬菜　　　　B. 橡胶　　　　C. 白酒　　　　D. 发乳

二、简答题

1. 商品储存过程中常见的质量变化有哪些？
2. 影响库存商品质量变化的因素有哪些？
3. 霉腐微生物的生长要求具备哪些条件？商品防霉腐主要有哪些方法？
4. 影响高分子商品老化的因素有哪些？常见的防老化措施有哪几种？

三、案例分析题

超市生鲜食品的冷藏养护

1. 鲜蛋的冷藏养护

鲜蛋进库后要合理堆垛，否则就会缩短储存时间、降低蛋的品质。蛋箱、蛋篓之间要留有空隙，码垛不宜过大过高，一般不超过 3 米，高度要低于风道口 0.3m，要留缝通风。距墙 0.3m，垛距 0.2m，保持温度均衡。鲜蛋不能同水分高、湿度大、有异味的商品同仓间堆放，特别是一二类蛋要专仓专储。满仓后即封仓。每个堆垛要挂货卡，严格控制温湿度是鲜蛋储存中质量好坏的关键。最佳仓温应为 $-1 \sim 1.5℃$，$±0.5℃$。相对湿度以 $85\% \sim 88\%$ 为宜，$±2\%$。

2. 果蔬的冷藏养护

（1）降温。进仓后应逐步降温，因为果蔬经采摘后，还存在一定的热量，若这时未经冷却而直接放入仓间，易使商品产生病害，达不到保质的目的。

（2）温度调节。果蔬进仓后，将继续发育成熟。其外界原因有以下三个方面。

① 温度：温度高，会加快商品的成熟及衰老；如果温度适宜，则能有效减慢其成熟速

度,降低物质消耗水平,延长储藏时间。

② 氧气:空气中的含氧量约为21%,适当降低含氧量,可抑制商品的成熟或衰老。

③ 二氧化碳:适当提高仓库中二氧化碳的含量,也可抑制商品的成熟和衰老,延长储藏时间。

(3) 湿度调节。果蔬中含有大量的水分,其在储存过程中,水分将逐渐蒸发,大部分果蔬当水分消耗超过5%时,就会出现枯萎等现象,鲜度明显下降,价值也随之下降。因此,对于果蔬储存的仓库来说,湿度调节很重要,一般以90%的湿度为宜。

(4) 堆垛。不论是箱装或筐装,果蔬最好采用"骑缝式"堆垛法,垛与垛、垛与墙、垛与顶之间应留有一定距离,以便冷风流通。

讨论题:

1. 从超市生鲜食品的冷藏养护方法中我们得到什么启示?
2. 合理的维护保养对商品有什么影响?
3. 合理的维护保养对超市有什么影响?

实 训 题

仓储养护的参观见习

1. 组织形式

以班级为单位,组织学生到大型配送中心、物流基地的库房或大型超市进行参观见习。

2. 实训内容

查看配送中心、物流基地库房或大型超市库房主要商品保管设施设备的情况,了解商品维护保养的方法与具体措施,分析这些设备及方法的优缺点,并提出合理化建议。

3. 实训方法

以观察、咨询、了解、交谈、访问、网上互动等形式提高对仓储养护的感性认识,并对所了解的情况进行归纳、总结,为今后的工作奠定基础。

第 8 章 CHAPTER

商品包装

知识目标：
1. 理解商品包装的概念、商品包装的功能及商品包装合理化。
2. 熟悉商品包装的材料、商品包装技法。
3. 熟悉各种商品包装标志。

能力目标：
1. 通过实践亲身体验如何做到商品包装的合理化。
2. 通过实践认识商品包装的技法。
3. 熟悉商标的内涵、商标的注册与管理原则和商标注册的流程。

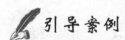引导案例

30亿纸箱：2015年快递包装持续火热

双"十一"刚刚落幕，大包小包的年货又由快递送上家门，各种快递包装盒和包装纸、塑料泡沫等也成了网购年货家庭的"烦恼"，网购不仅给传统零售带来巨大改变，带火了快递业，也给包装行业带来巨大市场；而另一方面，过度包装问题也亟须解决。

1. 快递包裹一年需30亿纸箱

随着网购快递的兴起，包装行业也出现了以前没有的繁荣。根据相关部门的统计，中国2013年网购包裹的数量达到90亿件，2014年估计达到110亿件。数量如此高的快递包裹也诞生了近30亿个纸箱，上百吨的透明胶带、气泡袋等塑料包装材料的市场需求。

除了包装盒，胶带的使用量也是爆发式的增长。透明胶带，主要材料是聚氯乙烯，简称PVC。废弃的PVC在土壤中至少要经过100年才能自然分解。这一问题，早就引起了环保人士的注意。以2011年快递量为48亿件计算，如果每件快递用1米长的胶带，所用胶带总长度可以绕地球120圈。

据北京某快递公司网点员工介绍，快递公司所用的包装用品是从网站上自己采购

的。质量比较好的三层特硬纸盒最小号的每个也得两毛钱,而更结实的"五层优质"的盒子最小号的每个也要 3 毛钱,每个月网点采购纸盒也是一笔不小的开销。此外,还有包装袋、胶带、填充物等。

一名淘宝店店主介绍,除了几家大型电商网站有自己的纸盒生产厂家外,其他的淘宝用户也基本是在网上购买纸盒。笔者在淘宝网上搜索快递盒子,结果有 4 万多个,店铺有几千家。从成交额上看,销量最高的每月有 2 000 多笔交易,如果以每笔最少 100 个纸盒来算,一个月一家店就要卖出纸盒 20 万个。

2. 过度包装亟待解决

包裹行业确实火了,但随之而来的是过度包装带来的环境问题。一个小物件,尤其是易碎品,都被包得里三层、外三层。淘宝卖家表示,过度包装也是迫不得已,快递包裹数量大,纸盒硬度高,胶带缠得厚,运输过程中就不会被压坏。另外,如果包装不好,买家也会觉得卖家服务不好,影响买家的评价。为了不出现包装损坏这样负面的评价,避免售后问题,卖家宁愿在快递包装上多下工夫。但是在运输结束之后,这些包装盒只有一个命运,就是被丢弃。李先生说,目前纸盒都是不回收的。因为这个东西本来就是微利,价值也不高,没有哪个企业会花费大成本来回收再利用。

目前,我国涉及包装行业的国家规范只有一个,那就是国家邮政局制定的《快递业务操作指导规范》,其中规定快件封装时应当使用符合国家标准和行业标准的快递封装用品,充分考虑安全因素等,但是,具体怎么包装、什么是适当使用,却没有明确规定。因此,在过度包装方面,在行业标准上可以说属于空白。

但在国际上,已经有许多国家关注到这一行业的问题。一些国家已经通过立法或者运用技术标准对商品包装进行规定。比如英国,要求包装物在满足商品的卫生安全外,不得添加过多的包装。如果违反规定,消费者可以投诉,地方政府也可以对此进行处理。据统计,英国在过去 20 年里,商品包装缩减了 40% 的重量。另外,在邻近的日本、韩国,也已经出台相关的标准。例如在韩国,厂商如果不依照政府规定减少产品的包装比率和层数,最高会被罚款 300 万韩元。

业内人士表示,未来快递包装材料的需求仍会超高速增长。解决这一问题需要政府层面进行立法,也需要快递企业、环保人士对此问题加以关注。

资料来源:中国包装网,2015-12-1

讨论题:
1. 常见的包装材料有哪些?它们各有哪些优缺点?
2. 包装的作用有哪些?
3. 请列举生活中的一些"过度包装"的事例。

8.1　商品包装概述

在现代社会中,绝大多数商品都是经过包装以后才进入流通和消费领域的,包装不足、包装不当、包装过剩都有碍于商品价值和使用价值的实现。因此,了解和掌握商品包装的概念、作用、材料、方法以及包装标志具有重要意义。

8.1.1 商品包装的概念

商品包装是指商品流通过程中为保护商品、方便储运、促进销售，按一定技术方法而采用的容器、材料和辅助材料等的总称；也指为了达到上述目的而在采用容器、材料和辅助材料的过程中施加一定技术方法等的操作活动。因此，包装有两层含义：一是指盛装商品的容器及其他包装用品，即包装物，如箱、桶、袋等；二是指产品盛装、包扎和装潢的操作过程，如装箱、灌瓶、装桶等。

包装材料、包装技术、包装结构造型和表面装潢构成了包装实体的四大要素。其中，包装材料是包装的物质和技术基础，包装结构和造型是包装材料和包装技术的具体形式，包装材料、包装技术、结构造型是通过画面和文字美化来宣传和介绍商品的主要手段。

8.1.2 商品包装的功能

虽然各国对包装所做的定义不同，但不难看出，包装具有这样几个特点：一是要选用合适的包装材料；二是保护商品不受损失；三是采用一定的包装技术。因此，归纳起来，包装的功能包括如下方面。

1. 保护功能

保护功能是商品包装最基本的功能。商品从生产领域向消费领域转移的过程中，必然会经过多次不同情况、不同条件的空间移动、冲击或震动，以及外界因素如温度、湿度、微生物等的影响，如果包装不当，就会造成商品的破损、变形、霉变、腐烂、生锈、虫蛀等损失。

因此，必须根据不同的商品形态、特性、运输环境、销售环境等因素，选择适当的包装材料，设计或采用合理的包装容器和包装技术，赋予包装充分的保护功能，保护内装商品的安全，对危险货物采用特殊包装，注意防止它对周围环境及人和生物的伤害。

2. 方便流通功能

商品包装为商品在流通领域的流转和消费领域的使用提供了便利。在流通领域，实施合理的包装，运用恰当的标志，可以方便运输、搬运、装卸、储存、分发、清点、销售，便于识别、开启和携带，方便使用和回收，可以提高商品物流各环节的适应性，使物流技术管理快捷、准确、可靠、便利。

3. 促进销售功能

商品包装特别是销售包装，是无声的推销员。良好精美的包装，能引起消费者的注意，唤起消费者的共鸣，激发消费者的购买欲望，促进商品的销售。包装的促销功能是由于包装具有传达信息功能、表现商品功能和美化商品功能引起的。传达信息功能主要是通过包装上的文字说明，向消费者介绍商品的名称、品牌、产地、成分、功用、使用方法、产品标准等信息，起到宣传商品、指导消费的作用。表现商品功能主要是通过包装上的图案、照片及透明包装所显露的商品实物，把商品的全貌展示出来，以给消费者良好的感觉和印象。包装的美化功能是通过整个包装的装潢设计、造型安排，突出商品的性能和品质,美化商品。随着市场经济的发展,包装的促销功能越来越受到人们的重视。

4. 成组化功能

成组化功能是容纳功能的延伸。它是把许多个体或个别的包装物统一加以包装。例如,一些瓶装饮料商品以24瓶包装为一箱。成组的容纳有利于商品运输、保管和销售,并能减少商品流通的费用。

5. 便利和复用功能

包装的便利功能是指商品的包装为商品的空间移动及消费者的携带使用提供了方便条件,如方便运输、搬运,方便展销陈列,方便携带、使用,方便处理。例如,各种便携式结构、易开启结构、气压式喷雾结构等,虽然它们使商品价格提高了许多,但仍受到市场的欢迎。

包装的复用功能是指包装商品的任务完成时,包装物还可以直接再利用。如一些包装,其包装功能完成后可以用来做储存罐,不仅扩大了包装的用途,而且能长期发挥广告的宣传效益。

6. 卫生与环保功能

包装的卫生功能是指包装要能保证商品(尤其是食品、药品、化妆品)的卫生性能,包装的卫生功能包括两方面内容:一是包装能阻隔各种不卫生因素,如灰尘、病菌对内装物的污染;二是包装材料本身在与内装物接触时不污染商品。

包装的环保功能是指包装对环境的影响,主要包括两个方面的内容:一是包装废弃物能回收再利用;二是如果不能再利用,包装废弃物在大自然中能自然降解。例如,1吨废纸可回收再利用0.75吨,即使有些不能回收,但它们在自然界中也能被微生物分解,所以纸材料属于绿色包装材料。

在关税税率不断降低、非关税壁垒不断强化的今天,包装的卫生与环保功能在对外贸易中已成为许多国家保护本国市场的重要手段。

7. 提高商品附加值功能

包装是商品的"改良",不仅能够保护商品,而且可通过优美的造型、色彩、图案和合理的定位来美化商品,把物质的东西和文化的、精神的内涵结合起来。通过包装表现出来的商品,不仅可满足人们的物质需要,同时也可满足人们的精神需要;不仅提高了商品的竞争力,增加了企业利润,同时也有利于对外贸易的发展和国家的声誉。

在以上七项功能中,前三项功能,即保护功能、方便流通功能和促进销售功能是商品包装的基本功能。商品包装是实现商品价值和使用价值并能增加商品价值的一种手段。随着感性消费时代的到来以及市场竞争的日益激烈、售货方式的变化,商品包装的功能已不仅局限在保护、容纳和宣传产品上,而更重要的是可提升商品的附加值,提高商品的竞争力。商品包装是商品的重要组成部分,现在已经成为企业竞争的一个重要手段。

8.1.3 商品包装的分类

商品包装因商品流通的不同需要和商品本身的不同需要而有不同的种类。为了分析研究不同种类商品包装使用价值的特点,商品包装常按包装在流通中的作用、包装的销售市场、包装材料、包装内容物来分类。

1. 按包装在流通中的作用分类

以包装在商品流通过程中的作用分类,商品包装可分为销售包装和运输包装。

销售包装是指以一个商品作为一个销售单元的包装形式,或若干个单体商品组成一个小的整体的包装,亦称为小包装或个包装。销售包装的技术要求是美观、安全、卫生、新颖,易于携带,其印刷、装潢要求较高。销售包装一般随商品销售给顾客,起着直接保护商品、宣传商品和促进商品销售的作用,还可方便商品陈列展销和方便顾客识别选购。

运输包装是指用于安全运输、保护商品的较大单元的包装形式,又称为外包装或大包装,如纸箱、木箱、集合包装、托盘包装等。运输包装一般体积较大,外形尺寸标准化程度高,坚固耐用,表面印有明显的识别标志,其主要功能是保护商品,方便运输、装卸和储存。

2. 按包装的销售市场分类

按销售市场不同,商品包装可分为内销商品包装和出口商品包装。

内销商品包装是指用于国内市场的商品包装。出口商品包装是指用于出口商品的包装。内销商品包装和出口商品包装所起的作用基本是相同的,但因国内外物流环境和销售市场不相同,它们之间会存在差异。内销商品包装必须与国内物流环境和国内销售市场相适应,要符合我国的国情。出口商品包装则必须与国外销售市场相适应,满足出口国的不同要求。

3. 按包装材料分类

以包装材料作为分类标志,是研究商品包装材料的主要分类方法。一般商品包装可分为纸制包装、木制包装、金属包装、塑料包装、玻璃与陶瓷包装、纤维织品包装、复合材料包装和其他材料包装等。复合材料包装是指以两种或两种以上材料黏合制成的包装,亦称复合包装,主要有纸与塑料、塑料与铝箔和纸、塑料与铝箔、塑料与木材、塑料与玻璃等材料制成的包装。

4. 按包装内容物分类

以包装的内容物作为分类标志,商品包装可分为食品包装、土特产包装、纺织品包装、医药品包装、化工商品包装、化学危险品包装、机电商品包装等。

8.1.4 商品包装合理化

商品包装合理化是包装作用能否正常发挥的前提条件。合理的商品包装是随商品流通环境的变化、包装技术的进步而不断改进和发展的。包装既要符合国情,又要满足消费者需要并取得最佳的经济和社会效益。一般而言,合理的商品包装应满足以下要求。

1. 商品包装应适应商品特性

商品包装必须根据商品的特性分别采用相应的材料与技术,使包装完全符合商品理化性质的要求。商品包装设计要素主要有材料、结构、造型、图案(文字)、色彩、商标等。它们的组织与协调必须建立在了解和熟悉所包装商品特征和特性的基础上,充分考虑物流各环节、销售环节对包装的具体要求以及商品及其包装使用者的特征、偏好、风俗习惯等。

2. 商品包装应适应运输条件

要确保商品在流通过程中的安全,商品包装应具有一定的强度,坚实、牢固、耐用。对于不同运输方式和不同运输工具而言,还应有选择地利用相应的包装容器和进行技术处理。总之,整个商品包装应适应流通领域中的储存、运输条件和强度要求。

3. 商品包装要"适量、适度"

对于销售包装而言,包装容器大小应与内装商品相宜,包装费用应与内装商品相吻合。预留空间过大、包装费用占商品总价值比例过高,都是有损消费者利益、误导消费者的过分包装。

资料链接 8-1

《限制商品过度包装要求—食品和化妆品》国家标准发布

国家质检总局、国家标准委批准发布了《限制商品过度包装要求—食品和化妆品》国家标准,自 2010 年 4 月 1 日起开始实施。该标准的发布实施,为治理商品过度包装工作提供了技术依据。

该标准对食品和化妆品销售包装的空隙率、层数和成本等三个指标做出了强制性规定,要求包装层数应在三层以下,包装空隙率不得大于 60%,初始包装之外的所有包装成本总和不得超过商品销售价格的 20%。同时,针对饮料、酒、糕点、粮食、保健食品、化妆品等过度包装现象较为严重的商品,也对指标要求进行了相应调整。

4. 商品包装应标准化、通用化、系列化

商品包装必须推行标准化,即对商品包装的包装容(重)量、包装材料、结构造型、规格尺寸、印刷标志、名词术语、封装方法等加以统一规定,逐步形成系列化和通用化,以便有利于包装容器的生产,提高包装生产效率,简化包装容器的规格,节约原材料,降低成本,易于识别和计量,有利于保证包装质量和商品安全。

5. 商品包装要做到绿色、环保

商品包装的绿色、环保要求要从两个方面认识。首先,材料、容器、技术本身应是针对商品、针对消费者而言的,是安全和卫生的。其次,包装的技法、材料、容器等对环境而言,是安全和绿色的;在材料选取和制作上,遵循可持续发展原则,做到节能、低耗、高功能、防污染,可以持续性回收利用,或废弃之后能安全降解。

资料链接 8-2

绿色包装

绿色包装,有人称之为"环境之友包装"或"生态包装",学术上还没有统一的定义。按照目前的认识,绿色包装应是对生态环境和人体健康无害、能循环复用和再生利用、可促进持续发展的包装。也就是说,包装产品从原材料的选择、产品制造、使用、回收到废弃整个过程均应符合环保的要求。它包括节省资源、能源,减少、避免废弃物产生,易回收复用、再循环利用,可焚烧或降解等具有生态环境保护要求的内容。

8.2 商品包装材料

商品包装材料一般分为主要包装材料和辅助包装材料。纸和纸板、塑料、金属、玻璃、陶瓷、竹木、天然纤维与化学纤维、复合材料、缓冲材料属于主要包装材料;涂料、黏合剂、油墨、衬垫材料、填充材料、捆扎材料、钉结材料等属于辅助包装材料。

8.2.1 纸和纸板

纸和纸板是支柱性的传统包装材料,耗量大,应用范围广。纸主要用做包装商品、制作纸袋和印刷装潢等,纸板则主要用于生产纸箱、纸盒、纸桶等包装容器。

纸和纸板的优点是:具有适宜的强度、耐冲击性和耐摩擦性;良好的密封性,容易做到清洁卫生;优良的成型性和折叠性,便于采用各种加工方法,适用于机械性、自动化的包装生产;最佳的可印刷性,便于介绍和美化商品;用后易于处理,可回收复用和再生,不会污染环境,有利于节约资源。

纸和纸板也有一些缺点,如难以封口、受潮后牢度下降以及气密性、防潮性和透明性差等,从而使其在包装应用上受到一定的限制。

8.2.2 塑料

塑料在整个包装材料中的使用比例仅次于纸和纸板。塑料包括软性的薄膜、刚性的成型材料和纤维材料,其优点是:物理机械性能优良,具有一定的强度和弹性,耐折叠、耐冲击、抗震动、防潮、防水,能阻隔气体;化学稳定性好,耐酸碱、耐油脂、耐腐蚀;比重较小,属于轻质材料,制成的包装容器重量轻,适应包装轻量化的发展需要;适合采用各种包装新技术,如真空技术、充气技术、拉伸技术、收缩技术、贴体技术、复合技术;具有优良的透明性、表面光泽性、可印刷性和装饰性,为包装装潢提供了很好的条件。其缺点是:强度不如钢铁,耐热性不如玻璃,在外界因素长时间作用下容易老化;有些塑料在高温下会软化,在低温下会变脆,强度下降;有些塑料带有异味,某些有害成分可能渗入内装物;易产生静电;容易造成污染;塑料包装废弃物处理不当会造成环境污染等。因此,在选用塑料包装材料时要注意以上问题。

8.2.3 金属材料

包装所用的金属材料主要指钢材、铝材及其合金材料。包装用钢材包括薄钢板、镀锌薄钢板(俗称马口铁),包装用铝材有纯铝板、合金铝板和铝箔。金属材料作为包装材料的优点是:具有良好的机械强度,牢固结实,耐碰撞,不破裂,能有效地保护内装物;密封性能优良,阻隔性好,不透气,防潮,耐光,用于食品包装罐藏能达到中长期保存的目的;具有良好的延伸性,易于加工成型;金属表面有特殊的光泽,易于进行涂饰和印刷,可获得良好的装潢效果;易于回收再利用,不污染环境。

但是,金属材料成本高,一些金属材料如钢铁的化学稳定性差,在潮湿的大气下易发生锈蚀,遇酸、碱会发生腐蚀,因而限制了其在包装上的应用。钢板通过镀锌、镀锡、镀铝、涂层,可以提高其耐腐蚀性、耐酸碱性。

目前,刚性金属材料主要用于制造运输包装(如桶、集装箱等)以及饮料、食品和其他商品销售包装(如罐、听、盒等)。薄钢板桶广泛用于盛装各类食用油脂、石油和化工商品;铝和铝合金桶用于盛装酒类商品和各种食品;镀锌薄钢板桶主要用于盛装粉状、浆状和液体商品;铁塑复合桶适于盛装各种化工产品及腐蚀性、危险性商品;马口铁罐、镀铬钢板罐、铝罐是罐头和饮料工业的重要包装容器;金属听、盒适用于盛装饼干、奶粉、茶叶、咖啡、卷烟等。

软性金属材料主要用于制造软管和金属箔。如铝制软管广泛用于包装膏状化妆品、医药品、清洁用品、文化用品及食品等;铝箔多用于制造复合包装材料,也常用于食品、卷烟、药品、化妆品和化学品等的包装。

8.2.4 玻璃

玻璃是以硅酸盐为主要成分的无机性材料,其用作包装材料渊源已久,目前玻璃仍是现代包装的主要材料之一。

玻璃本身的优良特性使其作为包装材料具有如下优点:化学稳定性好,耐腐蚀,无毒无味,卫生安全;密封性优良,不透气,不透湿,有紫外线屏蔽性,有一定的强度,能有效地保护内装物;透明性好,易于造型,具有特殊的宣传和美化商品的效果;原料来源丰富,价格低;易于回收复用、再生,有利于环境保护。玻璃用作包装材料,存在着耐冲击强度低、碰撞时易破碎、自身重量大、运输成本高、能耗大等缺点,限制了玻璃的应用。目前,玻璃的强化、轻量化技术以及复合技术已有一定发展,加强了对包装的适应性。玻璃主要用来制造销售包装容器(如玻璃瓶和玻璃罐等),广泛用于酒类、饮料、罐头食品、调味品、药品、化妆品、化学试剂、文化用品等的包装。此外,玻璃也用于制造大型运输包装容器,用来存装强酸类产品;还用来制造玻璃纤维复合袋,用于包装化工产品和矿物粉料。

8.2.5 木材

木材具有特殊的耐压、耐冲击和耐气候的能力,并有良好的加工性能,目前仍是大型和重型商品运输包装的重要材料,也用于包装那些批量小、体积小、重量大、强度要求高的商品。常用的木制包装容器有木箱(包括胶合板箱和纤维板箱)、木桶(包括木板桶、胶合板桶和纤维板桶)。木材作为包装材料虽然具有独特的优越性,但由于森林资源的匮乏、环境保护要求、价值高等原因,其发展潜力不大。目前,木制包装容器已逐渐减少,正在被其他包装容器所取代。

8.3 商品包装技法

8.3.1 商品销售包装技法

商品销售包装技法是指商品在销售包装操作时所采用的技术和方法。目前,商品销售包装的技法有贴体包装技法、泡罩包装技法、收缩包装技法、拉伸包装技法、真空包装技法、充气包装技法、吸氧剂包装技法等。

1. 贴体包装技法

贴体包装技法是将单件商品或多件商品,置于带有微孔的纸板上,由经过加热的软质透明塑料薄膜覆盖,在纸板下面抽真空使薄膜与商品外表紧贴,同时以热熔或胶粘的方法使塑料薄膜与涂黏结剂的纸板黏合,使商品紧紧固定在其中。这种技法广泛地用于商品销售包装,它的特点是:通常形成透明包装,顾客几乎可看到商品体的全部,加上不同造型和有精美印刷的彩底,大大增加了商品的陈列效果;能牢固地固定住商品,有效地防止商品受各种物理机械作用而损伤,也能在销售中起到防止顾客触摸以及防盗、防尘、防潮等保护作用;往往能使商品悬挂陈列,提高货架利用率。贴体包装技法广泛适用于形状复杂、怕压易碎的商品,如日用器皿、灯具、文具、小五金和一些食品等。

2. 泡罩包装技法

泡罩包装技法所形成的包装结构主要由两个构件组成:一是刚性或半刚性的塑料透明罩壳;二是以塑料、铝箔或纸板等为原材料的盖板。罩壳和盖板两者可采用粘接、热封合或钉装等方式组合。这种技法广泛地用于药品、食品、玩具、文具、小五金、小商品等的销售包装。按照泡罩形式不同,可分为泡眼式、罩壳式和浅盘式三类。泡眼是一种尺寸很小的泡罩,常见的如药片泡罩包装;罩壳是一种用于玩具、文具、小工具、小商品的泡罩,类似于贴体包装的形式;浅盘是杯、盘、盒的统称,主要用于食品如熟肉、果脯、蛋糕等的包装。

泡罩包装技法的效果基本与贴体包装技法一样。它具有良好的陈列效果;能在物流和销售中起保护作用;可适用于形状复杂、怕压易碎的商品;可以悬挂陈列、节省货位;可以形成成组、成套包装。泡罩包装技法还有不同于贴体包装的特点。它较好的阻气性、防潮性、防尘性,用于食品时清洁卫生,可增加货架寿命;对于大批量的药品、食品、小件物品,易实现自动化流水作业;有一定的立体造型,在外观上更吸引人。

3. 收缩包装技法

收缩包装技法是将经过预拉伸的塑料薄膜、薄膜套或袋,在考虑其收缩率的前提下,将其裹包在被包装商品的外表面,以适当的温度加热,薄膜即在其长度和宽度方向上产生急剧收缩,紧紧地包裹住商品。它广泛地应用于销售包装,是一种很有前途的包装技术。其特点是:所采用的塑料薄膜通常是透明的,经收缩紧贴于商品,能充分显示商品的色泽、造型,大大增加了陈列效果;所用薄膜材料有一定韧性,且收缩比较均匀,在棱角处不易撕裂;可将零散多件商品方便地包装在一起,如几个罐头、几盒磁带等,有的借助于浅盘,可以省去纸盒;对商品具有防潮、防污染的作用,对食品能起到一定的保鲜作用,有利于零售,延长货架寿命;可保证商品在到达消费者手中之前保持密封,防止启封、偷盗等。

4. 拉伸包装技法

拉伸包装技法是用具有弹性可拉伸的塑料薄膜,在常温和张力作用下,裹包单件或多件商品,在各个方向上牵伸薄膜,使商品紧裹并密封。它与收缩包装技法的效果基本一样,其特点是:不用加热,适合于那些怕加热的产品如鲜肉、冷冻食品、蔬菜等;可以准确地控制裹包力,防止产品被挤碎;由于不需加热收缩设备,可节省设备投资和设备维修费用,并可节省能源。

5. 真空包装技法

真空包装技法是将产品装入气密性的包装容器,密封前再排除包装内的气体,使密封后的容器内达到一定真空度,此法也称减压包装技法。真空包装技法的特点是:用于食品包装,能防止油脂氧化,维生素分解、色素变色和香味消失;用于食品包装,能抑制某些霉菌、细菌的生长和防止虫害;用于食品软包装,进行冷冻后,表面无霜,可保持食品本色,但也往往造成褶皱;用于轻泡工业品包装,能使包装体明显缩小,有的缩小50%以上,同时还能防止虫蛀、霉变。

6. 充气包装技法

充气包装技法是将产品装入气密性的包装容器内,在密封前,充入一定惰性气体,置换内部的空气,从而使密封后容器内仅含少量氧气,故又称气体置换包装技法。这种技法的特点是:用于食品包装,能防止氧化,抑制微生物繁殖和害虫的发育,能防止香气散失、变色等,从而能较大幅度地延长保存期;对于粉状、液状以及质软或有硬尖棱角的商品都能包装;用于软包装,外观不起褶皱而美观;用于日用工业品包装,能起到防锈、防霉的作用;但因内部有气体,不适合进一步加热杀菌处理。

7. 吸氧剂包装技法

吸氧剂包装技法是在密封的包装容器内,使用能与氧气起化学作用的吸氧剂,从而除去包装内的氧气,使内装物在无氧条件下保存。目前,吸氧剂包装技法主要用于食品保鲜、礼品、点心、蛋糕、茶叶等,还用于毛皮、书画、古董、镜片、精密机械零件及电子器材等的包装。吸氧剂包装技法的特点是:可完全杜绝氧气的影响,防止氧化、变色、生锈、发霉、虫蛀等;能把容器内氧气全部除掉,可使商品在包装容器内长时间处于无氧状态下保存;方法简便,不需大型设备。

8.3.2 商品运输包装技法

商品运输包装技法是指在运输包装作业时所采用的技术和方法,常用的有以下几种方法。

1. 一般包装技法

针对产品不同形态特点而采用的技术和方法,是多数产品都要采用的,因而称为一般包装技法。对于不同形态的产品如何进行包装,一个中心问题是如何合理选择内外包装的形态和尺寸。所以,一般包装技法通常包括以下几种。

(1) 内装物的合理置放、固定和加固。
(2) 对松泡产品进行体积压缩。
(3) 内、外包装形状尺寸的合理选择。

2. 缓冲包装技法

缓冲包装又称防震包装,是为减缓内装物受到冲击和震动而损坏,采取一定防护措施的包装方法。缓冲包装技术方法主要有妥善衬垫、现场发泡、浮吊包装和机械固定等。

(1) 妥善衬垫。衬垫的作用是在包装系统中,在内装物间、内装物与容器之间、包装件与地面和外物之间,受外来冲击、震动作用时,保持适当的缓冲余地和阻尼力。典型的衬垫方式有全面衬垫、二端与四角和八角的衬垫、侧衬垫与底衬垫等。

家用电器、精密仪器等常用泡沫塑料衬垫;玻璃、陶瓷器皿等常在包装箱内加瓦楞纸板衬垫,如瓦楞纸箱制成多层折叠式盛装玻璃器皿与瓷器;或用带有固定内格的塑料箱来盛装瓶装商品;精密仪器、电子产品等包装容器内塞满防震填充剂,如胶粘丝、木纤维、纤维素填料、泡沫塑料颗粒等。

(2) 现场发泡。这种方法采用泡沫体在现场喷入外包装内成型,能将任何形状的物品包裹住,起到缓冲衬垫作用。现场发泡适用于玻璃陶瓷制品、各种仪器、家用电器、工艺品和其他不规则商品的包装。

(3) 浮吊包装。浮吊包装适用于防震要求较高的产品,如精密仪器、仪表、机电设备等。其方法是:将产品放入纸盒,产品与纸盒间各面用柔软泡沫塑料衬垫,盒外用帆布包缝或装入胶合板箱,再用弹簧张吊在外包装箱内,使内装物悬浮吊起,通过弹簧及泡沫塑料起缓冲作用。

(4) 机械固定。机械固定可用橡胶模压件将物品的金属件连接,把橡胶件紧扣包装箱内。大型工具可利用其底脚孔,经螺栓与箱底或滑木连接固定或木框固定,再将木框拴在箱板上。

3. 防潮包装技法

防潮包装技法是指采用防潮材料对产品进行包封,以隔绝外部空气相对湿度的变化对产品的影响,使得包装内的相对湿度符合产品的要求,从而保护商品质量的方法。在具体进行防潮包装时,应注意以下几点。

(1) 产品在包装前必须是清洁干燥的,不清洁处应先进行适当的处理,不干燥时应先进行干燥处理。所用缓冲衬垫材料应采用不吸湿或吸湿性小的材料,不干燥时应进行干燥处理。

(2) 防潮阻隔性材料应具有平滑一致性、无针孔、砂眼、气泡及破裂等现象。

(3) 产品有尖突部,并可能损伤防潮阻隔层时,应预先采取包扎等保护措施。

(4) 为防止在运输途中损伤防潮阻隔层材料,应使用缓冲衬垫材料予以卡紧、支撑和固定,并应尽量将其放在防潮阻隔层的外部。

(5) 应尽量缩小内装物的体积和防潮包装的总表面积,尽可能使包装表面积对体积的比率达到最小。

(6) 防潮包装应尽量做到连续操作,一次完成包装,若要中间停顿作业时,则应采取有效的临时防潮保护措施。

(7) 包装场所应清洁干燥,温度应不高于35℃,相对湿度不大于75%,温度不应有剧烈焚化以避免发生结露现象。

(8) 防潮包装的封口,不论是黏合还是热封合,均须良好地密封。

4. 防锈包装技法

防锈包装技法是在运输储存金属制品与零部件时,为防止其生锈而降低价值或性能所采用的各种包装技术和方法。在进行防潮包装操作时,应注意以下几点。

(1) 作业场所的环境应尽量对防锈有利,有可能的话,应进行空气调整,最好能在低湿度、无尘和没有有害气体的条件下进行包装。

(2) 进行防锈包装时,特别应使包装内部所容空气的容积达到最小,这能减少潮气、有害气体和尘埃等的数量。

(3) 在处理包装金属时,不要沾上指纹、留下指汗,否则要妥善地进行处理。

(4) 要特别注意防止包装对象的突出部分和锐角部分的损坏,或因移动、翻倒使隔离材料遭到破坏,因此在应用缓冲材料进行堵塞、支撑和固定等方面,要比其他一般包装更周密。

5. 防霉包装技法

防霉包装技法是为防止霉菌侵袭内装商品或霉菌的生长污染商品,影响商品质量所采取的一种防护措施,对内装商品起到防霉保护的作用。为使商品和包装不利于霉菌的生长,可以选用抗菌性强的材料,如金属材料;或改进材料的配方和工艺提高其抗霉性,如减小塑料中有利于霉菌生长的增塑剂、稳定剂等有机物质的含量;或加工时在涂布过程中加入防霉剂,杀死或抑制霉菌的生长。

6. 集合包装

集合包装是将一定数量的商品或包装件,装入具有一定规格、强度和长期周转使用的更大包装容器内,形成一个更大的搬运单元的包装形式。它包括集装箱、集装托盘、集装袋和滑片集装、框架集装与无托盘集装等。其中常见的是集装箱、集装托盘。

集装箱的出现和发展,是包装方法和运输方式的一场革命,它的出现为实现运输管理现代化提供了条件。集装箱有多种类型,按照集装箱的不同用途可分为通用集装箱与专用集装箱两大类;按照集装箱的结构形式可分为保温式集装箱、通风集装箱、冷藏集装箱、敞顶式集装箱、平板式集装箱、罐式集装箱、散装货集装箱、牲畜集装箱、折叠式集装箱、柱式集装箱、挂式集装箱、多层合成集装箱和航空集装箱等;按集装箱的制造材料可分为钢质集装箱、铝合金集装箱、玻璃钢质集装箱。

集装托盘又称集装盘,简称托盘,是为了便于运输、装卸和储存,在一件或一组货物下面附加一块垫板,板下有脚,形成插口,方便铲车的铲叉插入,便于进行搬运、装卸、堆码作业。集装托盘兼备包装容器和运输工具双重作用,它的最大特点是使装卸作业化繁为简,完全实现机械化;同时可简化单体包装,节省包装费用,保护商品安全,减小损失和污染;还能够进行高层堆垛,合理利用存储空间。集装托盘按其结构形式分为平板式托盘、格式托盘、立柱式托盘、塑料垫块托盘、三合箱式托盘和滑片托盘等多种。

8.4 常见商品包装标志

商品的包装标志是一种为了便于运输、储存、装卸、销售、使用,在商品包装窗口上用醒目的文字和图形所做的特定记号和说明。包装标志对保证安全储运,减少差错,加速商品流通有重要作用。商品的包装标志主要有运输包装标志和销售包装标志。

8.4.1 运输包装标志

运输包装标志就是指在运输包装外部采用特殊的图形、符号和文字,以赋予运输包装件以传达信息的功能。其作用有三种:一是识别货物,实现货物的收发管理;二是明示物流中应采用的防护措施;三是识别危险货物,暗示应采用的防护措施,以保证物流安全。因此,运输标志也区分为三类:一是收发货标志,或叫包装识别标志;二是储运图示标志;三是危险货物标志。

1. 收发货标志

收发货标志是运输包装件上的商品分类图示标志及其他标志和其他的文字说明排列格式的总称。它是运输过程中识别货物的标志,也是一般贸易合同、发货单据和运输保险文件中记载有关标志事项的基本部分。

收发货标志的具体要求在国家标准《运输包装收发货标志》(GB 6388—1986)中均有明确规定,如图8-1所示。

图8-1 收发货标志

标志的颜色应为黑色。如果包装的颜色使得黑色标志显得不清晰,则应在印刷面上用适当的对比色,最好以白色作为图示标志的底色。应避免采用易于同危险品标志相混淆的颜色。除非另有规定,一般应避免采用红色、橙色或黄色。

(1) 标志的使用方法

① 标志的打印。可采用印刷、粘贴、拴挂、钉附及喷涂等方法打印标志。印刷时,外

框线及标志名称都要印上；喷涂时，外框线及标志名称可以省略。

② 标志的数目和位置。一个包装件上使用相同标志的数目，应根据包装件的尺寸和形状决定。

（2）标志在各种包装件上的粘贴位置

① 箱类包装：应位于包装端面或侧面。

② 袋类包装，应位于包装明显处。

③ 桶类包装：应位于桶身或桶盖。

④ 集装单元货物：应位于四个侧面。

2. 储运标志

储运标志如图 8-2 所示。

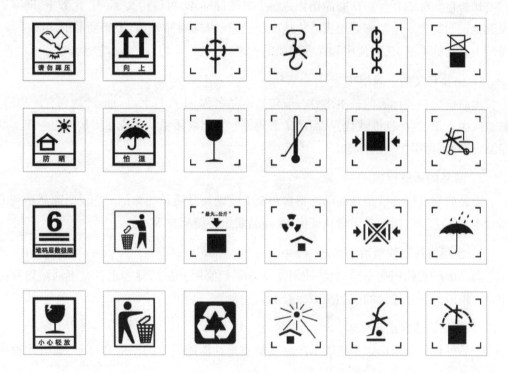

图 8-2　储运标志

3. 危险货物包装标志

危险货物包装标志是对易燃、易爆、易腐、有毒、放射性等危险性商品，为起警示作用，在运输包装上加印的特殊标记，也是以文字与图形构成。在国家标准《危险货物包装标志》（GB 190-90）中，危险货物包装标志的图形、适用范围、颜色、尺寸、使用方法均有明确规定。如图 8-3 所示。

危险货物包装标志是警告性标志，必须严格遵照国内和国际的规定办理，稍有疏忽，就会造成意外事故。因此，要保证标志清晰，并在货物储运保存期内不脱落。

图 8-3　危险货物包装标志

8.4.2　销售包装标志

销售包装标志是标注在商品销售包装上的产品标志,可以用文字、符号、数字、图案以及其他说明物等表示。它是销售者传达商品信息、表现商品特色、推销商品的主要手段,是消费者选购商品,正确使用和保养商品的指南。

1. 销售包装的一般标志

商品销售包装标志的基本内容一般包括商品名称、生产厂名、厂址、产地、商标、规格、数量或净含量、商品标准或代号、商品条形码等。对已获质量认证或在质量评比中获奖的商品,应分别标明相应的标志。

2. 商品的质量标志

商品的质量标志就是在商品的销售包装上反映商品质量的标记。它说明商品达到的质量水平。主要包括产品质量认证标志、商品质量等级标志等。

3. 使用方法及注意事项标志

商品的种类和用途不同,反映使用注意事项和使用方法的标志也各有不同。如我国服装已采纳的国际通用的服装洗涤保养标志。

4. 产品的性能指示标志

产品的性能指示标志是指表示产品主要质量性能的简单的图形和符号,如电冰箱用星级符号表示其冷冻室的温度范围。

5. 销售包装的特有标志

销售包装的特有标志是指名牌商品在其商品体的特定部位或包装物内标注的让消费者更加容易识别本品牌商品的标记。它由厂家自行设计制作,如名牌西服、名牌衬衫、名优酒品等都有独特的、精致的特有标志。

6. 产品的原材料和成分标志

产品的原材料和成分标志是指由国家相关机构检验认定后颁发的证明产品原材料和成分的标志,如绿色食品标志、真皮标志、纯羊毛标志、环境标志等。

复习思考题

一、单项选择题

1. 与销售包装不同的是,运输包装( )。
   A. 重装潢　　　B. 重装饰　　　C. 重防护　　　D. 重流通
2. 牙膏和皮鞋油的包装属( )包装。
   A. 便携式　　　B. 贴体式　　　C. 惯用式　　　D. 适用型
3. 易造成环境污染的商品包装材料有( )。
   A. 纸张　　　　B. 塑料　　　　C. 纸板　　　　D. 木材
4. 下列商标中属于制造商标的是( )。
   A."白猫"　　　B."三九"　　　C."丰田"　　　D."CCC"

二、简答题

1. 商品包装的种类有哪些?各有什么特点?
2. 什么是销售包装?销售包装设计有何要求?
3. 商品运输包装标志有哪些?如何表示?
4. 什么是商标?商标有什么作用?

三、案例分析题

开发绿色包装材料

出口商品的包装材料只有符合进口国的规定,才能被准许输入该进口国,否则进口国海关将不放行。许多国家以法规形式对进口商品的包装材料进行限制或强制性监督和管理。例如,美国规定进口商品包装不得用稻草,否则将被强行烧毁;新西兰农渔部规定进口商品的包装不得为干草、稻草、竹席等。为此,我国做了许多工作。一是避免使用含有毒性的材料。包装容器或标签上所使用的颜料、染料、油漆等应采用不含重金属的原料,作为接合材料的黏剂,除应不含毒性或有毒成分外,还应在分离时易于分解。二是尽可能使用循环再生材料。目前国际上使用的可循环再生材料多是再生纸,以废纸回收后制成的再生纸箱、模制纸浆、蜂浆纸板和纸管等。三是积极开发植物包装材料。植物基本上可以延续不息地重产繁殖,而且大量使用植物一般不会对环境、生态平衡和资源的维护造成危害,受到国际包装市场青睐。四是选用单一包装材料。这样不必使用特殊工具即可将材料解体,还可以节省回收与分离时间,避免使用黏合方法而导致回收和分离的困难。

讨论题:

1. 绿色包装材料的类型有哪些?
2. 采用绿色包装材料会对商品成本产生哪些影响?

实 训 题

3～5人一组,对某种代表性商品销售包装进行综合评价和分析,并写出分析报告。

第9章 主要商品的特性及鉴别选购

知识目标：
1. 掌握食品类商品的特性。
2. 掌握服装类商品的特性。
3. 掌握日用化工类商品的特性。
4. 掌握电子类商品的特性。
5. 掌握家用轿车的特性。

能力目标：
1. 掌握食品类商品的鉴别选购技巧。
2. 掌握服装类商品的鉴别选购技巧。
3. 掌握日用化工类商品的鉴别选购技巧。
4. 掌握电子类商品的鉴别选购技巧。
5. 掌握家用轿车的鉴别选购技巧。

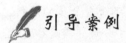
引导案例

35%的中国人通过"代购"购买奢侈品

在贝恩的《2014年中国奢侈品市场研究报告》中显示，在海外的奢侈品市场上，有30%的销售份额是中国消费者创造的；2014年，中国人在海外花掉了3 800亿元，买走了全球47%的奢侈品；而中国内地的奢侈品市场也杀得刀光剑影。

当然，为了维持品牌形象和价值，大部分奢侈品品牌都不喜欢把商品放到别人的电商平台上去卖。但最近business of fashion网站发布的一项调查显示：奢侈品品牌不能再继续埋头当鸵鸟了。想要卖得更多，去了解本土的电商网站是很有必要的。

2014年，有15%的消费者选择在网上购买奢侈品(海外购买、国内专卖店购买的比例分别是55%和30%)。虽然15%不是什么大数字，但鉴于中国国内的奢侈品的市场规模已达1 150亿元，因而这也是一笔不可忽视的生意。

法国巴黎银行(Exane BNP Paribas)近日针对中国48个城市的5 500位消费者进行了一项调查。调查数据显示：中国的奢侈品消费者中，只有7%的人会直接从品牌官网上下单。相较之下，有45%的人会选择国内电商平台，35%的人选择"代购"这种间接渠道，13%的人则从国外电商网站上购买。"低价"是人们线上购物的主要原因，而奢侈品很特殊，仿货充斥着这个市场的灰色地带，它们不仅拉低了正规品的销量，还损害着品牌形象。对于那些想买真货的消费者来说，他们最关心的是网站的真实性，每个受访者都提到："希望网站是真的，可别买到假货啊。"他们其次关心的是产品质量，再次是物流。

购买商品中排在榜首的是手袋(73%)和成衣(71%)，消费者对它们的购买频次远高于其他类别。这个数字很好理解，因为手表和珠宝本身就不属于高频购买的商品，它们分别以29%和21%的比例排在第三、第四位。就品牌来看，中国线上消费者最喜欢的品牌是Gucci、Prada和Louis Vuitton。

关于购买奢侈品金额，48%的受访者的年消费在1 000元到5 000元，37%的人消费在5 000元到20 000元，6%的受访者消费在20 000元到100 000元。单人消费的数目不算大，但乘以巨大的中产阶级人数，这个数字就不能小觑。而对于奢侈品品牌来说，继续把头埋在沙子里，忽视了网上消费者和中国特殊的市场环境，是解决不了问题的。

资料来源：好奇心日报，2015年4月23日

讨论题：

1. 中国奢侈品销售状况给人们带来哪些启示？
2. 代购产生的主客观条件是什么？
3. 代购的弊端有哪些？如何减少代购？

9.1 食品类商品的特性及鉴别选购

9.1.1 酒的特性及鉴别选购

酒的出现比文字要早，因此没有关于酒起源的文字记载。传说最初的酒被称为"猿酒"。猿猴采食野果后，将吃剩的储藏于洞穴中，果皮腐烂时野生酵母菌使果实中的糖分自然发酵形成酒浆。原始社会时期，酿酒的主要方法是用发酵的谷物来酿制水酒，当时的酒在先民眼中是一种有着极大魔力的饮料。中国是世界上最早用"酒曲"酿酒的国家，最迟不晚于公元前200年。据《法苑珠林》记载："谷酒者，以诸五谷杂米作酒者是；木酒者，或用根茎叶果用种子果草杂作酒者是也。"酒在我国已具有相当悠久的历史，在中华民族五千年的历史长河中，酒是一种特殊的食品，甚至代表一种消费文化，其品种之多，产量之丰，堪称世界之冠。

1. 常见的酒类及其特点

（1）白酒

白酒又称烧酒、白干。它是以高粱、玉米等含淀粉较多的粮食或薯类为原料，以酒曲

为糖化剂,用蒸馏法制成的高度酒,酒精度一般在40度以上,主要成分是水、酒精以及少量的酯类、高级醇类、醛类、甲醇等。白酒在酒类中占有重要位置,具有风格独特、酒液澄清透明、香气宜人、口味醇厚柔绵、甘润清冽、回味悠久等特点。白酒按其香型不同又可分为清香型、浓香型、酱香型、米香型和复香型。

① 清香型又称汾香型,其酒气清香芬芳、醇厚绵软、酒味醇正、余味爽净,以山西汾酒为代表,其他如西凤酒、衡水老白干等。

② 浓香型又称窖香型,其酒气芬芳浓郁、绵柔甘洌、香味协调、回味悠久,以四川五粮液为代表,其他如剑南春、古井贡酒、洋河大曲等。

③ 酱香型又称为茅香型,它酱香突出、幽雅细致、回香绵长、酒体醇厚,以贵州茅台酒为代表,其他如郎酒、武陵酒等。

④ 米香型蜜香清柔、入口绵甜、回味怡畅,以桂林三花酒为代表,其他如广西全州湘山酒、黑米酒等。

⑤ 复香型又称兼香型,即兼有两种以上香型的白酒风格,如董酒、老龙口酒、白沙液等。

(2) 啤酒

啤酒是以大麦为主要原料,经过糖化,加入酒花,再经过发酵酿制的原汁酒,是酒类中酒精度最低的酒。啤酒中含有大量的二氧化碳,同时还含有多种营养成分,如糖类、蛋白质、氨基酸、维生素等,素有"液体面包"之称。其主要特点是:营养丰富,且营养成分易被人体消化吸收,发热量高,可健脾开胃,增进食欲。

啤酒一般按下列方法分类。

① 根据其麦汁浓度划分。

- 低浓度啤酒。其发酵前麦汁的浓度通常在8度以下,酒精度约为2度,较适合于夏天作为清凉饮料;它的稳定性差,需注意控制保存温度和保存期。
- 中浓度啤酒。其麦汁浓度为8～16度,尤以12度最为普遍,酒精度在3～5度,这是啤酒中产量最多的品种。
- 高浓度啤酒。其麦汁浓度在16度以上,酒精度在4～9度。这种啤酒的稳定性较好,适宜储存和远销。

② 根据其颜色的深浅划分。

- 黄啤酒或称浅色啤酒,颜色呈浅黄色,口味较清爽,酒花香气较突出。这是啤酒中最主要的品种。
- 黑啤酒或称深色啤酒,颜色呈咖啡色,富有光泽,是用焦香麦芽作为原料,麦汁浓度较高,发酵度较低,固形物含量较高,口味比较醇厚,有明显的麦芽香。

③ 根据其杀菌与否划分。

- 鲜啤酒也称为生啤酒或扎啤。未杀菌,味道鲜美,营养价值高,桶装或散装,适宜地产地销,但稳定性较差,保存期短。
- 熟啤酒。经过杀菌处理即为熟啤酒。其稳定性较好,一般可保存60天以上,瓶装或罐装的熟啤酒可保存半年以上。

(3) 葡萄酒

葡萄酒是用葡萄为原料经压榨和发酵酿制的低酒精发酵酒。酒精度一般为7～24度。葡萄酒具有天然色泽和水果香气，同时还具有酒的醇香。葡萄酒的主要成分有酒精、水、糖类、有机酸、无机物质、含氮物质、果胶质和各种维生素及人体不可缺少的营养成分；葡萄酒中的微量元素参与人体的代谢；葡萄酒中含有少量的铁，具有补血作用；含有的肌醇、烟酸、多酚等成分，可以软化血管，对心血管患者很有好处。

葡萄酒的种类很多，一般按下列方法分类。

① 按酒液色泽划分。

- 红葡萄酒是用红色或紫色葡萄为原料，采用皮肉混合发酵法制成。其含糖量较高，酸度较低，酒味甜美微酸。
- 白葡萄酒是用黄绿色葡萄或红皮白肉的葡萄为原料，一般采用皮肉分离发酵而成。其含糖量较低，酸度稍高，酒味酸甜适中，醇厚芬芳。

② 按含糖量划分。

- 干葡萄酒。干葡萄酒是指含糖量≤4.0g/L的葡萄酒。
- 半干葡萄酒。半干葡萄酒是指含糖量4.0～12.0g/L的葡萄酒。
- 半甜葡萄酒。半甜葡萄酒是指含糖量12.0～50.0g/L的葡萄酒。
- 甜葡萄酒。甜葡萄酒是指含糖量>50.0g/L的葡萄酒。

③ 按瓶中压力划分。

- 平静葡萄酒。在20℃时，二氧化碳压力小于0.05MPa的葡萄酒。
- 起泡葡萄酒。在20℃时，二氧化碳压力等于或大于0.05MPa的葡萄酒。

④ 按添加剂的种类划分。

- 起泡葡萄酒。在其中人工加入二氧化碳，则称为加气起泡葡萄酒。
- 利口葡萄酒。在葡萄原酒中加入白兰地、食用精馏酒精或葡萄酒精以及葡萄汁、浓缩葡萄汁、含焦糖葡萄汁等，酒精度为15～22度的葡萄酒。
- 加香葡萄酒。以葡萄酒为酒基，浸泡芳香植物或添加浸提物而成的，酒精度为11～24度的葡萄酒。

(4) 黄酒

黄酒又称料酒，是以糯米、黍米、玉米等含淀粉类粮食为主要原料，经酒药、麦曲糖化、发酵而酿成的低酒精压榨酒。酒精度一般在11～20度。黄酒是我国最古老的一类饮料酒，因其多数品种呈黄色，故名为黄酒。黄酒以其酒精度适中、营养丰富、品质优异、风味独特而驰名中外。其主要成分有酒精、水、糖分、糊精、高级醇、氨基酸、维生素等。

黄酒的主要品种有以下几种。

① 绍兴加饭酒。酒精度为6度，糖度为1%，属于半干型黄酒。因在生产时增加糯米饭而得名。绍兴加饭酒酒液黄亮有光，香气芬芳馥郁，滋味鲜甜醇厚，久藏不坏，越陈越香，当地又把它称作"老酒"，是绍兴黄酒的代表。

② 福建陈缸酒。产于福建省龙岩县龙岩酒厂。酒精度为15度，糖度为27%，属于甜黄酒。酒液呈鲜艳透明的红褐色，有琥珀的光泽，香气醇郁芬芳，糖度高却无甜型黄酒的

黏稠感,饮后余香绵长,经久不息。该酒的香气是由红曲香、药曲香、米酒香在酿造过程中形成的混合香。

③ 即墨老酒。酒精度为12度,属于甜型黄酒,是用山东盛名的黍米酿制而成的。酒液黑褐而略带紫红,晶明透亮,浓厚挂杯,饮用香馥醇和,甘甜爽口,无刺激感,饮后微苦而有余香。

(5) 果酒

果酒是以新鲜水果或水果汁为原料,经全部或部分发酵酿制而成的,酒精度为7～18度的发酵酒。果酒都以果实名称命名。我国的果酒都属于甜酒型,主要有山楂酒、橘子酒、苹果酒、杨梅酒、海棠酒、草莓酒、梨酒、黑豆蜜酒、桑葚酒等。

2. 主要酒类的感官鉴定

(1) 白酒的感官鉴定

① 色泽。无色,透明,无悬浮物和沉淀物。

② 香气。酒液醇香,芳香扑鼻,饮后回味无穷。

③ 滋味。酒液味道醇厚,不苦酸,无怪味,无强烈刺激味。

(2) 啤酒的感官鉴定

① 透明度。酒液透明,无悬浮物。

② 气味与口味。有酒花的香气和爽口苦味。如果有明显的酸味、馊味、铁腥味、老熟味、浓重甜味及其他异味为不合格产品。

③ 泡沫。细腻洁白,消失缓慢,有密集泡沫产生。如果倒入杯中后,泡沫消散很快,泡沫粗黄,不挂杯为不合格产品。

(3) 葡萄酒的感官鉴定

① 色泽。应具有天然色泽,清亮透明,不混浊。

② 香气。应有天然的水果香气,陈酒还具有浓郁的酯香,不应有其他杂味。

③ 滋味。酸甜适口,口感醇厚,软润爽口。

(4) 黄酒的感官鉴定

① 色泽。黄酒应是琥珀色或淡黄色的液体,清澈透明,光泽明亮,无沉淀物和悬浮物。

② 香气。以香味馥郁者为佳,即具有黄酒特有的酯香。

③ 滋味。应是醇厚而稍甜,酒味柔和无刺激性,不得有辛辣酸涩等异味。

④ 酒精度。黄酒酒精度一般为14.5～20度。

(5) 果酒的感官鉴定

① 外观。果酒应具有原果实的真实色泽,酒液清亮透明,具有光泽,无悬浮物、沉淀物和混浊现象。

② 香气。果酒一般应具有原果实特有的香气,陈酒还应具有浓郁的酒香,而且一般都是果香与酒香混为一体。酒香越丰富,酒的品质越好。

③ 滋味。果酒应该酸甜适口,醇厚纯净而无异味,甜型酒要甜而不腻,干型酒要干而不涩,不得有突出的酒精气味。

④ 酒精度。我国国产果酒的酒精度多在12～18度范围内。

资料链接 9-1

中国名酒

中商情报网讯,2015 年中国白酒业上市公司市值前十名排行榜出炉,茅台、五粮液和洋河酒位列前三。总市值的排名呈现四级,第一名茅台以超过 2 740.9 亿元的总市值遥遥领先于第二名五粮液,而五粮液与洋河股份的总市值相近,泸州老窖、口子窖和迎驾贡酒的总市值较为接近,第七名至第十名的总市值则更为接近。其中,排名第十的顺鑫农业的白酒业务是由"牛栏山"和"宁城"两大品牌构成。如表 9-1 所示。

表 9-1　2015 年中国白酒业上市公司市值排行

	公司简称	总市值(亿元)
1	贵州茅台	2 740.90
2	五粮液	1 035.54
3	洋河股份	1 032.89
4	泸州老窖	380.29
5	口子窖	257.64
6	迎驾贡酒	238.32
7	今世缘	168.25
8	古井贡酒	167.66
9	山西汾酒	166.85
10	顺鑫农业	121.54

资料来源：中商情报网,2016 年 1 月 11 日

资料链接 9-2

国外名酒

1. 白兰地

白兰地是以新鲜水果或果汁为原料,经发酵、蒸馏、储存、调配制成的,酒精度为 38～44 度的蒸馏酒,可分为葡萄白兰地、水果白兰地等。

2. 威士忌

威士忌是以麦芽、谷物为原料,经糖化、发酵、蒸馏、储存、调配而成的,酒精度为 40～44 度,琥珀色,微辣,醇香的蒸馏酒,可分为麦芽威士忌、谷物威士忌、调配威士忌等。

3. 俄得克

俄得克是以谷物、薯类或糖蜜等为原料,经发酵、蒸馏制成食用酒精,再经过特殊工艺精制加工制成,酒精度为 38～40 度,价格低,杂质少,酒味醇正的蒸馏酒。

4. 朗姆酒

朗姆酒是以甘蔗或糖蜜为原料,经发酵、蒸馏,在橡木桶储存陈酿至少两年,酒精度为 45～55 度,色泽淡黄,香型独特的蒸馏酒。

5. 金酒

金酒是用大麦、玉米为原料制成饮用酒,浸泡杜松子,经蒸馏而成。酒精度为40 度,具有杜松子的香气。

资料链接 9-3

酒类包装及储存

1. 啤酒

啤酒的包装有瓶装、桶装、听装 3 种,其中瓶装量最大,阳光直射会引起酒液氧化混浊。应选择棕色或深绿色酒瓶并定期更换,防止酒瓶爆炸。储存鲜啤酒的温度应在 0～12℃,瓶装鲜啤酒保质期为 7 天;储存熟啤酒的温度应在 4～12℃,瓶装熟啤酒保质期为 40～60 天。

2. 葡萄酒

葡萄酒有瓶装、桶装两种,为了防止酒液变色,酒瓶应选择深色瓶,如深绿色、棕绿色或棕色。储存葡萄酒时不能受阳光直射,温度应在 8～20℃ 为宜,温度低易造成酒液冷混浊,影响酒的质量。

3. 白酒

白酒有瓶装、桶装、袋装等,因为乙醇容易挥发,包装封口要严密,防止跑气漏酒。储存白酒的温度应在 4～25℃,相对湿度在 70%～80%,避免阳光直射;仓库要有良好的通风设备,电灯开关安装在库外,灯泡要有防护罩,并有专用消防设备,注意安全防火。

9.1.2 茶的特性及鉴别选购

茶叶、可可、咖啡是世界性的三大饮料,而茶叶又是不具有副作用的保健饮料。我国产茶历史悠久,茶园面积稳居世界第一。中国茶年产量超过百万吨,排名世界前列,出口 100 多个国家和地区。

1. 茶叶种类及其特点

我国茶叶种类繁多,按茶叶加工方法,茶叶可分为绿茶、红茶、青茶、花茶、黑茶和其他茶 6 大类。

(1) 绿茶

绿茶是我国茶叶中产量最大的一种,约占世界绿茶产量的 70%,花色品种之多也居世界之首。我国绿茶以香浓、味醇、形美、耐冲泡闻名,深受消费者欢迎。

绿茶的品质特点是：干茶色绿,味道清香,鲜醇爽口,浓而不涩,其冲泡后清汤绿叶。杭州"西湖龙井"就以"色绿、香郁、味甘、形美"四绝著称。其他如江苏的"洞庭碧螺春"、安徽的"黄山毛峰"等都是绿茶中的名品。

（2）红茶

红茶是我国茶叶产量中较大的一种,其中工夫红茶以做工精细而闻名,畅销国内外。

红茶的品质特点为：干茶色泽乌黑油润,冲泡后汤色红艳明亮,叶底红亮,香味如甜花香或蜜糖香。

红茶包括小种红茶,如福建的"正山小种",具有红汤红叶、味似桂圆汤的特点；工夫红茶,如云南的"滇红"、安徽的"祁红"、福建的"闽红"等都具有干茶外形条索紧细、香气纯正、滋味醇厚、叶底呈古铜色的特点；碎红茶,具有汤色明亮,味强、浓、香、鲜的特点。

（3）青茶

青茶又称乌龙茶,属半发酵茶类。它是介于红茶与绿茶之间的茶类。

青茶的品质特点为：干茶外形条索粗壮,色泽青灰有光,茶汤橙黄清澈,香味浓郁,滋味浓爽。

青茶包括闽北青茶,在青茶中,"五夷岩茶"采制技术最为精细,质量也最好,具有外形粗壮、紧实,色泽油润,红点明显,不带梗,香味浓而持久,叶底红色比例多于铁观音的特点；闽南青茶,如"安溪铁观音",具有外形条索粗壮,色泽黑绿乌亮,汤色金黄,滋味浓厚,入口微苦而后转甜的特点；广东青茶,如潮安的"凤凰单丛水仙",具有外形条索卷曲紧密而粗壮,色泽青褐,汤色黄绿,滋味爽醇的特点；台湾地区的青茶,如"乌龙白毫",呈铜褐色,具有汤色橙红,滋味醇和的特点。

（4）花茶

花茶是中国特有的茶类,属再制品。它是用成品茶做原料,加入鲜花窨制而成。花茶的品种很多,产地主要集中在江苏、福建、浙江、安徽等省,都是以鲜花的名称来命名的,主要有茉莉花茶、珠兰花茶、玉兰花茶等。

花茶的品质特点是：香气鲜灵,浓郁清高,滋味浓醇鲜爽,汤色清澈、淡黄、明亮,叶底细嫩、匀净、明亮。

（5）黑茶

黑茶又称紧压茶,是用较粗老的原料,长时间堆积发酵而成的,是藏族、蒙古族、维吾尔族等少数民族的人们日常生活的必需品。

黑茶根据形状分为砖茶、饼茶、圆茶、方茶等。

黑茶的品质特点是：色泽黑褐油润,汤色橙黄或橙红,香味纯正不苦涩,叶底黄褐粗大。黑茶的品种主要有湖南黑茶、湖北的老青茶、四川边茶、滇桂黑茶,其中以云南普洱散茶和方茶最为出名,销往海内外。

（6）其他茶类

其他茶类包括白茶、黄茶、袋泡茶、速溶茶等。

① 白茶类。白茶是我国的特产,因采摘细嫩、叶背多白茸毛的芽叶,加工时不炒不揉,晒干或烘干,使白茸毛完整保留而得名。其主要产于福建省的福鼎、政和、松溪和建阳等县。白茶的品质特点是：毫色银白,具有"绿装素裹"之美感,芽头肥壮,汤色黄亮,滋味

鲜醇,叶底嫩匀。白茶的主要品种有银针、白牡丹、贡眉、寿眉等。

② 黄茶类。黄茶也是我国的特产,因在制茶过程中将茶叶进行闷堆渥黄而得名。黄茶的品质特点是:黄叶黄汤,多数叶芽细嫩显毫,香气浓醇。黄茶的品种主要有湖南的"君山银针""北港毛尖",四川的"蒙顶黄芽"和安徽的"霍山黄芽"等。

③ 袋泡茶。袋泡茶是在散茶的基础上发展起来的,其特点是冲饮方便,清洁卫生,泡茶时可以避免茶叶漂浮,也适合加糖、加奶的习惯,如大兴安岭的"北芪神茶"。

④ 速溶茶。速溶茶是比较新型的茶饮品,它是用茶汁经浓缩干燥制成的。其特点是冲饮方便,冷热水均可冲饮,饮后杯中无茶渣。在加工过程中常加入各种香料、果料和某些对人体有益的成分。

2. 茶叶的感官鉴别

(1) 茶叶质量的外形鉴定

茶叶质量的外形鉴定包括条索、嫩度、色泽、净度 4 项指标,主要反映原料鲜叶的老嫩程度和制茶工艺是否恰当。

① 茶叶条索的感官鉴定。条形茶叶的外形称为条索。观察茶叶条索的紧松、曲直、匀整、轻重,条索紧细的质量好,条索粗大轻飘的质量差。各类茶外形特征如下:红茶、绿茶、花茶以条索紧细、圆直、均匀、质量重者为好,粗松开口者较差;扁形茶以扁平、挺直为好;青茶以条索肥壮、紧细、质重、均匀者为好;黑茶要求外形符合规格要求,块形完整,表面、边角整齐光滑,不龟裂、不掉面、不残缺,厚薄均匀,无茶梗露出,压印端正清晰。

② 茶叶嫩度的感官鉴定。嫩度是指茶叶芽头多少、叶质老嫩、条索的光润度和峰苗的比例,芽头多、叶质细嫩、峰苗多为好,粗松、叶质老则质量较差。其鉴定主要依靠手指触觉,其方法是将浸泡过的湿叶倒在盘子上排平,柔软、肥厚、细嫩、细紧的为最好,粗老、粗松、瘦薄的为最差。

③ 茶叶色泽的感官鉴定。色泽是指茶叶的颜色和光泽。就茶叶本身而言,不同的茶树品种、加工技术和贮运等因素,都影响汤色,如绿茶多绿明,红茶显红亮,乌龙茶橙黄(红),黄茶、白茶呈黄色,黑茶具棕色等。一般来说凡是色泽调和一致,明亮清澈,表示品质好;深暗混浊,则表示品质差。

④ 茶叶净度的感官鉴定。净度是指茶叶中杂质含量的多少。茶叶中的杂质有两类,一是茶类杂质如梗、籽、片、末等;二是非茶类杂质如杂草、树叶、泥沙、石子等。正品茶叶中不允许夹有任何杂质,副品茶叶中不能含有非茶类杂质。

(2) 茶叶的内质鉴定

鉴定茶叶的内质时,先从审茶盘中不同部位称取 35 克的茶样,在 150 毫升杯中,用沸水冲泡 5 分钟,然后将茶水倒进审茶碗中,叶底先留在杯中。打开杯盖,先嗅杯中的香气,再看汤色、品尝滋味,最后看茶叶的嫩度、色泽和均度。

① 茶叶香气的鉴定。香气鉴定是指用嗅觉来评审香气的纯正度、强弱和持久度,以及是否有烟、焦、霉味或其他异味。鉴定的方法是:不要把杯盖完全打开,半开半掩,闻后仍旧盖好。首先是热嗅,主要嗅香气的高低,分辨是新茶还是陈茶,有无烟熏气味或霉味;其次是温嗅,主要辨别香气的强弱,有无特殊的香气;最后是冷嗅,主要看香气能否持久,

有无异味等。如高级红茶要具有甜香,细嫩鲜叶制成的绿茶要有栗子香,青茶则两者兼而有之,花茶香气则要求纯正、持久、鲜灵。

② 茶叶汤色的鉴定。汤色是指茶叶内含物被开水冲泡出的汁液所呈现的色泽。茶叶的汤色主要取决于茶多酚和叶绿素的变化。经过发酵的茶叶,茶多酚受不同程度的氧化聚合而产生数量不等的茶红素、茶黄素和茶褐素。红茶的汤色以红鲜明亮者优,绿茶的汤色以碧绿清澈者优,青茶以橙黄明亮者优,花茶以浅黄明亮者优,沱茶、方普洱茶则以黄亮者优。

③ 茶叶滋味的鉴定。滋味是指茶叶经热水冲泡后,大部分可溶性有效成分进入茶汤所形成的味道。茶叶的滋味是茶多酚、咖啡因、氨基酸、糖等多种成分综合反应的结果,另外,茶叶的香气也与滋味密切相关。鉴定茶叶的滋味主要辨别茶汤滋味的浓淡、强弱、鲜爽、醇和、甜苦等。鉴定的方法是:从茶碗里舀一匙茶汤送入口中,不要直接咽下,先用舌头在口腔内打转两三次后,再吐出,质量好的茶叶,其滋味入口后稍有些苦涩之感,但很快就有回甜清爽的感觉。质量好的花茶醇厚甘甜与绿茶相似,因鲜花香气明显,滋味更加鲜爽;黑茶则以醇厚者为优。

④ 茶叶的叶底鉴定。叶底是指浸泡后的茶叶。它能反映茶叶原料的老嫩、色泽、均度。质量好的红茶,其叶底细嫩、多芽、红艳,具铜板色而明亮;质量好的绿茶,叶底细嫩、整齐,叶肉厚而柔软,有明亮的橄榄色;质量好的青茶叶底为绿叶红镶边,其叶脉、叶缘部分为红色,其余为绿色,叶肉厚软;花茶叶底类似,以黄绿均匀者为优。

(3) 新茶陈茶的鉴别

① 茶叶外观:新茶干硬疏松,色泽新鲜;陈茶紧缩暗软。
② 茶叶叶片:新茶比较干燥,手指捻动变成粉末;陈茶软而重,不易捻碎。
③ 茶叶茶梗:新茶茶梗一折即断;陈茶不易折断。
④ 茶叶汤色:新茶汤色澄清而香气足;陈茶汤色变褐,香味差。

3. 茶叶的特性与保管

(1) 茶叶的基本特征

茶叶具有吸湿性、吸附异味性和陈化性3个基本特性。

茶叶中的一些有机成分,如糖类、蛋白质、茶多酚、果胶质等,都是亲水性的。茶叶干燥后形成多孔性组织,使茶叶具有较强的吸附性,能够吸收水分和其他气味。茶叶吸收水分会使茶叶含水量增加,降低茶叶品质。茶叶如吸收异味,香气和滋味就大大降低,严重的还会失去饮用价值。茶叶一般都以新茶质量最好。茶叶在存放过程中,挥发性的芳香油会慢慢消失,色泽变暗、变深,茶味淡薄,茶中的茶多酚和可溶性固形物含量也明显下降,这种现象称为茶叶陈化。茶叶陈化会使茶叶的品质不断降低。存期越长,茶叶陈化的程度越严重。

(2) 茶叶的保管方法

① 仓库保管。仓库保管适宜长期储存。储藏方法不当会影响茶叶的质量,所以储藏时应注意以下几点。

- 地势要较高,排水容易;
- 仓库门窗力求严密,与外界隔绝较好,仓库周围没有恶劣的气味;

- 温度不得超过30℃,相对湿度在65%以下;
- 防霉、防虫、防鼠害。

② 零售保管。在零售现场,应把小包装的茶叶放在干燥、清洁和具有一定封闭性条件的容器内,将容器堆放在干燥、无异味的场所,并防止日晒。高档茶叶应放在密闭的铁皮罐中存放,避光冷藏保管。即预先将茶叶水分干燥至4%~5%,装入不透气、不透光的容器中,进行抽氧充氮密封,并存放在专用的茶叶冷库中。用此法保管茶叶三五年仍可保持茶叶的色、香、味,而不会发生茶叶陈化。

9.1.3 咖啡的特性及鉴别选购

1. 咖啡的种类及特性

咖啡树是生长于热带高地的小灌木,其果实呈红色或黄色,内部的果籽即我们所称的咖啡豆。目前全球约有66个国家种植咖啡豆,而其中又可分类为Arabica(阿拉比卡)、Robusta(罗布斯塔)、Liberica(力博瑞卡)3种,Arabica即为目前最大宗的主要咖啡豆品种,产量约占80%,其香味、品质均较为优秀;而Robusta因品质较差,所以多用来制成速溶咖啡;Liberica因为品质较差、产量少,很少被提及。咖啡主要有以下几类。

(1) 蓝山咖啡

蓝山咖啡是由生产于牙买加蓝山海拔2 500英尺以上的咖啡豆制成的,是一种微酸、柔顺、带甘性,风味细腻的咖啡。纯蓝山咖啡口感、香味较淡,但喝起来却非常香醇精致,具有贵族的品位,乃咖啡中之极品。

(2) 摩卡咖啡

目前,以也门所生产的摩卡咖啡为最佳,其次为依索比亚的摩卡。摩卡咖啡润滑之中带有中酸至强酸,甘性特佳,风味独特,含有巧克力的味道,具有贵妇人的气质,是极具特色的一种纯品咖啡。

(3) 哥伦比亚咖啡

哥伦比亚咖啡中以SUPREMO最具特色,其咖啡柔软香醇;带微酸至中酸,其品质及香味稳定,属中度咖啡,是用以调配综合咖啡的上品。

(4) 曼特宁咖啡

曼特宁咖啡是生产于印度尼西亚、苏门答腊中最具代表性的咖啡。风味香、浓、苦,口味相当强,但柔顺不带酸,是印度尼西亚生产的咖啡中品质最好的一种。

(5) 炭烧咖啡

炭烧咖啡是一种重度烘焙的咖啡,味道焦、苦不带酸,咖啡豆有出油的现象,极适合用于蒸汽加压咖啡。

(6) 巴西咖啡

巴西乃世界最大的咖啡生产国,所产之咖啡香味温和、微酸、微苦,为中性咖啡之代表,是调配温和咖啡不可或缺的品种。

(7) 肯亚咖啡

肯亚咖啡是非洲高地栽培的代表性咖啡。AA代表其级数也就是最高级产品,其咖啡豆肉质厚呈圆形,味浓质佳,通常采用浅焙。清晨起来喝一杯肯亚,具有醒脑的效用。

（8）夏威夷咖啡

夏威夷咖啡属于夏威夷西部火山所栽培的咖啡，也是美国生产的唯一的咖啡品种。口感较强，香味浓，带强酸，风味特殊。品质相当稳定，是前往夏威夷的观光客必购的土产之一。

2. 速溶咖啡的鉴别选购

速溶咖啡是咖啡豆经焙炒和粉碎后得到纯咖啡，再经提取和真空浓缩而成的粉粒状咖啡，可以随时冲泡，落入开水中即溶。感官鉴别速溶咖啡的质量，可以分冲泡前和冲泡后两个阶段进行。

（1）冲泡前鉴别

良质速溶咖啡：因品种和工艺不同而呈棕色到深褐色；组织状态为2毫米左右大小的不规则颗粒，夹杂有部分细粉末；因炒时发生了美拉德反应而体现出咖啡独有的香气。

劣质速溶咖啡：色泽深暗，有的呈铁黑色；组织状态因受潮或其他原因而有结块、结团现象；咖啡的焙炒香味淡或根本嗅不到，代之以浓烈的焦煳味。

（2）冲泡后鉴别

良质速溶咖啡：溶解完全，没有渣滓和悬浮物；汤汁色棕红而明亮；具有浓郁的咖啡香；加糖后具有适口的苦味和酸味，风味爽直。

劣质速溶咖啡：溶解后杯底有沉淀物，汤汁颜色偏暗，呈棕黑色（同样浓度情况下）；香气淡，而焦煳味浓；加糖后饮用则苦味和酸味均浓重，尤其是回味辛酸苦涩。

9.1.4　植物油的特性及鉴别选购

目前，家庭食用植物油有花生油、菜籽油、豆油、棉籽油、香油、葵花籽油等很多种类。要识别各种油，就要了解各类油的特征。

1. 植物油的分类和特征

（1）花生油：颜色淡黄，细闻有花生味，油沫微呈白色。

（2）菜籽油：稍带绿色，口尝香中带点辣味，油沫发黄。

（3）大豆油：油色深黄，豆子味较大，口尝有涩味，油沫发白。

（4）棉籽油：油色暗黄，口尝没有味，油沫发黄。

（5）香油：棕红色，闻、尝都有浓浓的香味。

（6）葵花籽油：色泽清亮透明，芳香可口。

2. 食用植物油的鉴别方法

（1）透明度。将油倒入无色透明的玻璃杯中，在自然光下观察，若透明清亮、不混浊、无沉淀、无悬浮物则为好油。

（2）色泽。花生油一般呈淡黄色或橙黄色，色泽清亮透明，油沫呈白色，大花泡；大豆油呈黄色或棕色，油沫发白，花泡完整；棉籽油呈橙黄色或棕色，油沫发黄，有小碎花泡沫；葵花籽油油质清亮，呈淡黄色或者黄色。

（3）香味。用手指沾少许油抹在手心，搓后闻气味，质量好的油除有各自植物本身应有的气味外，一般无异味。

（4）加热。水分大的植物油加热时会出现大量泡沫，且发出吱吱声；油烟若有呛人的苦辣味,说明已酸化。

9.1.5 水果的特性及鉴别选购

1. 水果的分类和特征

(1) 热性水果:适合寒性体质,如榴梿、黑枣等。

(2) 温性水果:适合寒性体质,如芒果、荔枝、桃子、龙眼、红毛丹、水蜜桃、板栗、椰子肉、金橘、乌梅、樱桃、红枣、李子等。

(3) 微温平性水果:适合各种体质,如百香果、柠檬、番石榴、酪梨、凤梨、葡萄、莲雾、柳橙、甘蔗、木瓜、橄榄、梅子、印度枣等。

(4) 凉性水果:适合热性体质,如火龙果、梨、苹果、杨桃、山竹、葡萄柚、草莓、枇杷等。

(5) 寒性水果:适合热性体质,如番茄(微寒)、西瓜、香蕉、奇异果、甜瓜、柚子、橘子、柿子、椰子水、桑葚等。

2. 水果的鉴别方法

(1) 目测。一看水果的成熟度和是否具有该品种应有的色泽及形态特征;二看果形是否端正,个头大小是否基本一致;三看水果表面是否清洁新鲜,有无病虫害和机械损伤等。

(2) 鼻嗅。鼻嗅则是辨别水果是否带有本品种所特有的芳香味,有时候水果的变质可以通过其气味的不良改变直接鉴别出来,像坚果的哈喇味和西瓜的馊味等,都是很好的特征。

(3) 口尝。口尝不但能感知水果的滋味,还能感觉到果肉的质地是否良好,是很重要的一个感官指标。

9.1.6 蔬菜的特性及鉴别选购

1. 蔬菜的分类和特征

(1) 根菜类蔬菜

根菜类蔬菜的食用部位是肉质根或块根,所以又分肉质根菜类和块根菜类。肉质根菜类包括萝卜、胡萝卜、大头菜、芜菁、甘蓝、根用甜菜等;块根菜类有豆薯、葛等。

(2) 茎菜类蔬菜

茎菜类蔬菜的食用部位包括地上茎和地下茎或茎的变态,所以又分地上茎菜类和地下茎菜类。地上茎菜类包括竹笋、茭白、石刁柏、莴苣、莴笋、榨菜、球茎甘蓝等;地下茎菜类有马铃薯、莲藕、菊芋、荸荠、姜、芋头、慈姑等。

(3) 叶菜类蔬菜

叶菜类蔬菜多种多样,普通叶菜类包括小白菜、荠菜、菠菜、芹菜、苋菜等;结球叶菜类包括结球甘蓝、大白菜、结球莴苣、包心芥菜等;辛香叶菜类包括葱、韭菜、茴香等;鳞茎菜类包括洋葱、大蒜、百合等。

(4) 花菜类蔬菜

花菜类蔬菜的食用部位是花、肥大的花茎或花球,如黄花菜、青花菜、花椰菜(菜花)、紫菜苔、朝鲜蓟、芥蓝等。

（5）果菜类蔬菜

果菜类蔬菜以果实为食用部位，又分茄果类、荚果类和瓠果类。属茄果类的有茄子、番茄、辣椒等；属荚果类的有菜豆、豇豆、刀豆、毛豆、豌豆、蚕豆、四棱豆、扁豆等，又称豆菜类蔬菜；属瓠果类的有黄瓜、南瓜、冬瓜、丝瓜、瓠瓜、菜瓜、蛇瓜、葫芦等，又称瓜类蔬菜。

2. 无公害蔬菜的鉴别方法

（1）看色泽。各种蔬菜都具有本品种固有的颜色，有光泽，显示蔬菜的成熟度及鲜嫩程度。

（2）嗅气味。多数蔬菜具有清香、甘辛淡、甜酸香等气味，不应有腐败味和其他异味。

（3）尝滋味。多数蔬菜滋味甘淡、甜酸、清爽鲜美，少数具有辛酸、苦涩的特殊味道。

（4）看形态。多数蔬菜具有新鲜的状态，如有蔫萎、干枯、损伤、变色、病变、虫害侵蚀，则为异常形态。还有的蔬菜由于人工使用了激素类物质，会长成畸形。

9.2 服装类商品的特性及鉴别选购

9.2.1 棉的特性及鉴别选购

1. 棉的特点

棉是指各类棉纺织品的总称，多用来制作时装、休闲装、内衣和衬衫。其优点是轻松保暖、柔和贴身，吸湿性、透气性较好；其缺点则是易缩、易皱。

2. 棉的感官鉴别

棉花纤维有天然捻曲，纤维较短，手感柔软；织品布面光泽柔和自然，手感柔软但有些发涩，弹性较差，用手紧攥布料并迅速放开后有明显皱痕。

9.2.2 麻的特性及鉴别选购

1. 麻的特点

麻是以大麻、亚麻、苎麻、黄麻、剑麻、蕉麻等各种麻类植物纤维制成的一种布料。一般被用来制作休闲装、夏装。它的优点是强度极高、吸湿、导热、透气性甚佳。缺点则是穿着不甚舒适，外观较为粗糙、生硬。

2. 麻的感官鉴别

麻纤维近火焰即燃，燃烧迅速，火焰呈黄色，冒蓝烟，发出草木灰气味；燃烧后，麻则产生少量灰白色粉末灰烬。

9.2.3 丝绸的特性及鉴别选购

1. 丝绸的特点

丝绸是以蚕丝为原料纺织而成的各种丝织物的统称。可用来制作各种服装，尤其适合制作女士服装。绚丽多姿的中国丝绸，历史悠久，饮誉世界。

丝绸的优点是轻薄、合身、柔软、滑爽、透气、色彩绚丽、富有光泽、高贵典雅、穿着舒适，享有"纤维皇后"的美称；它的不足则是易生褶皱，容易吸身，不够结实，褪色较快。

2. 丝绸的感官鉴别

蚕丝手感柔软,富有光泽,纤维细长;绸面光泽柔和明亮,色泽鲜艳均匀,外观轻柔飘逸,手感柔软细腻弹性好,用手攥紧迅速放开后有少量的褶痕,手摸绸面有凉感。

9.2.4 羊毛的特性及鉴别选购

1. 羊毛的特点

羊毛织物又称毛料,通常适用于制作礼服、西装、大衣等正规、高档的服装。毛织物外观光泽自然,颜色莹润,手感舒适,质量范围广,品种风格多。用毛织物制作的衣服防皱耐磨,手感柔软,高雅挺括,富有弹性,保暖性及吸湿性强。它的缺点主要是洗涤较为困难,不大适用于制作夏装。

2. 羊毛的感官鉴别

羊毛纤维的弹性好,通常呈卷曲毛波状态,手触有温暖之感;精纺羊毛制品,织纹清晰,光泽自然柔和、鲜艳,有油润感,手捏呢料松开后能较快恢复原状,不留褶痕;粗纺羊毛制品质地紧密厚实,身骨挺而不板,有弹性。

9.2.5 化学纤维的特性及鉴别选购

1. 化学纤维的特点

化学纤维是利用天然的高分子物质或合成的高分子物质,经化学工艺加工而取得的纺织纤维的总称。其优点是色彩鲜艳、质地柔软、悬垂挺括、滑爽舒适。缺点则是耐热性、吸湿性、透气性较差,遇热容易变形,容易产生静电。它适合制作时装。

2. 化学纤维的感官鉴别

化学纤维织品色泽艳丽,用手攥紧并迅速放开后皱褶多且明显,并难以恢复原状;湿态的织品较干态时手感粗硬且强度小,穿用时易起毛、变形,并产生皱褶。

合成纤维一般强力、弹性较好,手感光滑,但不够柔软;织品表面平整光洁,织品的强度高、弹性好、手感滑爽,但尚欠柔软,湿态强度较高,拉断纤维时所需的力较大,与干态时无大差异。涤纶织物光泽均匀、手感挺爽,用手攥紧并迅速放松后无皱痕;锦纶织物有蜡状手感,用手攥紧衣料并迅速放松后虽有皱痕但能缓慢恢复原状;腈纶织物色彩鲜艳,但不如纯毛呢绒自然柔和,毛型感较强,手感较柔软,触摸膨松、有温暖感,重量较毛织物轻,悬垂性稍差。

9.2.6 皮革的特性及鉴别选购

1. 皮革的分类及特点

皮革是经过鞣制而成的动物毛皮面料。它多用于制作时装、冬装。皮革可以分为两类:革皮,即经过去毛处理的皮革;裘皮,即处理过的连皮带毛的皮革。皮革的优点是轻盈保暖,雍容华贵;它的缺点是价格昂贵,储藏、护理方面要求较高,故不宜普及。常见的皮革有绵羊皮、山羊皮、牛皮、猪皮,另外还有一些稀有动物皮,如鹿皮、袋鼠皮、蛇皮、鳄鱼皮等。一般绵羊皮的粒纹细致,手感柔软,高档绵羊皮有丝绸一样的感觉;牛皮的纤维紧密,强度高,通常压上荔枝花纹;猪皮的花纹清晰,结实耐用。

2. 皮革的感官鉴别

(1) 革面

天然革的革面有花纹,光泽自然,可能有少量松皱现象或天然疵点。当用手按或捏革面时,革面活络而细,无死皱、死被迫褶,也无裂痕;而人造革的革面虽像天然革,但仔细看花纹不自然,光泽较天然革亮,颜色更鲜艳。

(2) 革身

主要用手感来判断革制品的真假。天然革,特别是皮衣用革,手感柔软,有韧性,而仿革制品虽然也很柔软,但韧性不足;天然革的弹性较好,仿革的弹性较差。

(3) 切口

天然革无论是哪一种兽皮,其切口处颜色一致,纤维清楚可见,细密。而仿革制品的切口处没有天然纤维感,可见底布的纤维、树脂,从切口处可看出分底布与树脂胶两层。

(4) 革里面

天然革的反正面明显不同。革的正面光滑平整,有毛孔和花纹。革的反面,即里面是明显的纤维束,呈毛绒状,均匀。这是各种天然革制品具有的共同特征。而仿革制品中,里外面光泽都好,也很平滑。

资料链接9-4

服装的保管

对于服装的保养、洗涤及换季后的收藏,只有采用科学合理的方法,才能防止服装发霉变质,虫蛀破损,褶皱变形,才能保持面料的服用性能包括外观、手感、舒适性等并延长服装的使用寿命。在保管过程中要考虑不同面料的不同影响因素,采取相应的保养措施。

棉麻服装的保管一定要注意防潮防霉。收藏前应洗净、晾干,深浅颜色要分开存放。收藏的场所如衣柜和聚乙烯袋等应干燥,里面可放用纸包上的樟脑丸,不要与衣料直接接触,以防止衣服受蛀。

毛织物服装收藏前应干洗、熨烫、晾干,宜放在干燥处。毛绒或毛绒衣裤混杂存放时,应该用干净的布或纸包好,以免绒毛玷污其他服装。最好每月通风2次,以防虫蛀。各种毛织服装以悬挂存放在衣柜内为好。

化纤服装以平放为好,不宜长期吊挂在柜内,以免因悬垂而伸长。若是与天然纤维混纺的织物,则可放入少量樟脑丸,且不要直接与衣服接触。

皮革服装过分干燥,容易折裂,受潮后则不牢固,因此皮革服装既要防止过分干燥,又要防湿,不宜在雨、雪天穿用。收藏前宜阴凉,不可暴晒。收藏时以挂藏为宜,并放置用纸包好的樟脑丸。如果皮衣面上发生了干裂现象,可用石蜡填在缝内,用熨斗烫平。如果衣面发霉,可先刷去霉菌,再涂上皮革专用剂。

9.3 日用工业品商品的特性及鉴别选购

日用工业品是指满足人们日常使用的工业产品,俗称日用百货。日用工业品是人们日常生活中不可缺少的一大类商品,其种类繁多,主要包括塑料制品、玻璃制品、合成洗涤剂等。

9.3.1 塑料制品的特性及鉴别选购

塑料是一种以高分子的合成树脂为主要成分,在一定的温度和压力下塑制成型,当外力解除后,能在常温下保持形状不变的材料。塑料制品的种类繁多,结构和性质较复杂。日用塑料制品的质量要求主要是指对制品的外观和物理机械性质方面提出的要求,对于部分制品,还要考虑其化学性能或卫生性能的要求。

1. 塑料制品的质量要求

(1) 塑料制品的外观质量要求

一般来说,塑料制品外形不应翘曲缺角,尺寸要符合一定的偏差规定。装配制品的部件尺寸要相互配合得当,中空制品要厚薄均匀。制品不应有变色、色调不匀等现象。塑料制品的表面缺陷和可能产生的外观疵点主要有裂印、水泡、杂质点等。

(2) 塑料制品的内在质量要求

由于塑料制品的种类多、用途广,涉及日用塑料制品的性能指标主要有比重、拉伸强度、冲击强度、撕裂强度、硬度、耐热性、耐寒性、收缩性、透明性、透湿性、透气性、耐磨性及耐老化性等。对于某一具体塑料制品,应根据其类型和用途特点来确定其内在质量要求。

(3) 塑料制品的卫生安全要求

食品袋、玩具等特殊塑料制品必须无毒、无味、安全。

2. 塑料制品的鉴别方法

常用的塑料制品鉴别方法主要有外观鉴别法、燃烧鉴别法等。

(1) 外观鉴别法。外观鉴别法主要是通过塑料的外观特征,如色泽、透明度、光滑度、手感、表面硬度等判断鉴别。

(2) 燃烧鉴别法。不同的塑料燃烧时,会产生不同的化学反应,表现出不同的反应状态。可以根据塑料燃烧时所产生的现象特征鉴别塑料的种类。

9.3.2 玻璃制品的特性及鉴别选购

1. 玻璃制品的种类及特点

(1) 按用途可以分为玻璃板、玻璃杯、玻璃酒具、花瓶、镜子、果盘、灯具等小类。

(2) 按加工成型的方法可以分为吹制品、拉制品、压制品等。

(3) 按装饰方法可以分为喷花、刻花、印花、琢磨等。

玻璃制品具有光泽好、透明度大、色泽鲜艳、易于洗涤、抗腐蚀性强、原料来源多、制品易于成型和价格低廉等优点。目前,一些耐热性好的烹饪器皿、餐具以及新玻璃制品也在不断问世。

2. 玻璃制品的鉴别选购

（1）规格。规格通常是指尺寸、重量、容量等方面的要求。

（2）结构。结构是指日用玻璃制品的形状、厚度以及主件和附件的配合情况。结构不良不仅影响美观，而且会造成使用不便，降低制品的坚固性和耐热性。

（3）色泽。无色玻璃制品应透明、洁净而富有光泽；有色玻璃制品应色泽鲜艳、赏心悦目、深浅均匀；带有彩色图案和花样的玻璃制品，要求花纹清晰、形象逼真、色彩调和。

（4）耐温急变性。耐温急变性是玻璃制品的重要指标。将玻璃制品放于低温环境中静置一段时间，取出后立即投入沸水中而不炸裂，表明耐温急变性良好。

（5）卫生安全性。卫生安全性主要是指玻璃制品不得含有可溶于食品的对人体健康有害的物质。

9.3.3 合成洗涤剂的特性及鉴别选购

1. 合成洗涤剂的分类

合成洗涤剂的用途广、品种多，它有许多分类方法。

（1）按使用领域可分为家庭用洗涤剂和工业用洗涤剂两大类。

① 家庭用洗涤剂用量大，占合成洗涤剂总量的80%以上。

② 工业用洗涤剂主要用于纺织印染行业中原料、织物等的清洗，金属表面油污、涂料的清洗等。

（2）按使用目的可分为衣用洗涤剂、发用洗涤剂、皮肤用洗涤剂、厨房用洗涤剂等。

① 衣用洗涤剂主要包括一般洗涤剂、干洗剂、织物柔顺剂和各种面料洗涤剂等。

② 发用洗涤剂属于化妆品类，主要用于洗涤和调理头发。

③ 皮肤用洗涤剂主要有沐浴液、洗面奶、洗手液及口腔清洗剂等。皮肤用洗涤剂有一部分属于化妆品类。

④ 厨房用洗涤剂主要有餐具、蔬菜、瓜果清洗剂，冰箱、冰柜清洗剂，炉具、灶具清洗剂等。

（3）按物理形状可分为块状洗涤剂、液体洗涤剂、粉状洗涤剂和膏状洗涤剂等。

（4）按污垢洗涤难易可分为重垢型洗涤剂和轻垢型洗涤剂两种。

① 重垢型洗涤剂是指产品中含有大量的多种助剂，用来去除难以脱落的污垢。

② 轻垢型洗涤剂是指产品中含很少或不含助剂，用于去除容易脱落的污垢。

（5）按使用原料可分为使用天然原料的洗涤剂和使用人造原料的洗涤剂。

2. 合成洗涤剂的常用品种

（1）洗衣粉

洗衣粉主要用于清除衣物上的污垢，它由表面活性剂、离子交换剂、抗再沉积剂、碱性助剂、填充剂等组成，有的产品还加入漂白剂、酶和香精、色素等。洗衣粉根据比重的不同，分为普通型和浓缩型。普通型洗衣粉适合于手洗和机洗，而浓缩型洗衣粉碱性稍高，适合于洗衣机使用。衡量洗衣粉能力的指标有去污力、表面活性剂和助洗剂含量、酸碱度值、多次洗涤后衣服上的灰分含量等。其中去污力是洗衣粉的重要指标。

（2）液体洗涤剂

液体洗涤剂由各种表面活性剂组成，有些产品还加入一些助剂和溶剂等。

① 餐具洗涤剂是厨房中常用的一种典型的轻垢型液体洗涤剂。它是开发最早、数量较大的一种液体洗涤剂。按照功能可分为单纯洗涤和消毒洗涤两种。

② 织物柔软剂。有些衣物在洗涤后会失去原有的柔软性，发硬、发直，手感和外观都变得很差。织物柔软剂的主要作用是降低纤维间的静摩擦系数，赋予纤维柔软的手感。棉织物柔软剂大都含阳离子表面活性剂，它们与天然织物有较好的结合力，使织物柔软丰满。

资料链接 9-5

肥 皂

肥皂是指用油脂与碱经过皂化作用制成的高级脂肪酸盐，并辅以各种原料而成的产品。

1. 洗衣皂

洗衣皂通常又称肥皂，主要用于洗涤衣物，也适用于洗手、洗脸等。肥皂的主要原料是天然油脂、脂肪酸与碱生成的盐。肥皂在软水中去污能力强，但在硬水中与水中的镁离子、钙离子生成不溶于水的镁皂、钙皂，去污能力会明显降低，还容易沉积在基质上，难以去除。另外，在冷水中其溶解性差。

2. 香皂

香皂是指具有芳香气味的肥皂。香皂质地细腻，主要用于洗手、洗脸、洗发、洗澡等。制造香皂要加入香精，香精性质温和，对人体无刺激，使用时香气扑鼻，并能去除机体的异味，用香皂洗涤衣物能使衣物保持一定时间的香气。

3. 透明皂

因其感官好，既可以当香皂用，又可以当肥皂用。其脂肪酸介于肥皂和香皂之间，采用纯正浅色的原料，如牛油、椰子油和松香油等，加入甘油、糖类和醇类等透明剂制作而成。

4. 药皂

药皂又称抗菌皂或去臭皂。由于在制作过程中加入了一定量的杀菌剂，因而其对皮肤有消毒、杀菌、防止体臭等作用。药皂常用于洗手、洗澡等。

5. 液体皂

液体皂是近年来受到消费者欢迎的一个新品种。用于皮肤的液体皂呈中性，与人体皮肤 pH 值较接近，对皮肤、眼睛无刺激性，有泡沫和黏度，也有一定的去污能力。

9.4 电子类产品的特性及鉴别选购

9.4.1 U盘的特性及鉴别选购

1. U盘的特性

U盘是采用flash memory(也称闪存)存储技术的USB设备,USB指通用串行接口,用第一个字母U命名,所以简称U盘。U盘具有如下优点。

(1) 容量大。U盘存储容量大,目前1G、2G、8G甚至容量更大的U盘都有。

(2) 速度快。U盘是靠芯片上集成的电子线路来存储数据的,因而读写方便。

(3) 体积小巧,便于携带。市场上现已推出高容量U盘,尺寸仅为60mm×16.5mm×8.1mm,体重仅为7克。

2. U盘的鉴别选购

(1) 注意品牌。品牌是对产品品质与服务的保证,U盘至今已经有十几年的市场生命,无论是技术还是价格都经历过数次的洗礼,经受住市场考验的品牌已经成长为移动存储行业的领军者。

(2) 数据安全。U盘的诞生为移动存储这个领域带来了数据随身的概念,就是因为这样的便携性,大家对抗震等数据安全性提出了更高的要求。

(3) 存储速度。高速度、大容量已经成为选择U盘的趋势。

(4) 应用便捷性。随着科技的不断发展,笔记本电脑搭配U盘使用起来更加方便。但大家往往忽视一般笔记本的USB接口都会挨得很近,大多数个人电脑也是如此,所以选择U盘时应以小巧为宜。

(5) 多功能。目前U盘已不局限于存储数据,扩展性和增值性越来越重要。

(6) 服务。因为U盘使用不当或发生损坏给用户带来损失是比较常见的现象,因此,选择具备优质服务的品牌是免除后顾之忧的最好办法。

3. U盘的正确使用与保养

(1) 确保卸载。尽管U盘是一种支持热插拔的设备,不过最好不要直接拔出。如果直接拔出对闪存盘控制芯片的寿命会造成一定的影响;按步骤的规范操作还可以避免在数据正在读写的时候拔除,损坏U盘或是其中的数据;值得注意的是不要频繁插拔,否则容易造成USB接口松动;在插入U盘过程中不要硬插,注意调整角度和方位。

(2) 减少损耗。U盘是采用闪存存储介质(flash memory)和通用串行总线(USB)接口的移动存储设备,在保存文件信息时,往往会按"串行"方式进行,也就是说你在U盘中删除文件或增加文件,都会导致U盘中的数据信息自动刷新一次。U盘的刷新次数是有限的,所以在保存或删除U盘文件时,最好能一次性完成。

(3) U盘不用时应从计算机上拔除。有人习惯将U盘插入USB接口后,为了随时拷贝的方便而不将它拔下。这种做法给数据带来极大的安全隐患,可能导致病毒侵入,对其中的数据造成不可恢复的破坏。为了确保U盘数据不遭受损失,最好在拷贝数据后将它拔下来。

(4) 正确使用读写开关。有些 U 盘上面有读写开关，要正确使用此开关。在数据备份后最好将开关置于写保护状态，以防万一数据误删除。

(5) 不要摔碰。U 盘里的零件都比较精致小巧，很容易摔坏，所以要谨慎存放。

(6) 请不要让 U 盘接近电磁波干扰源，暴露在电磁波下有可能造成产品的故障或资料的错误。

(7) 要经常检查一下 U 盘内是否藏有病毒，否则 U 盘可能成为病毒的藏身处和传播体。

9.4.2 手机的特性及鉴别选购

1. 手机的种类及特性

(1) 模拟式和数字式。手机刚刚兴起时，用的传输方式是模拟方式，因此手机就是模拟式手机；目前数字陆地蜂窝移动系统中支持的都是数字式手机。

(2) 集群手机和蜂窝手机。采取数字集群系统的半双工终端，则称为集群手机，类似于平时的对讲机，如欧洲采用的 TETRA、GSM-R，美国摩托罗拉采用的 iDEN 等。而一般我们所称的手机用户使用的都是蜂窝式手机终端，主要是指其无线覆盖是蜂窝式的，如 GSM、CDMA。

(3) GSM 手机和 CDMA 手机。在蜂窝式手机里，应用最为广泛的是欧洲的 GSM 制式和美国的 CDMA 制式，我国两大运营商中国移动和中国联通就运营了这两大网络。

(4) 2G 手机、3G 手机和 4G 手机。GSM 和 CDMA 统称为 2G 手机，主要提供语音业务、电路域数据业务以及一定程度的高速分组数据业务。3G 网络支持基于高速分组数据的丰富的多媒体业务，如 GSM 演进后的 WCDMA，CDMA 演进后的 CDMA2000，以及我国自主研发的 TD-SCDMA。那么在这些网络中使用的，支持上述高速分组数据业务的终端，被称为 3G 手机。

4G 手机就是支持 4G 网络传输的手机，移动 4G 手机最高下载速度超过 80Mbps，达到主流 3G 网络网速的 10 多倍，是联通 3G 的 2 倍。4G 集 3G 与 WLAN 于一体，并能够传输高质量视频图像，它的图像传输质量和清晰度与电视不相上下。4G 目前已经实现，功能上要比 3G 更先进，频带利用率更高，速度更快。

(5) 其他分类。比如彩屏手机和单色屏手机、智能手机和非智能手机等。

2. 手机的选购

在选购手机时，要注意如下事项。

(1) 经销商对手机基本功能、使用方法没有介绍清楚不要买。

(2) 包装盒内无中文使用说明书的手机不要买。

(3) 不能执行国家"三包"规定的手机不要买。

(4) 对国家规定的手机附件与赠品不实行"三包"的手机不要买。

(5) 本市范围内无维修点的手机不要买。

(6) 实物样品与使用说明书、宣传材料不一致的手机不要买。

(7) 手机与其包装上注明采用的标准不符的不要买。

(8) 非正规手机经销商处的手机不要买。

（9）购买场所与销售发票印章不一致的手机不要买。

（10）包装盒内无装箱单或装箱单与实物不一致的手机不要买。

（11）价物不实的手机不要买。

同时，要注意保管好购机发票、保修凭证、使用说明书及手机包装盒内的主机机身号、附件出厂序号或批号、进网标志串码号等标识、标贴，这是实行"三包"的重要凭证。

9.4.3 数码相机的特性及鉴别选购

1. 数码相机的特性

数码相机是一种利用电子传感器把光学影像转换成电子数据的照相机。在图像传输到计算机以前，通常会先储存在数码存储设备中。数码相机有如下特性。

（1）拍照之后可以立即看到图片，从而提供了对不满意的作品立刻重拍的可能性，减少了遗憾的发生。

（2）只需为那些想冲洗的照片付费，其他不需要的照片可以删除。

（3）色彩还原和色彩范围不再依赖胶卷的质量。

（4）感光度也不再因胶卷而固定，光电转换芯片能提供多种感光度选择。

2. 数码相机的选购

在选择数码相机时，要注意如下事项。

（1）根据需求确定数码相机的档次。

（2）注意数码相机的档次是以 CCD 的像素值进行区分的。

（3）根据输出需求选择数码相机的 CCD 像素值。

（4）注意数码相机的耗电量及电池。

（5）不必刻意追求功能最全、指标最好的数码相机。

（6）注意数码相机有可能产生的附加费用。

（7）对相机的生产厂家一定要有所了解。

同时，要注意保管好购机发票、保修凭证、使用说明书及相机包装盒等。

9.4.4 笔记本电脑的特性及鉴别选购

1. 笔记本电脑的分类及特性

笔记本电脑的用户一般可以分为商业用户和家庭用户。商业用户和家庭用户对笔记本电脑的要求有很大的不同，对于商业用户来说，最重要的不是笔记本电脑的性能、多媒体能力和外观，而是系统的稳定性、安全性、售后服务、技术支持的能力以及机型之间的部件通用性和灵活多变的定制方案等。

（1）商用笔记本电脑

① 系统的稳定性。商用笔记本电脑应用范围很广，除了 Office 应用，还包括 2D/3D 图形处理、数据库、高负荷数学计算、编程开发等，这些应用对于系统的稳定性有着极高的要求。因此，在商业应用来说，系统的高度稳定性是第一要求。

② 安全性。商业用户使用的笔记本电脑往往储存着重要的商业机密和文件，所以商用笔记本电脑需要完善的保密措施，方法主要有 BIOS 密码、硬盘加密、特殊保密装置如

指纹识别、保密软件等。商用笔记本电脑的保密大都很难破解,大多数厂商即使是对忘记了密码的用户也要求其出示正式的购机证明才会帮助破解,IBM 甚至声明不会为任何用户破解硬盘密码。

③ 售后服务和技术支持。商业用户希望笔记本电脑厂商能够有完善、快捷、有效的售后服务和技术支持能力,这样可以减少用户内部维修和维护人员的数量,从而降低运营成本。

④ 机型之间的部件通用性。一个商业用户(尤其是较大的商业机构)往往有不同时间购买的不同的笔记本电脑,如果这些笔记本电脑的部件可以通用,那么可以节约大量的购机成本。例如,几台笔记本电脑可以共用一个光驱,或者,当一台笔记本电脑要外出使用需要很长的电池寿命时,可以将其他同类机型的电池取出来使用。这样有助于商业用户用最低的成本来获得适合自己的解决方案。

⑤ 灵活多变的定制方案。较大的商业用户通常都有完善的内部网络,这些时候一般用户需要的某些部件,例如软驱、CD-ROM、DVD 等,对他们来说是多余的。因此,为了符合自身的需要,商业机构往往要求笔记本电脑生产商能够按照自己的要求来提供特制的产品,减少原有的配置或者增加一些特殊的设备,这也间接地促进了笔记本电脑的模块化。

(2) 家用笔记本电脑

家用笔记本电脑讲究大而全,除了超轻薄机型可能不会随机附送光盘驱动器外,大多数家用笔记本电脑都提供 DVD 甚至是 DVD + CDRW Combo 驱动器以期加强多媒体能力。

① 性能。家用机型都非常注重低价格高配置。

② 多媒体能力。随着家用数码设备的普及,笔记本电脑也开始具备和这些设备连接的特殊接口,方便数码相机等的使用,使得用户可以享有丰富的多媒体功能。

③ 外观。家用笔记本电脑对外观个性化要求比较高,目前很多品牌的中高档家用机型都设计得非常漂亮时尚。

④ 人性化功能,即方便使用者的功能。最常见的人性化功能包括键盘上方的互联网快捷键、鼠标滚轮、关机播放 CD 功能,还有诸如 E-mail 指示灯等。

2. 笔记本电脑的鉴别选购

笔记本电脑一般用途包括文书管理、资料处理、网际网络、绘图排版、动画制作、音乐编辑、多媒体应用等。在笔记本电脑的选购上,应针对自己的具体需求,才能发挥产品的最大功效。一般来说无论是商业用户还是家庭用户都应该注意以下几个方面的问题。

(1) CPU

CPU 分为笔记本电脑专用 CPU 和普通 CPU 两类。它们的主要区别是 CPU 的封装方式不一样,笔记本电脑 CPU 所散发的热量更低,使机器运行更稳定。

(2) 显示屏

显示屏主要规格有多种。从使用的角度看,当然越大越好;从方便的角度看则越小越好;从质量上来说,优质显示屏亮度、清晰度更好,刷新频率更高。

(3) 电池使用时间

笔记本电脑电池一般为智能型电池,具有记忆功能,并且重量较轻,使用时间一般较长,但价格较昂贵。

(4) 硬盘容量

笔记本电脑硬盘容量基本在 80～160G。除容量外,还要考虑硬盘厚度、转速、噪声、平均寻道时间、是否省电等方面的参数。

(5) 多媒体应用

目前,市场上的笔记本电脑大多具有一定的多媒体功能,如软解压、MPEG 卡、声卡、显卡、喇叭等,有的甚至已经配备了 DVD,在网络方面一般都配有 Modem。

(6) 其他值得注意的地方

购买笔记本电脑还必须注意:笔记本电脑的重量;厂商所提供的质保期限,以及维修服务的方式;产品包装是否完整(含产品保证书),是否提供了详细的使用说明;各项设置的驱动程序是否齐全;配置表上的各项配置如软驱、光驱、DVD-ROM 等是否齐全。

9.5 家用轿车的特性及鉴别选购

9.5.1 家用轿车的分类与特性

1. 按排量分

我国以发动机排量作为区分轿车级别的标志。发动机的总排量是指发动机全部气缸的工作容积之和,以升为单位。排量越大的轿车,功率越大,加速性能越好。

(1) 微型轿车≤1 升。如 QQ、奥拓等。

(2) 1 升＜普通级轿车≤1.6 升。如嘉年华、飞度、POLO 等。

(3) 1.6 升＜中级轿车≤2.5 升。如爱丽舍、宝来、标致 307、花冠、伊兰特、凯越、赛位图等。

(4) 2.5 升＜中高级轿车≤4 升。如帕萨特、雅阁、蒙迪欧、奥迪 A6 等。

(5) 高级轿车＞4 升。如 BMW 7 系列等。

2. 按车长分

(1) 微型轿车:车长 3.5 米以下,车宽 1.6 米以下;

(2) 小型轿车:车长 4 米以下,车宽 1.7 米以下;

(3) 普通轿车:车长 4.5 米以下,车宽 1.8 米以下;

(4) 豪华轿车:车长 5 米以下,车宽 1.9 米以下;

(5) 超豪华轿车:车长 5 米以上,车宽 1.9 米以上。

3. 综合分级

德国把轿车分成 A、B、C、D 级,主要依据轴距、排量、重量等参数,字母顺序越靠后,该级别车的轴距越长、排量和重量越大,轿车的豪华程度也不断提高。如表 9-2 所示。

表 9-2 汽车综合分级示例

汽车分级	说明	轴距	排量	例子
A00 级	小型轿车	2 米至 2.2 米	小于 1 升	奥拓
A0 级	小型轿车	2.2 米至 2.3 米	1 升至 1.3 升	两厢夏利
A 级	小型轿车	2.3 米至 2.45 米	1 升至 1.3 升	捷达、POLO
B 级	中档轿车	2.45 米至 2.6 米	1.6 升到 2.4 升	奥迪 A4、帕萨特
C 级	高档轿车	2.6 米至 2.8 米	2.3 升至 3.0 升	奥迪 A6
D 级	豪华轿车	大于 2.8 米	3.0 升以上	奔驰 S 系列、宝马 7 系

9.5.2 家用轿车的鉴别选购

1. 选好购买时机

多方了解厂家的销售导向、车型改进及价格涨落等市场动向。最好的购买时机应在市场较为平稳的阶段。

2. 选择经销商

可以从汽车经销商介绍产品和对待顾客的态度来判断经销商的服务质量和保修水平,最好亲自去看看经销商的修理部、配件库和服务人员,考察他们的工作。

3. 询价

购车要货比三家。如能提供较好的服务,即使要价高一点,对购车人仍是有利的。注意各车型之间的保用期长短和保用项目不同,应注意综合评价车型性价比。

4. 试车

试车中要考察下列项目。

(1) 车身的内、外观。观察所购汽车是否和样车一致;门缝宽度是否均匀一致;油漆是否均匀,有无刮伤和滴斑。

(2) 方便性和适用性。车门是否好开好关,进出是否方便,行李箱容积是否合适。

(3) 安全性。试用安全带是否舒适和方便;驾驶员座位能否调到自己最方便的位置;是否白天晚上都能看清仪表读数;刹车踏板、后视镜的位置是否符合要求。

(4) 全面考察舒适性。了解高速行驶时的噪声大小,转弯时车身是否过于倾侧,驶过突起路面时是否颠簸。如果出现不舒适的感觉,就应该慎重考虑,因为舒适性没有明显的标准,也不易矫正。

复习思考题

一、简答题

1. 简述茶叶的种类和鉴别方法。
2. 简述 U 盘的使用保养要求。
3. 简述皮革的鉴别技巧。
4. 简述羊毛的鉴别技巧。

5. 简述家用轿车的选购技巧。

二、案例分析题

你的膳食结构合理吗？

人类为了维持生命，必须从外界获取营养。能够供应人体正常生理功能所必需的成分和能量的物质称为营养素。食品中含有的营养素有糖类、脂类、蛋白质、膳食纤维、维生素、矿物质、水七大类。供给人体能量的蛋白质、糖类、脂类称为三大营养素。

1. 糖

糖类的生理功能主要有：①提供能源；②构成机体组织；③抗生酮作用；④解毒作用。糖类的供给量由人体工作强度决定，一般每人每天需400～500克，重体力劳动者可适当增加。糖类一般占每日总供热量的60%～70%，这主要取决于人们的饮食习惯和经济条件。糖类的主要来源是谷类和根茎类食品，如粮食和薯类中含大量的淀粉和少量的单糖、双糖。各种糕点、糖果及食糖也含有大量的糖类。蔬菜、水果中含有少量单糖、双糖。

2. 脂类

脂类的生理功能主要有：①供能和储能作用；②构成体脂及保护肌体作用；③供给人体必需的脂肪酸，调节人体生理机能；④溶酶作用。脂类的来源主要是烹调用油，包括植物油和动物油，每天50克，即可满足人体的需求。

3. 蛋白质

蛋白质的生理功能主要有：①创建肌体、修补组织；②构成人体重要物质，调节生理机能；③提供能量。蛋白质的来源有两类：一类是动物性食品，如蛋、奶、鱼、肉等；二类是植物性食品，如豆制品、粮食、薯类等。每日需要摄取约80克蛋白质，其中，植物蛋白质占60%，动物蛋白质占40%，就能满足人体的需求。

4. 膳食纤维

不溶性膳食纤维不能被人体消化吸收，对人体没有直接营养作用，但在人体新陈代谢中有着重要意义。膳食纤维可以促进肠道蠕动，减少有害物质与肠壁的接触时间，尤其是果胶类吸水膨胀后，有利于粪便排出，可以预防便秘、直肠癌、痔疮及下肢静脉曲张；促进胆汁酸的排泄，抑制血清胆固醇及甘油三酯的上升，可以预防动脉粥状硬化和冠心病等心血管疾病的发生；能促进人体胃肠吸收水分，延缓葡萄糖的吸收，改善耐糖量，增加饱腹感，可以作为糖尿病人的食品和减肥食品，改善神经末梢对胰岛素的感受性，降低对胰岛素的要求，可调节糖尿病人的血糖水平；减少胆汁酸的再吸收，预防胆结石的形成。可溶性食物纤维中的活性多糖类在人体生理上有许多特殊功能，如刺激抗体的产生，增强人体的免疫功能。一些活性多糖具有抗肿瘤活性，对癌细胞具有很强的抑制作用；延缓衰老；抗疲劳作用；降血脂抗血栓、保肝、抵抗放射性物质的破坏及增加白细胞含量，等等。膳食纤维的来源有谷物纤维、豆类纤维、水果蔬菜、微生物纤维、植物胶、多聚糖等。

5. 维生素

维生素是维持人体正常功能所必需的一类低分子有机物。维生素存在于天然食物中,它们在机体内不提供能量,机体摄入极少的数量即可满足正常的生理需要,但绝对不可缺少;体内合成的量较少,所以必须由食物供给。

6. 矿物质

矿物质是构成肌体的重要成分,可以调节渗透压维持体内酸碱平衡;参与体内的生物化学反应;维持神经和肌肉细胞的正常兴奋性。

(1) 钙。钙是人体中含量最多的矿物质,成人体内约含 200 克。食物中钙的来源以奶类制品最好,含量高且易被吸收,虾皮、海带、芝麻酱、豆制品也含有较多的钙。成人每天摄入量为 800 毫克,儿童和孕妇摄入量为 200 毫克。

(2) 碘。碘在人体内含量为 20~50 毫克,其中 20% 存在于甲状腺中。碘的来源主要是饮水、食物和食盐,成人每天摄入量为 50 微克,儿童略少,孕妇、乳母略高。食物中海产品含碘较多的有海带、紫菜、海鱼虾等。

(3) 铁。成人体内含铁 3~7 克。人体内铁的来源,一是体内衰老的或被破坏的含铁细胞中的铁,它可被反复利用;二是食物,主要有肝、肾、蛋黄、瘦肉、豆类、补铁调味品、粮食和蔬菜水果等。

(4) 锌。人体含锌约 2.5 克,约为铁的一半。锌主要由动物性食品提供。肉类、水产类含锌量较高。植物性食品中豆类含锌较高,谷类次之,蔬菜含量较低。

(5) 硒。硒在人体内含量为 421 毫克。硒主要存在于人的心、肝、肾、指甲、头发等部位。7 岁以上儿童至老年人每天摄入量为 50 微克。硒主要来源于海产品、动物内脏、肉类、豆类、谷类等。蔬菜、水果含量较低。

7. 水

食品中的营养成分只有在水溶液中才能被人体吸收。水,作为润滑剂可减少体内摩擦;作为载体可运输营养物质和代谢产物;血液中的水分可随循环调节体温。因此,人的生命活动都离不开水,水的重要性在特定情况下胜过其他营养素。人体中的水 50% 来源于液体食品如饮用水、饮料、汤汁、稀饭等,40% 来源于固体食品如饭、菜、水果等。此外,水还可由糖类、蛋白质、脂肪进行生物氧化产生。

讨论题: 你的膳食结构合理吗?

实 训 题

1. 选取规模适宜的茶庄进行实地调查,掌握茶叶的鉴别方法和保存方法。
2. 进行在校大学生网购服装鉴别技巧调查并写出调查报告。

CHAPTER 第10章

商品与环境

知识目标：
1. 掌握商品生产对环境的影响。
2. 掌握商品生产与资源的关系。
3. 探索可持续发展的途径。
4. 探索资源开发利用的途径。

能力目标：
思考环境与发展的关系，坚持可持续发展。

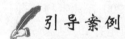

北京力保9·3阅兵仪式重现"APEC蓝"

《南华早报》7月24日报道，北京市环保局局长陈添说，9月3日抗战胜利70周年阅兵式的空气质量保障将"参照"去年APEC会议期间的方案。

阅兵式当天是公共假日，将在天安门广场举行阅兵。

京津冀及周边地区大气污染防治协作小组办公室专职副主任、北京市环保局副局长庄志东说，一个将由院士领衔、整合了首都和各省市科技资源的区域大气污染防治专家委员会就保障措施草拟计划和提供建议。京津冀及周边地区正在结成一个区域大气治理的"联盟"。

在2014年APEC峰会前夕，北京、天津、河北、山西、内蒙古和山东发起减排攻势。北京有关当局对空气质量进行监控，并出台一系列控制污染的措施，包括关闭工厂、汽车实行单双号上路。周边城市和省份也采取了类似的交通和排放控制措施。仅河北就有约1 000家工厂暂时关闭。结果，那段时间北京的PM 2.5平均浓度下降过半，整个区域的PM 2.5浓度降低了约三分之一。

北京市环保局7月22日表示，2015年北京已安排了4.6亿元帮助治理廊坊和保定的污染，而天津将向唐山和沧州提供4亿元用于治理污染。

北京市环保局大气污染综合治理协调处副处长刘欣介绍说，这些城市有许多钢铁、燃煤发电和生产水泥的企业，排放浓度很高。

> 庄志东介绍说,今年北京支持廊坊、保定的资金将用于大气污染治理,可淘汰10吨以下小燃煤锅炉约3 600蒸吨(工程术语,指锅炉每小时产生的蒸汽量——本报注),治理大锅炉约3 400蒸吨,减少燃煤77万吨。
>
> 资料来源:参考消息,2015-7-25

讨论题:
1. 阅兵式的力保"APEC蓝"这一行动,给我们带来哪些启示?
2. 如何持续保持"APEC蓝"?
3. 雾霾对经济发展产生了哪些不良影响?如何治理雾霾?

10.1 商品生产与可持续发展

10.1.1 环境概述

环境是指环绕着人类的空间以及其中直接或间接影响人类生存和发展的各种因素的总和。广义的环境概念既包括自然环境,也包括社会环境。但通常人们所说的环境,一般是指狭义的环境,即自然环境。

自然环境是地球的表层,由空气、水和岩石(包括土壤)构成大气圈、水圈、岩石圈,在这三个圈的交汇处是生物生存的生物圈。这四个圈在太阳能的作用下,进行着物质循环和能量流动,使人类和生物得以生存和发展。据统计,大自然中约有200万种生物,它们之间互相结合成生物群落,靠地球表层的空气、水、土壤中的营养物质生存和发展。这些生物群落在一定范围和区域内相互依存,同时与各自的环境不断地进行物质交换和能量传递,形成一个动态系统,即生态系统。

生态系统由动物、植物、微生物及其周围的非生物环境(又称无机环境、物理环境)四大部分组成,它们依靠物质和能量的交换,有机地结合在一起,形成一个四位一体的生态系统结构。生态系统的各组成要素都是相互联系的,如果人类活动干预某一部分,整个系统就会进行自动调节,平衡系统,恢复系统原态。比如池塘里的鱼被捕捞后,水生植物和浮游动物的天敌减少,水生植物和浮游动物就会迅速繁殖,这又有利于鱼类的生长繁殖。

10.1.2 商品生产导致环境污染

生态系统的组成成分越多样,能量流动和物质循环的途径就越复杂,调节能力就越强。但生态系统自身的组织或调节能力是有限的,如果人类进行强度干扰,自动调节就变得无济于事,生态系统的平衡就会遭到破坏。20世纪30年代,美国由于大规模地开垦西部草原,植被遭到破坏,地面失去保护,终于导致一场"黑风暴事件",刮走3亿多吨土壤,全国冬小麦一年减产50多亿千克。随着大机器工业的发展,人类商品生产水平迅猛提高,对环境的影响也急剧增大。尤其是20世纪,人类利用和改造环境的能力空前提高,规模逐渐扩大,创造了巨大的物质财富。据估算,现代农业获得的农产品可供养50亿人口,而原始土地上光合作用产生的绿色植物及其供养的动物,只能提供1 000万人的食物,由此可见,人类在环境中已处于主导地位。随着商品生产的规模越来越大,人类正以前所未有的速度利用和改造环境。

由于全球性的商品生产、贸易和消费的快速发展,使自然生态系统受到强度干扰和严重破坏。环境污染、生态失衡等一系列严峻问题摆在了人们面前,人类赖以生存的自然环境正处在危机之中。目前,环境污染的主要表现有以下几种。

1. 水污染

水、空气和食品是人类生命和健康的三大要素,人体50%～60%的重量是水分。水是人类的宝贵资源;没有水就没有生命。然而宝贵的生命资源却受到了严重的污染,当水中的有害物质超出水体的自净能力时,就发生了污染。水污染的主要来源是未处理的工业废水、生活废水和医院污水。大量的污染物首先排入河流,造成内陆水域污染,其次是湖泊和海湾的污染,海洋运输业的发展,又造成了严重的海洋污染。水污染直接危害到人类的健康,水中的致病微生物、病毒等可引起传染病的蔓延,水中的有毒物质可使人畜中毒,尤其是汞、镉、铬、铅等。据世界卫生组织统计,世界上有70%的人喝不到安全、卫生的饮用水;据联合国统计,世界上每天有25万人由于饮用污染的水而得病或由于缺水而死亡。水污染给渔业生产带来重大损失。严重的污染使鱼虾大量死亡;污染还干扰鱼类的洄游和繁殖,造成生长迟缓和畸形,鱼产量和质量大大下降,使许多优质鱼濒临灭绝;水污染对两栖类动物和海洋其他生物也有严重影响。

2. 大气污染

洁净的空气是生命的要素。清洁的空气中含有78%的氮气、21%的氧气和少量的二氧化碳、水蒸气和微量稀有气体。当大气中某些气体异常地增多或增加了新的成分时,大气就污浊了,当大气成分的变化增大至危及生物的正常生存时,就造成了大气污染。大气污染的来源有自然污染和人为污染两种。火山爆发、地震、森林火灾产生的烟尘、硫氧化物、氮氧化物,称为自然污染源;而人类的生产、生活活动形成的污染称为人为污染源。大气污染主要来源于人类的活动,特别是工业和交通运输,因而在工业区工厂烟囱废气和交通运输密集区铁路沿线、公路两旁、城市市区空气污染最为严重。在世界著名的八大公害事件中有五起是由大气污染造成的。大气污染尤其是煤粉尘污染是人类健康的大敌,大气污染还导致农业生产的巨大损失。少量二氧化硫气体就能影响植物的生活机能,水稻扬花时受到一次熏气,产量就下降85%。人类工业生产导致了大气污染,污染的大气又反过来严重制约着人类的生产和生活。减少空气污染,还我蓝天红日,成为世界各国人民的共同心声。

3. 土壤污染

土地是人类的衣食之本,在科学技术高度发展的今天,土地却遭受到了空前的破坏。土壤污染正在侵蚀和剥夺大片肥田沃土的生产力。土壤污染主要是指土壤中某些有害物质大大超出正常含量,土地无法消除这些有害物质影响的现象。严重的土壤污染可导致农作物生长发育减退甚至枯萎死亡等明显的后果,更多的土壤污染虽无明显表现却降低了农产品的质量,特别是通过农作物对有害物的富集作用,潜在地危害人畜健康。

土壤污染主要来源于工业废水、废气、废渣、化肥、农药以及生活污水等。工业生产中排放的"三废",会自然流入或随雨雪沉降在土壤中,其主要有烟尘、二氧化硫、氮氧化物以及放射性尘埃、重金属等;现代农业大量施用化肥产品,致使硝酸盐、硫酸盐、氯化物等无机物大量残留在土壤中,使土壤板结和盐渍化,从而使农作物减产;生活污水和人体排泄物的排放,在一定程度上会使土壤肥力增加,使农作物增产,但废水、废物中的病原菌、病毒、寄生虫等会进入农田,沉积于土壤中,造成土壤污染,从而可能引起人类的流行病、地方病、寄生虫病等。人类生产和生活活动一旦使土壤被污染,其影响就很难被消除。有机农药分解很慢,重金属不分解,污染的土地即使在不再继续被污染的情况下,三五年内仍含较高的有害物质,并可通过食物链危害人类。所以,严重污染的土地上的植物不但不能食用,也不能用做饲料和肥料。

4. 食品污染、垃圾污染、空间污染

水、大气和土壤的污染,必然导致食品污染。食品污染是指人们食用的各种食品,如粮食、水果、蔬菜、鱼、肉、蛋等在生产、运输包装、储存、销售、烹调过程中,混进了有害有毒物质或者病菌。食品污染可分为生物性污染和化学性污染两大类。生物性污染是指有害的病毒、细菌、真菌以及寄生虫污染食品。细菌中如变形杆菌、黄色杆菌、肠杆菌可直接污染动植物食品,真菌中的霉菌有些可以为人类食用,如腐乳酱制品都离不开霉菌,但其中百余种菌株会产生毒素,毒性最强的是黄曲霉素,主要污染在花生、玉米上。化学性污染是由有害、有毒的化学物质污染食品引起的。各种农药是造成食品化学性污染的一大来源,还有含铅、镉、铬、汞、硝基化合物等有害物质的工业废水、废气、废渣;食用色素、防腐剂、发色剂、甜味剂、固化剂、抗氧化剂;作为食品包装用的塑料、纸张、金属容器,等等。我们不仅要注意饮食卫生,更要从食品生产、加工、运输、储存、销售等各个环节着手,才有可能从根本上防止食品污染。

垃圾侵占土地,堵塞江湖,有碍观瞻,危害水源、土壤及农作物生长和人体健康的现象,称作垃圾污染。工业废渣和生活垃圾是垃圾的主要构成。工业废渣是指工业生产、加工过程中产生的废弃物,主要包括煤矸石、粉煤灰、钢渣、高炉渣、赤泥、塑料和石油废渣等;生活垃圾主要是厨房垃圾、废塑料、废纸张、碎玻璃、金属制品等。在城市,由于人口不断增加,生活垃圾正以每年10%的速度增加,构成一大公害。垃圾的严重危害主要是侵占大量土地、污染农田、污染地下水、污染大气,甚至传播疾病。随着社会商品生产的发展,人们消费水平不断提高,城市垃圾大量增加,垃圾处理已成为城市环境综合整治中的紧迫问题。

宇宙航天事业的发展,给人类展示了飞出地球的美好前景,但也给地球周围的宇宙空间带来了污染。人类丢弃的人造卫星和火箭的碎片基本处于无人管理且不断增加的状态,将来很可能会危及人类在宇宙空间的活动。因此,现在越来越多的人呼吁,尽早找出治理宇宙空间垃圾的办法。

5. 温室效应、臭氧层破坏和酸雨

温室效应、臭氧层破坏和酸雨是当今全球性的三大环境问题。所谓温室效应,就是太阳短波辐射可以透过大气射入地面,而地面增暖后放出的长波辐射却被大气中的二氧化碳等物质吸收,从而产生大气变暖的效应。除二氧化碳以外,对产生温室效应有重要作用的气体还有甲烷、臭氧、氯氟烃以及水汽等。随着人口的急剧增加,工业生产的迅速发展,排入大气中的二氧化碳相应增加;又由于森林被大量砍伐,应被森林吸收的二氧化碳未能被吸收而排入大气中,加剧了温室效应。据分析,在过去的两千年中,二氧化碳浓度增加了 25%,地球平均气温上升了 0.5℃,估计到 22 世纪中叶,地球表面平均温度将上升 4～5℃。温室效应的后果十分严重。首先是自然生态将随之发生重大变化,荒漠扩大、土地侵蚀加重、森林退向极地、旱涝灾害严重、雨量增加,迫使原有的水利工程重新调整。其次是沿海将受到严重威胁。由于气温升高,两极冰块在一定程度上融化,将使海平面上升 1 米多,再加上海水体积膨胀,将会淹没许多沿海城市和港口。

臭氧是大气中的微量元素,是一种具有微腥臭、浅蓝色的气体,主要密集于离地面 20～25 千米的平流层内,科学家称之为臭氧层。臭氧层犹如地球的保护伞,阻挡了太阳 99% 的紫外线辐射,保护着地球上的生灵万物。科学家考察发现,在北美、欧洲、新西兰上空,保护地球的臭氧层正在变薄,南极上空的臭氧层已经出现了"空洞"。臭氧层减小以及南极上空出现"空洞"的主要原因,一是自然因素,太阳黑子爆炸时发出许多带电质子,轰击地球上层大气,对臭氧有破坏作用;二是人为因素,人类在使用冷冻剂、消毒剂、起泡剂和灭火剂等化学制品时,向大气中排放的氯氟烃等气体在紫外线照射下会放出氯原子,氯原子夺去臭氧中的氧原子,使臭氧变成纯氧,从而使臭氧层遭到破坏。近年来,全世界科学家都在呼吁,拯救臭氧层,禁止使用氯氟烃。1987 年 9 月,24 个国家在加拿大蒙特利尔签订了《蒙特利尔控制可破坏臭氧层物品协定》,规定到 20 世纪末,将氯氟烃的使用量减小到 1986 年水平的一半。科学家指出,即使立即禁止使用氯氟烃,已经减小的臭氧层也要很长时间才能弥补过来。

酸雨是造成全球性环境污染的又一个元凶,它是大气污染后产生的酸性沉降物。因为人们最早是在雨中发现这种沉降物的,所以习惯上称为酸雨。酸雨是一种复杂的大气化学和大气物理现象。酸雨中含有多种无机酸和有机酸,绝大部分是硫酸和硝酸。工业生产、居民生活燃烧煤炭排放出来的二氧化硫,燃烧石油以及汽车排放出来的氮氧化物,经过"云内成雨过程"形成硫酸雨滴和硝酸雨滴,又经过"云下冲刷过程"即含酸雨滴在下降过程中不断合并、吸附、冲刷其他含酸雨滴和含酸气体形成大雨滴,最后降落在地面上,形成了酸雨。硫和氮是营养元素,弱酸性降水可溶解地面中的矿物质,供植物吸收,但如果酸性过强,就会产生严重危害,酸雨就成为空中降下的"死神",它会使大片森林死亡、农作物枯萎。我国名胜峨眉山,风景秀丽,但近十年来,酸雨已造成冷杉林成片死亡,不但景观全非,就连猴子也跑到其他山沟里去了。1997 年 11 月,酸雾、酸雪、酸雨在短短 20 天中相继袭击济南,创下了中国环保史上罕见的纪录,人们呼吸不畅、口痒鼻塞、眼受刺激,医院人满为患;1994 年重庆及附近地区下了数场黑雨,色如墨汁且有强酸性;1991 年我国喜马拉雅山区下了数场黑雪,人迹罕至的世界屋脊也未能逃出"空中死神"降下的灾难。酸雨能改变土壤结构,使湖泊、河流酸化,并溶解土壤和水体底泥中的重金属进入水中,毒害鱼类、威胁人类健康。它还会加速建筑物和文物古迹的腐蚀和风化过程。酸雨的降临,一次次地向人们发出了环境保护的警戒。

6. 自然生态系统遭到破坏,生物资源衰退

近两千年来,由于自然环境的变化,全世界约有 110 多种兽类和 130 多种鸟类从地球上消失,其中有物竞天择、适者生存的自然规律在起作用,但同时也有人为因素的介入。尤其是 19 世纪中叶以来,在短短一个半世纪的时间内,人类已使 75 种鸟类和哺乳动物绝种,使359种鸟类和297种兽类面临灭绝的危险。据估计,现在全世界有2 500种植物和1 000多种脊椎动物濒临灭绝。

生物资源衰退的原因,首先是生态环境的破坏,随着人口增长和森林砍伐,生物失去了生长繁殖的栖息环境;其次是滥伐乱捕,这直接导致许多植物品种衰竭和野生动物灭绝;同时工业"三废"的排放和化学农药的使用,污染了大气、水体和土壤,危害生物生存,使野生动植物数量明显下降。因此,保护生物资源已成为全球性的迫切任务。

资料链接 10-1

世界八大公害事件

1. 马斯河谷事件:1930年12月1～5日　比利时马斯河谷工业区

马斯河谷工业区处于狭窄的盆地中,1930年12月1～5日发生气温逆转,工厂排出的有害气体在近地层积累,三天后有人发病,症状表现为胸痛、咳嗽、呼吸困难等。一周内有60多人死亡。心脏病、肺病患者死亡率最高。

2. 多诺拉事件:1948年10月26～31日　美国宾夕法尼亚州多诺拉镇

多诺拉镇处于河谷,1948年10月最后一个星期大部分地区受反气旋和逆温控制,加上26～30日持续有雾,使大气污染物在近地层积累。二氧化硫及其氧化作用的产物与大气中的尘粒结合是致害因素,发病者5 911人,占全镇人口的43%。症状是眼痛、喉痛、流鼻涕、干咳、头痛、肢体酸乏、呕吐、腹泻,死亡小于17人。

3. 洛杉矶光化学烟雾事件:20世纪40年代初期　美国洛杉矶市

洛杉矶全市250多万辆汽车每天消耗汽油约1 600万升,向大气排放大量碳氢化合物、氮氧化物、一氧化碳。该市临海依山,处于50千米长的盆地中,汽车排出的废气在日光作用下,形成以臭氧为主的光化学烟雾。

4. 伦敦烟雾事件:1952年12月5～8日　英国伦敦市

1952年12月5～8日英国几乎全境被浓雾覆盖,四天中死亡人数较常年同期约多4万人,45岁以上的死亡最多,约为平时的3倍;1岁以下死亡的,约为平时的2倍。事件发生的一周中因支气管炎死亡是事件前一周同类人数的93倍。

5. 四日市哮喘事件:1961年　日本四日市

1955年以来,四日市石油冶炼和工业燃油产生的废气,严重污染城市空气。重金属微粒与二氧化硫形成硫酸烟雾。1961年哮喘病发作,1967年一些患者不堪忍受而自杀。1972年该市共确认哮喘病患者达817人,死亡10多人。

6. 米糠油事件:1968年3月　日本北九州市、爱知县一带

生产米糠油用多氯联苯作脱臭工艺中的热载体,由于生产管理不善,混入米糠油,人食用后中毒,患病者超过1 400人,至七八月份患病者超过5 000人,其中16人死亡,实际受害者约13 000人。

7. 水俣病事件：1953—1956 年　日本熊本县水俣市

含甲基汞的工业废水污染水体，使水俣湾和不知火海的鱼中毒，人食用毒鱼后受害。1972 年日本环境厅公布：水俣湾和新县阿贺野川下游有汞中毒者 283 人，其中 60 人死亡。

8. 痛痛病事件：1955—1972 年　日本富山县神通川流域

锌、铅冶炼厂等排放的废水污染了神通川水体，两岸居民利用河水灌溉农田，使稻米和饮用水含镉而中毒，1963—1979 年 3 月共有痛痛病患者 130 人，其中死亡 81 人。

资料链接 10-2

电池生产与环境污染

（1）锌锰电池

我国是世界锌锰干电池第一生产大国，这类电池的危害，主要是其中所含的汞和酸、碱等电解质溶液，在废弃后可能进入环境中造成的危害。重金属汞能够引发中枢神经系统疾病，是日本"水俣病"的罪魁祸首。近年来，这类电池已应用了无汞锌粉，因此使这种电池成为一种绿色电池，并成为原电池中的主流产品。工业发达国家的锌锰电池日趋向小型化、高功率化、高能化、无汞化发展，并开发成能全充放的碱锰电池，美国一家公司已推出可充碱锰电池，产品应用处于缓慢增长中。这种电池保持了原电池的放电特性，而且能再充电使用几十次至几百次（深充放电循环寿命约 25 次）。

（2）纽扣电池

纽扣锌银电池广泛地用于电子钟表、计算器、助听器等，已成为人们熟悉的电池品种。这类电池的危害也主要是汞、镉和银的危害。据有关资料，一颗纽扣电池产生的有害物质能污染 60 万升水。

（3）锂电池

锂电池是用锂作为负极材料的各类系列电池的统称，包括一次性电池和金属锂、锂离子二次电池。具有比较量高、储存寿命长、工作温度范围宽等优点。用于手表、照相机、计算器、计算机存储器后备电源、心脏起搏器、安全报警器等。一些厂商纷纷推出不同的吸锂材料，开发和生产了锂离子蓄电池。锂离子蓄电池是 1990 年索尼推出的新型电池，1992 年才商品化。我国已研制成个别系列的锂蓄电池，还不能商品化，对锂离子蓄电池研制也刚刚开始。对于这类电池，危害相对较小，对它的回收利用，主要是回收其有用成分锂。

（4）碱性蓄电池

碱性蓄电池有锌银、镉镍、铁镍、镍氢等系列电池。锌银电池我国能正式生产的有高、中、低放电率蓄电池，密封蓄电池，干荷式蓄电池，人工和自动激活式电池。镉镍蓄电池是目前使用面最广的电池系列。近十年世界镉镍电池发展很快，销售额达 30 亿美元，家用的占 60%；仅移动通信年需即 15 亿只以上。镍氢蓄电池包括高压镍氢蓄电池和金属氢化物镍蓄电池,发展异常迅速,正在逐步取代镉镍。镉镍电池是环境污染问题所重点关注的一类电池,镉是毒性很大的物质,具有致癌性,主要危害肾毒性,其后继发骨疾——骨质疏松、软骨病和骨折,即所谓的"痛痛病"。镍也具有致癌性,对水生物具有明显危害性,镍盐能引起过敏性皮肤炎。据美国 EPA 调查,废弃镉镍电池的镉占城市固体垃圾中镉总量的 75%。美国 1996 年通过电池法案,要求淘汰在电池中使用汞和建立有效的回收方法回收镉镍电池。

(5) 铅酸蓄电池

铅酸蓄电池是目前世界上产量最大、用途最广的一种电池,销售额占全球电池销售额的 30% 以上。我国铅酸蓄电池年产量近 3 000 万只。这类电池的污染主要是重金属铅和电解质溶液的污染。铅能够引起神经系统的神经衰弱、手足麻木,消化系统的消化不良,血液中毒和肾损伤。

(6) 废电池中的重金属污染物在环境中的迁移

废弃以后的镉镍电池和含汞电池等含有有害物质,进入环境后,会因长期腐蚀作用而破损,导致重金属和酸碱电解液逐渐泄漏出来,污染环境,长期作用,可能直接或间接危及人类健康。废电池中的重金属污染物在环境中的迁移途径主要是,首先废电池进入城市生活垃圾,随生活垃圾进入填埋、焚烧、堆肥的过程中。我国目前填埋处置水准较低,许多垃圾处于简单堆放状态,废电池的重金属会通过渗漏作用直接污染水体和土壤。在土壤和水体中的重金属离子会被植物的根系吸收,当牲畜以植物为食料时,体内就积累了重金属,经过这条食物链的生物放大作用,重金属就会在人体内富集,在某些器官中积蓄造成慢性中毒,损害人的神经系统及肝脏功能。而在焚烧的过程中,废电池中的重金属会因高温挥发而被烟气带走,进入空气中的重金属可通过呼吸直接进入人体。

10.1.3 可持续发展战略

1. 可持续发展的概念

20 世纪 80 年代以来,环境的全球性恶化及其严重影响凸显在世人面前,使人类不得不重新审视自己所追求的发展目标和消费模式。人类在总结传统发展模式经验教训的基础上,提出了"可持续发展"理论。1989 年 5 月,联合国环境署第 15 届理事会期间,各国达成共识,发表了《联合国环境署第 15 届理事会关于"可持续发展"的声明》。

可持续发展是指满足当前需要而又不削弱子孙后代满足其需要之能力的发展,而且绝不包含侵犯国家主权的含义。可持续发展的实现,涉及国内合作及跨越国界的合作,包括发达国家按照发展中国家的发展计划、轻重缓急及发展目的,向发展中国家提供援助,从而使各国特别是发展中国家的经济能持续增长与发展。可持续发展还意味着维护、合理使用并且提高自然资源基础,这种基础支撑着生态抗压力及经济的增长。其核心思想是健康的经济发展应建立在生态可持续能力、社会公正和人民积极参与自身发展决策的基础上。它所追求的目标是:既要使人类的各种需要得到满足,个人得到充分发展,又要保护资源和生态环境,不对后代人的生存和发展构成威胁。

可持续发展强调环境与经济协调发展,追求人与自然的和谐,即经济发展应建立在生态持续能力上,并保证环境不对后代人的生存和发展构成威胁。

2. 可持续发展的特点

(1) 强调环境保护与经济发展的相互依赖性

现代文明的发展越来越依靠环境与资源基础的支撑,但随着环境恶化和资源耗竭,这种支撑已越来越薄弱和有限。因此经济越高速发展,越需要加强环境与资源保护,以期获得长期持久的支撑能力。这是可持续发展区别于传统发展的重要标志。

(2) 改变传统的生产与生活方式

依赖高消耗、高投入、高污染和高消费带动与刺激高速经济增长的经济发展模式,必须转变为依靠科技进步和提高劳动者素质来促进经济增长的新模式,才能不断开发新能源和先进生产技术,降低单位产品的能耗和物耗,实现少投入多产出,减小经济发展对资源和环境的依赖,减轻对环境的压力。

3. 可持续发展的原则

(1) 公平性原则

可持续发展强调本代人之间的公平、代际间的公平和资源分配与利用的公平。

(2) 持续性原则

持续性原则的核心是人类经济和社会的发展不能超越资源和环境的承载能力,即在满足需要时,必须有限制因素,也就是说发展中包含着制约的因素。

(3) 共同性原则

国情不同,实现可持续发展的具体模式也是多样的,但上述公平性原则和持续性原则是共同的,并且实现可持续发展的总目标,应有全球的联合行动,认识到我们的家园——地球的整体性和相互依存性。

1972 年,联合国人类环境会议通过了《人类环境宣言》,呼吁各国政府和人民为维护和改善人类环境,造福全人类和子孙后代而共同努力。1992 年联合国环境与发展大会通过了《21 世纪议程》等一系列重要文件。《21 世纪议程》是在全球区域内和各国范围内实现可持续发展的行动纲领,涉及国民经济和社会发展的各个领域,它虽不是一个具有法律约束性的文件,但代表了最高级别的政治承诺,为在全球推进可持续发展战略提供了行动准则。

可持续发展是人类社会发展模式的一次历史性转变,它标志着人类已经进入一个新的阶段。目前,可持续发展已经成为全球社会经济活动的主题,改革开放的中国在这样的背景下正在加快现代化建设的步伐,在其发展过程中必然应把可持续发展放在重要的战略地位。党的十五大报告作为跨世纪的纲领性文件,再次重申:"我国是人口众多、资源相对不足的国家,在现代化建设中必须实施可持续发展战略。"提出计划生育和保护环境的基本国策,以正确处理经济发展同人口、资源、环境的关系;提出资源开发与节约并举,把节约放在首位,提高资源利用效率;统筹规划国土资源的开发和整治,严格执行土地、水、森林、矿产、海洋等资源管理和保护的法律;实施资源有偿使用制度;加强对环境污染的治理,植树种草,搞好水土保持,防治荒漠化,改善生态环境;控制人口增长,提高人口素质。我国在可持续发展战略的实施过程中已经迈出了坚实的步伐。在环境保护方面,我国政府制定了《污染物排放总量控制计划》和《中国跨世纪绿色工程计划》,提出到2010年基本改善生态环境恶化的状况,城乡环境有比较明显的改善。我国已经形成了以《中华人民共和国环境保护法》为主体的环境保护法律体系,环境立法基本完备。在人口方面,我国不但控制了人口数量,也在努力提高人口素质,为世界人口数量的控制做出了贡献。在资源利用方面,根据可持续发展的战略要求,我国进行了城市总体规划的编制,提出了治理开发沙漠化土地的规划目标,国土整治工作也取得了重大进展。

10.2 商品生产与资源开发

10.2.1 资源概述

1. 资源概述

资源是人类赖以生存的物质基础,人们从自然界获取物质资源,进行加工改造,创造社会财富,满足自身需要,不断地促进人类的进步。自然资源是指一切为人类提供福利的、在自然生成演化中形成的各种物质形态,如水、空气、土壤、动植物、矿物、能源、自然景观等。

2. 自然资源的分类

(1) 按其根本属性,一般分为气候资源、生物资源、水资源、土地资源、矿物资源五类,也有人把海洋资源、能源资源、景观资源单独列出,形成八类。

(2) 按其可利用性能,又可分为再生资源和非再生资源两类。

再生资源是指通过天然作用或人工作用,能为人类反复利用的各种资源,如土地资源、水资源、气候资源、生物资源等,这些资源都有各自的生成变化规律,同时又相互联系,相互影响。

非再生资源是指人类开发利用后,在现阶段不能再利用的自然资源,如经过漫长的地质时代和复杂的化学变化而形成的矿产资源,包括煤、石油、天然气、铀等能源资源,它们形成的速度根本无法与人类开采的速度相比,因而被认为是非再生资源。

各类自然资源是一个有机的系统,该系统内各要素之间相互联系,相互制约,使系统具有特定的功能,一旦某一要素受到人为的破坏,必然影响其他要素性能的发挥,从而影响自然资源系统的整体功能。如生物资源中的森林资源受到严重的砍伐和破坏,必然影响到水资源的数量和净化,气候条件必然发生恶性变化,风沙大起,土地资源受到侵袭等。

3. 自然资源的特性

(1) 整体性

任何系统都是由各要素构成的一个整体,其中任何一种资源条件发生变化,都会不同程度地引起其他资源条件的相应变化。因此,在自然资源的开发利用和保护上,应着眼全局,综合规划,注重经济效益和生态效益的统一。

(2) 区域性

自然资源的地理分布和自然组合因受到一些主要因素的影响,而呈现出区域性特点。

这些影响因素主要有地球与太阳相对位置及其变化规律所造成的自然资源的区域性特征;人类生产活动所形成的自然资源的区域性差异。人们在开发利用自然资源时,应考虑自然资源的区域特征,节约资源利用,进行深度加工和转化,以获得良好的经济效益,为可持续发展提供资源保障。

（3）有限性

有限性是指自然资源在一定的时空条件下的有限存在和有限利用。即使是可再生资源,由于其所能提供的数量受到限制,或是再生能力有限,或是在重复利用过程中必然产生能量和物质损耗,因而不可能是取之不尽、用之不竭的。所以,人们应珍惜所有自然资源,彻底根除为了短期利益而盲目开发和掠夺资源的短视行为,为子孙后代留下一片赖以生存的空间。

（4）多用性

任何自然资源都是由多种成分组成的,因而具有多种用途和多种利用方式,这就决定了资源在开发利用时要选择最佳成分、用途,进行最有效的开发,做到经济上合理,技术上先进,避免废弃资源对自然环境的污染和对人类的危害。

10.2.2 商品生产导致资源短缺

资料链接 10-3

"环境会计"

从18世纪60年代的英国工业革命开始,日益先进的现代工业在为人类社会提供丰富物质产品的同时,也造成日趋严重的环境污染。人类社会发展所依赖的物质资源和生态环境,已呈现出日渐衰竭的征兆,从而使全球经济发展的自然物质基础发生动摇。为解决这一矛盾,部分西方经济学家、环境学家、社会学家和生态学家自20世纪70年代开始,着手研究经济和环境的协调发展问题。1971年,比蒙斯(F. A. Beams)在《会计学月刊》上发表了《控制污染的社会成本转换研究》;1973年,马林(J. T. Marlin)在《会计学月刊》第2期上发表了《污染的会计问题》,从此绿色会计的研究和发展逐渐进入人们的视野。1992年,世界环境与发展国家首脑会议通过了保护世界环境的四个纲领性文件,环境问题受到关注;1999年,联合国讨论通过了《环境会计和报告的立场公告》,形成了系统、完整的国际环境会计与报告指南。各国政府纷纷研究建立本国的环境会计体系,中国于2001年3月成立了"绿色会计委员会";2001年6月,经财政部批准,中国会计学会成立了第七个专业委员会——环境会计专业委员会,标志着中国绿色会计研究进入新的阶段。

环境会计又称绿色会计,它是以货币为主要计量单位,以有关法律、法规为依据,计量和记录环境污染、环境防治、环境开发的成本费用,同时对环境的维护和开发形成的效益进行合理计量与报告,从而综合评估环境绩效及环境活动对企业财务成果影响的一门新兴学科。它试图将会计学与环境经济学相结合,通过有效的价值管理,达到协调经济发展和环境保护的目的。

> 国外将利用货币工具对环境问题进行管理的范畴统称为环境会计,包括宏观和微观两个方面。宏观环境会计主要着眼于国民经济中与自然资源和环境有关的内容,是运用物理和货币单位对国家自然资源的消耗进行的计量,因此,也常被称为"自然资源会计"。微观的环境会计主要反映环境问题对组织财务业绩的影响以及组织活动所造成的环境影响,一般分为环境差别会计和生态会计两大类。
>
> 资料来源:百度百科,2015-8-26

1. 商品生产导致资源短缺

自然资源是商品生产和消费的最终物质和能量来源,是支撑人类社会发展的基本物质资料,是人类赖以生存繁衍的物质基础。随着人类社会的不断发展,世界人口急剧增加,大规模的工业生产使人类对自然资源的消耗量急剧上升,再加上不合理的开发和利用所造成的资源浪费与破坏,导致了资源短缺甚至枯竭,使人类生存受到严重威胁,人类面临着全球性的资源危机和资源短缺。

目前全球淡水不足的陆地面积约占60%,淡水资源仅占其总水量的2.5%,其中70%以上被冻结在南极和北极的冰盖中,加上难以利用的高山冰川和永冻积雪,有86%的淡水资源难以利用。人类真正能够利用的淡水资源是江河湖泊和地下水中的一部分。有20亿人口饮用水紧缺,10亿以上人口饮用被污染的水。专家估计,到2025年世界缺水人口将超过25亿。

另据2013—2014年《世界资源报告》披露,世界粮食生产和粮食消费模式亟须改善。目前有20亿人口从事农业生产,而在今后数十年内,农业必须为不断增加的人口提供足够的粮食,并为经济和社会的全面发展提供动力。可是,农业对环境产生的巨大影响不断加剧,给未来粮食生产带来风险。

目前农业贡献了全球温室气体排放总量的近四分之一,农业用水量占全球淡水消耗量的70%。随着人口继续增长,未来数十年全球将有另外数十亿人口成为中产阶级,这将导致上述趋势愈演愈烈。在坚守到2050年全球气温上升不超过2℃目标的前提下,到2050年仅仅农业就将占用全球温室气体排放总配额的70%。

这是一项巨大的挑战:为了到2050年能够养活超过90亿的全球人口,必须填补当前粮食产量和21世纪中叶粮食需求之间70%的粮食缺口。同时,为了推进可持续发展,我们必须在填补粮食缺口的同时,提升贫困农民的生活水平,减少农业对环境的影响。如果环境影响问题得不到解决,土壤退化、水资源短缺、气候变化等不利影响将抑制未来数十年的粮食生产。

2. 我国的资源状况

(1)水资源总量缺乏,我国是一个干旱、缺水严重的国家。我国的淡水资源总量为28 000亿立方米,占全球水资源的6%,仅次于巴西、俄罗斯和加拿大,名列世界第四位。但是,我国的人均水资源量只有2 300立方米,仅为世界平均水平的1/4,是全球人均水资源最贫乏的国家之一。然而,中国又是世界上用水量最多的国家,大约占世界年取用量的13%。

(2)森林资源匮乏,森林覆盖率低。我国仍然是一个缺林少绿、生态脆弱的国家,森林覆盖率远低于全球31%的平均水平,人均森林面积仅为世界人均水平的1/4,人均森林蓄积只有世界人均水平的1/7,森林资源总量相对不足、质量不高、分布不均的状况仍未得到根本改变,林业发展还面临着巨大的压力和挑战。

（3）耕地资源不足,人均耕地少。中国的土地资源中耕地大约占世界总耕地的7%。但人均占有耕地的面积相对较小,只有世界人均耕地面积的1/4。人均耕地面积大于0.13公顷的省、自治区主要集中于我国的东北、西北地区,但这些地区水热条件较差,耕地生产水平低。自然和生产条件相对较好的地区,如上海、北京、天津、湖南、浙江、广东和福建等,人均耕地面积小于0.07公顷；有些地区,如上海、北京、天津、广东和福建等甚至低于联合国粮农组织提出的人均0.05公顷的最低界限。该组织认为低于此限,即使拥有现代化的技术条件,也难以保障粮食自给。人多地少、耕地资源不足是我国的基本国情,耕地问题已成为长期制约农业乃至国民经济发展的重要因素。近10年来,我国一方面因人口大量增加造成人均耕地明显减少,另一方面各项建设和事业发展及荒漠化导致耕地净减少十分突出。作为世界上荒漠化最为严重的国家之一,荒漠化对耕地的侵袭十分惊人,已经成为我国的心腹之患。耕地面积大规模锐减,缩小了我国的生存和发展空间,造成了严重的经济损失,加剧了"三农"即农业、农民和农村问题,严重威胁着国民经济的持续协调发展。

（4）化学资源、矿产资源和能源资源等存在结构性的短缺。除煤炭资源、化学资源较为丰富外,其余较丰富的多为经济建设需求量较小的金属和非金属矿藏,这是总体资源的结构性短缺的具体表现;我国石化能源中石油、天然气等优质能源所占比例偏低,煤等非优质理想能源所占比例过高,是同类资源的结构性短缺;我国铁、磷等矿产资源也较丰富,但多为贫矿,增加了开采成本或难度,存在着开发条件的结构性短缺。

10.2.3 资源的开发和利用

1. 资源的开源节流和综合利用

资源的开源节流是由自然资源的有限性决定的,因此在开发利用资源时,必须注重节约现有资源,提高其利用率。资源的综合利用一是指某种资源多种成分、多种用途的综合利用;二是指某一地域范围内多种资源的综合利用,它是由资源的多用性和区域性决定的。资源的综合利用有赖于各种资源自然性能的分析,以此为基础,探寻资源的各种功效,以充分发挥各种资源的使用价值。同时,国家在资源利用方面要进行统筹规划,制定科学的商品标准和资源利用细则,以规范资源利用行为,这不仅有助于提高资源的利用率,缓解能源及其他短缺资源的供求矛盾,而且有利于减小环境污染,维护生态平衡。据统计,中国矿山资源综合利用率仅为20%；废纸资源利用率只有32%。从理论上讲,生产的技术和管理水平决定了资源利用率的高低。实际情况也证明了这一点。国家发改委主任曾指出,我国钢铁、有色、电力、化工等8个高耗能行业单位产品能耗比世界先进水平平均高40%以上,单位建筑面积采暖能耗相当于气候条件相近的发达国家的2～3倍,工业用水重复利用率比国外先进水平低15～25个百分点,矿产资源总回收率比国外先进水平低20个百分点,如果我国的资源利用效率达到国外先进水平,按单位产品能耗和终端用能设备能耗计算的存量节能潜力可达3亿吨标准煤。国务院发展研究中心研究员指出,目前我国粮食作物的平均水分生产率约为每立方米水产出 1 千克粮食,仅是发达国家的一半,节能型居住建筑仅占全国城市居住建筑面积的 3.5%。这些数据说明,我国的资源利用率在世界上还处于相对较低的位置。资源不能充分利用是对资源的变相浪费。

2. 资源的再生利用和科学开发

自然资源为商品生产、消费提供了物质来源,是社会经济发展的物质基础。为了促进社会经济的可持续发展,为了保护子孙后代的利益,必须进行资源的科学开发,利用现代科学技术开辟新的资源领域,寻求新的可替代性资源,探寻资源再生利用的方法。在开发过程中,要对资源的开发计划进行深入细致的科学论证,既要考虑到地理、地质、技术、开采设施、运输条件和资金等因素,又要考虑到市场需求、资源保护等因素;既要考虑到眼前的经济利益,又要注重长远的生态环境效益,以提高资源开发的科学性。如我国除了在煤炭、石油、天然气等现有能源开发利用中要加强发明和利用适合我国国情的、有效的节能设备和技术以外,还应大规模地开发和利用水能、核能,合理利用自然水资源发展水力发电,建立水电站;合理利用核能,开发利用核资源;合理开发新能源,用无污染能源代替煤炭资源,并努力研究开发风能、太阳能、地热能、海洋能等可再生资源。积极回收利用水资源,积极发展回收物流等逆向物流,把再生资源和开发资源有机地结合起来。

复习思考题

一、判断题

1. 所有的资源都是不能再生的。(　　)
2. 环境包括自然环境和社会环境,主要指社会环境。(　　)
3. 20 世纪 80 年代以来,人类在总结传统发展模式的经验教训的基础上,提出了"可持续发展"理论。(　　)
4. 自然资源按其根本属性可分为再生资源和非再生资源两类。(　　)

二、简答题

1. 自然资源有哪些特性?
2. 如何进行资源的开发和利用?
3. 联系实际谈谈环境保护的意义。

三、案例分析题

罗斯福和美国的自然资源保护

美国人的环境观,是在对大自然的征服及因此而得到的惩罚性回报中艰难走过来的。这当中,1901—1909 年出任美国总统的西奥多·罗斯福功不可没。他认为,自然资源尤其是生物资源的高效和持续利用,是保障社会与经济可持续发展的基础。

在殖民地时代和建国之初,美国人认为自然资源似乎是取之不尽、用之不竭的。到了 19 世纪后期,随着工业的迅速发展,对自然资源的浪费和破坏已极为严重。水污染、核污染、化学污染,以及汽车工业的飞速发展所带来的空气和噪声污染等随之而来,煤烟使匹兹堡因空气混浊而闻名;田纳西首府纳什维尔亦因空气污染而被称作"烟雾乔易"……

美国有组织的自然资源保护运动和系统的政策始于西奥多·罗斯福执政时期。罗斯福从小热爱自然，大量阅读各种有关自然的书籍，在哈佛大学时受过多门自然科学课程的正规教育和训练，进行过大量的野外科学考察。

1884年6月，罗斯福来到西部达科他州，在巴特兰兹开始了两年半的牧场主生活。他一面经营牧场，一面重新开始野外狩猎，观察和研究动物，同时从事西部史的研究。这时罗斯福不仅表现出对动物研究更加浓厚的兴趣，而且产生了对自然荒野的无限依恋。西部生活不仅使他的感情更接近大自然，而且使他对西部干旱缺水、土地投机盛行和土地荒弃现象以及农、牧场主的疾苦有了切实的了解。

罗斯福是美国自然资源保护运动最早的开创者之一。1887年，罗斯福与自然学家乔治·格林内尔共同建立布恩-克罗克特俱乐部并创办《森林与河流》刊物，努力倡导保护森林和野生动物。在罗斯福任俱乐部主席期间，俱乐部为保护黄石国家公园，推动制定公园保护法，建立国家动物园，保护森林和野生动物做出了重大贡献。

罗斯福在任期间，在资源保护问题上受基福德·平肖的影响颇深，他痛恨一切掠夺和滥用资源的行为。他认为，美国的资源是有限的，因此，应当最有效地合理利用以改善美国人的生活。与此同时，他认为最宝贵的自然财富是美国人民，所以保护人类的健康是他所倡导的资源保护运动的核心内容。他清楚地认识到森林与水土保持的关系。他曾指出，森林受到破坏必然会造成干旱与洪灾。他支持平肖关于将自然资源收归国有的主张，并在任期内实行了一系列措施。在他任内，共收回约1亿英亩土地。

罗斯福在野生动物保护上也贡献突出。他在任期内共建立了5处国家公园、4处供狩猎的大型野生动物保护区和51处鸟类禁猎区，使美国在野生动物保护方面走在世界前列。

为了进一步推进国家公园建设，1903年3月1~14日，罗斯福邀请自然学家约翰·伯勒斯一起游览黄石国家公园，15~18日，罗斯福又与缪尔在约塞米蒂国家公园进行了为期4天的考察。1903年4月，在黄石国家公园大门通道奠基仪式上，罗斯福说："就我所知，黄石国家公园在世界上是独一无二的……这种伟大的自然场所是为全体人民创立和保存的，对国家是一份功劳。"在罗斯福总统敦促下，美国国会在他任期内又通过法令增加了火山口湖、普拉特、风洞、萨利希尔和弗德台地5个国家公园，用于保护自然景观、印第安人文化景观和野生动物。

罗斯福通过行政命令创建国家野生动物保护区。他一方面反对肆意捕杀野生动物；另一方面采取全国性的措施用以恢复和保护野生动物生活的环境。1903年3月，罗斯福采纳鸟类学家的建议，在佛罗里达建立了佩利肯国家野生动物保护区，这是美国也是世界历史上第一个国家野生动物保护区。1903年3月至1909年3月，罗斯福政府共创立了51个国家野生动物保护区。在建立野生动物保护区的过程中，罗斯福政府除强调保护森林外，还明确强调保护沼泽，用以恢复和保护完整的生态环境。

罗斯福亲自主持召开了全国自然资源保护大会，进行全国自然资源普查，制定自然资源保护的全面规划；他还主持召开了北美自然资源保护大会，并提出应召开世界自然资源保护大会。

资料来源：春拍.中国环境报，2006年12月8日

讨论题：
1. 美国在自然资源保护方面做了哪些工作？
2. 美国的做法中有哪些我国可以借鉴？

实 训 题

3～5人一组，利用媒体或者网络查找近50年来灭绝的动物名单，并查找灭绝原因。组织交流会并请各小组代表在讨论会上交流发言。

附录　中华人民共和国食品安全法

《中华人民共和国食品安全法》已由中华人民共和国第十二届全国人民代表大会常务委员会第十四次会议于 2015 年 4 月 24 日修订通过,现将修订后的《中华人民共和国食品安全法》公布,自 2015 年 10 月 1 日起施行。

目　录

第一章　总则
第二章　食品安全风险监测、评估和交流
第三章　食品安全标准
第四章　食品生产经营
第五章　食品检验
第六章　食品进出口
第七章　食品安全事故处置
第八章　监督管理
第九章　法律责任
第十章　附则

第一章　总　则

第一条　为保证食品安全,保障公众身体健康和生命安全,制定本法。

第二条　在中华人民共和国境内从事下列活动,应当遵守本法:

(一)食品生产和加工(以下称食品生产),食品流通和餐饮服务(以下称食品经营);

(二)食品添加剂的生产经营;

(三)用于食品的包装材料、容器、洗涤剂、消毒剂和用于食品生产经营的工具、设备(以下称食品相关产品)的生产经营;

(四)食品生产经营者使用食品添加剂、食品相关产品;

(五)对食品、食品添加剂和食品相关产品的安全管理。

供食用的源于农业的初级产品(以下称食用农产品)的质量安全管理,遵守《中华人民共和国农产品质量安全法》的规定,但本法另有规定的,应当遵守本法的有关规定。

第三条　食品安全监督管理工作遵循预防为主、风险管理、全程控制、社会共治的原则。

第四条　食品生产经营者是食品安全第一责任人,应当依照法律、法规和食品安全标准从事生产经营活动,诚信自律,对社会和公众负责,保证食品安全,接受社会监督,承担社会责任。

第五条 国务院设立食品安全委员会,其工作职责由国务院规定。

国务院食品药品监督管理部门依照本法和国务院规定的职责,承担食品安全综合协调职责,负责对食品生产经营活动实施监督管理。

国务院卫生行政部门依照本法和国务院规定的职责,负责食品安全风险评估、食品安全标准制定。

国务院质量监督检验检疫部门依照本法和国务院规定的职责,负责对食品相关产品生产和食品进出口活动实施监督管理。

国务院公安部门依照本法和国务院规定的职责,负责组织食品安全犯罪案件侦查工作。

国务院其他与食品安全工作相关的部门依照本法和国务院有关规定,履行相应职责。

第六条 县级以上地方人民政府统一负责、领导、组织、协调本行政区域的食品安全监督管理工作,建立健全食品安全全程监督管理的工作机制;将食品安全工作纳入当地国民经济和社会发展规划;加强食品安全监督管理能力建设,为食品安全监督管理工作提供保障;统一领导、指挥食品安全突发事件应对工作;完善、落实食品安全监督管理责任制,对食品安全工作进行评议、考核。

县级以上地方人民政府依照本法和国务院的规定确定本级食品药品监督管理、质量监督检验检疫、农业行政、卫生行政部门的食品安全监督管理职责。有关部门在各自职责范围内负责本行政区域的食品安全监督管理工作。

上级人民政府所属部门在下级行政区域设置的机构应当在所在地人民政府的统一组织、协调下,依法做好食品安全监督管理工作。

县级食品药品监督管理部门可以在乡镇或者区域设立食品药品监督管理派出机构。

乡镇人民政府和街道办事处负责本区域食品安全工作,组织开展食品安全隐患排查、信息报告、协助执法和宣传教育等工作。

第七条 县级以上食品安全监督管理部门以及其他与食品安全工作相关的部门应当加强沟通、密切配合,按照各自职责分工,依法行使职权,承担责任。

第八条 食品行业协会应当加强行业自律,引导食品生产经营者依法生产经营,推动行业诚信建设,宣传、普及食品安全知识。

第九条 国家将食品安全知识纳入国民素质教育,普及食品安全法律、法规以及食品安全标准和知识,开展食品安全公益宣传。

国家鼓励社会团体、基层群众性自治组织开展食品安全法律、法规以及食品安全标准和知识的普及工作,倡导健康的饮食方式,增强消费者食品安全意识和自我保护能力。

新闻媒体应当开展食品安全法律、法规以及食品安全标准和知识的公益宣传,客观、公正报道食品安全问题,并对违反本法的行为进行舆论监督。

第十条 国家鼓励和支持开展与食品安全有关的基础研究和应用研究,鼓励和支持食品生产经营者为提高食品安全水平采用先进技术和先进管理规范。

第十一条 任何组织或者个人有权举报食品生产经营中违反本法的行为,有权向有关部门了解食品安全信息,对食品安全监督管理工作提出意见和建议。

第二章　食品安全风险监测、评估和交流

第十二条　国家建立食品安全风险监测制度，对食源性疾病、食品污染以及食品中的有害因素进行监测。

国务院卫生行政部门会同国务院食品药品监督管理等部门制定、实施国家食品安全风险监测计划。省、自治区、直辖市人民政府卫生行政部门会同同级食品药品监督管理等部门，根据国家食品安全风险监测计划，结合本行政区域的具体情况，组织制定、实施本行政区域的食品安全风险监测方案。

第十三条　国务院食品安全监督管理部门获知有关食品安全风险信息后，应当立即向国务院卫生行政部门通报。国务院卫生行政部门会同有关部门对信息核实后认为有必要的，应当及时调整食品安全风险监测计划。

第十四条　国家建立食品安全风险评估制度，对食品、食品添加剂、食品相关产品中生物性、化学性和物理性危害进行风险评估。

国务院卫生行政部门负责组织食品安全风险评估工作，成立由医学、农业、粮食、食品、营养等方面的专家组成的食品安全风险评估专家委员会进行食品安全风险评估。

对农药、肥料、兽药、饲料和饲料添加剂等的安全性评估，应当有食品安全风险评估专家委员会的专家参加。

食品安全风险评估应当运用科学方法，根据食品安全风险监测信息、科学数据以及其他有关信息进行。

第十五条　国务院卫生行政部门通过食品安全风险监测或者接到举报发现食品、食品添加剂、食品相关产品可能存在安全隐患的，应当及时会同国务院食品安全监督管理部门进行核实、检验。对需要进行风险评估的，国务院卫生行政部门应当立即组织开展食品安全风险评估。

第十六条　国务院食品安全监督管理部门应当向国务院卫生行政部门提出食品安全风险评估的建议，并提供有关信息和资料。

国务院卫生行政部门应当及时向国务院有关部门通报食品安全风险评估的结果。

第十七条　食品安全风险评估结果是制定、修订食品安全标准和对食品安全实施监督管理的科学依据。

食品安全风险评估结果得出食品、食品添加剂、食品相关产品不安全结论的，国务院食品安全监督管理部门应当依据各自职责立即采取相应措施，责令生产经营者停止生产经营，并告知消费者停止食用或者使用；需要制定、修订相关食品安全国家标准的，国务院卫生行政部门应当立即制定、修订。

第十八条　国务院食品药品监督管理部门对食品安全风险评估结果、食品安全监督管理信息表明可能具有较高程度安全风险的食品，应当及时提出食品安全风险警示，并予以公布。

国务院食品药品监督管理部门应当会同国务院有关部门，根据食品安全风险评估结果、食品安全监督管理信息，对食品安全状况进行综合分析。

第十九条　国家建立食品安全风险交流制度。食品安全监督管理部门、食品安全风

险评估机构按照科学、客观、及时、公开的原则,组织开展食品安全风险交流。

第三章　食品安全标准

第二十条　制定食品安全标准,应当以保障公众身体健康为宗旨,做到科学合理、公开透明、安全可靠。

第二十一条　食品安全标准是强制执行的标准。除食品安全标准外,不得制定其他的食品强制性标准。

第二十二条　食品安全标准应当包括下列内容:

(一)食品、食品添加剂、食品相关产品中的致病性微生物、农药残留、兽药残留、重金属、生物毒素、污染物质、放射性物质以及其他危害人体健康物质的限量规定;

(二)食品添加剂的品种、使用范围、用量;

(三)专供婴幼儿和其他特定人群的主辅食品的营养成分要求;

(四)对与食品安全、营养有关的标签、标识、说明书的要求;

(五)与食品安全有关的质量要求;

(六)食品检验方法与规程;

(七)其他需要制定为食品安全标准的内容。

第二十三条　食品安全国家标准由国务院卫生行政部门负责制定、公布。国务院标准化行政部门提供国家标准编号。

食品中农药残留、兽药残留的限量规定及其检验方法与规程由国务院卫生行政部门、国务院农业行政部门制定。

屠宰畜、禽的检验规程由国务院农业行政部门会同国务院卫生行政部门制定。

有关产品国家标准涉及食品安全国家标准规定内容的,应当与食品安全国家标准相一致。

第二十四条　国务院卫生行政部门应当对现行的食用农产品质量安全标准、食品卫生标准、食品质量标准和有关食品的行业标准中强制执行的标准予以整合,统一公布为食品安全国家标准。

本法规定的食品安全国家标准公布前,食品生产经营者应当按照现行食用农产品质量安全标准、食品卫生标准、食品质量标准和有关食品的行业标准生产经营食品。

第二十五条　食品安全国家标准应当经食品安全国家标准审评委员会审查通过。食品安全国家标准审评委员会由医学、农业、粮食、食品、营养等方面的专家以及国务院有关部门、食品行业协会、消费者协会的代表组成。

制定食品安全国家标准,应当依据食品安全风险评估结果并充分考虑食用农产品质量安全风险评估结果,参照相关的国际标准和国际食品安全风险评估结果,并广泛听取食品生产经营者和消费者的意见。

第二十六条　没有食品安全国家标准的,可以制定食品安全地方标准。

省、自治区、直辖市人民政府卫生行政部门组织制定食品安全地方标准,应当参照执行本法有关食品安全国家标准制定的规定,并报国务院卫生行政部门备案。国务院卫生行政部门应当及时公布。

第二十七条 企业生产的食品没有食品安全国家标准或者地方标准的,应当制定企业标准,作为组织生产的依据。国家鼓励食品生产企业制定严于食品安全国家标准或者地方标准的企业标准。企业标准应当报省级卫生行政部门备案,在本企业内部适用。省级卫生行政部门应当及时公布。

第二十八条 食品安全标准应当供公众免费查阅。

第四章 食品生产经营

第二十九条 食品生产经营应当符合食品安全标准和食品生产经营管理规范,并符合下列要求:

(一) 具有与生产经营的食品品种、数量相适应的食品原料处理和食品加工、包装、贮存等场所,保持该场所环境整洁,并与有毒、有害场所以及其他污染源保持规定的距离;

(二) 具有与生产经营的食品品种、数量相适应的生产经营设备或者设施,有相应的消毒、更衣、盥洗、采光、照明、通风、防腐、防尘、防蝇、防鼠、防虫、洗涤以及处理废水、存放垃圾和废弃物的设备或者设施;

(三) 有食品安全专业技术人员、管理人员和保证食品安全的规章制度;

(四) 具有合理的设备布局和工艺流程,防止待加工食品与直接入口食品、原料与成品交叉污染,避免食品接触有毒物、不洁物;

(五) 餐具、饮具和盛放直接入口食品的容器,使用前应当洗净、消毒,炊具、用具用后应当洗净,保持清洁;

(六) 贮存、运输和装卸食品的容器、工具和设备应当安全、无害,保持清洁,防止食品污染,并符合保证食品安全所需的温度等特殊要求,不得将食品与有毒、有害物品一同运输;

(七) 直接入口的食品应当有小包装或者使用无毒、清洁的包装材料、餐具;

(八) 食品生产经营人员应当保持个人卫生,生产经营食品时,应当将手洗净,穿戴清洁的工作衣、帽;销售无包装的直接入口食品时,应当使用无毒、清洁的售货工具;

(九) 用水应当符合国家规定的生活饮用水卫生标准;

(十) 使用的洗涤剂、消毒剂应当对人体安全、无害;

(十一) 法律、法规规定的其他要求。

食品生产经营管理规范由国务院食品药品监督管理部门制定。

第三十条 禁止食品生产经营活动中有下列行为:

(一) 用非食品原料生产食品,或者用回收的食品、超过保质期的食品作为原料生产食品;

(二) 添加食品添加剂以外的化学物质和其他可能危害人体健康的物质;

(三) 采购、贮存国家公布的食品中可能违法添加的非食用物质;

(四) 超范围、超限量使用食品添加剂;

(五) 生产经营致病性微生物、农药残留、兽药残留、重金属、生物毒素、污染物质、放射性物质以及其他危害人体健康的物质含量超过食品安全标准限量的食品;

(六) 生产经营营养成分不符合食品安全标准的专供婴幼儿和其他特定人群的主辅

食品;

（七）生产经营腐败变质、油脂酸败、霉变生虫、污秽不洁、混有异物、掺假掺杂或者感官性状异常的食品;

（八）生产经营病死、毒死或者死因不明的禽、畜、兽、水产动物肉类及其制品;

（九）生产经营未经检疫或者检疫不合格的肉类,或者未经检验或者检验不合格的肉类制品;

（十）生产经营被包装材料、容器、运输工具、餐饮具等污染的食品;

（十一）经营超过保质期的食品、食品添加剂、食品相关产品;

（十二）生产经营无标签、标签及说明书不符合要求的预包装食品,以及未按规定标识的散装食品;

（十三）生产经营国家为防病等特殊需要明令禁止生产经营的食品;

（十四）利用废弃、回收等不符合要求的材料生产加工食品相关产品;

（十五）伪造、变造证照、标签、标识、说明书、检验报告、检疫证明等;

（十六）其他不符合法律法规要求的行为。

第三十一条 国家对食品生产经营实行许可制度。从事食品生产经营活动,应当依法取得食品生产经营许可。

食品生产加工小作坊、小食品店、小餐饮店、食品摊贩等从事食品生产经营活动,应当符合本法规定的与其生产经营规模、条件相适应的食品安全要求,保证所生产经营的食品卫生、无毒、无害,有关部门应当对其加强监督管理,具体管理办法由省、自治区、直辖市人民代表大会常务委员会或者省、自治区、直辖市人民政府依照本法制定。

第三十二条 县级以上地方人民政府鼓励和支持食品生产加工小作坊、小食品店、小餐饮店、食品摊贩改进生产经营条件;鼓励和支持食品摊贩进入集中交易市场、店铺等固定场所经营。

第三十三条 县级以上食品安全监督管理部门应当依照《中华人民共和国行政许可法》的规定,审核申请人提交的本法要求的相关资料,对申请人的生产经营场所进行现场核查;对符合规定条件的,决定准予许可;对不符合规定条件的,决定不予许可并书面说明理由。

第三十四条 食品生产经营企业应当建立健全本单位的食品安全管理制度,设立食品安全管理机构,明确分管负责人,做好对所生产经营食品的检验工作,依法从事食品生产经营活动。

第三十五条 国家建立食品安全管理人员职业资格制度。具体管理办法由国务院食品药品监督管理部门会同国务院人力资源社会保障部门制定。

食品生产经营者应当按照国家有关规定配备专职或者兼职食品安全管理人员。

食品生产经营者应当建立食品从业人员培训制度。食品从业人员经培训考核合格后方可上岗。从业人员培训考核管理办法由国务院食品药品监督管理部门制定。

第三十六条 国家鼓励食品生产经营企业实施危害分析与关键控制点体系等先进的食品安全管理体系,提高食品安全管理水平。

对通过危害分析与关键控制点体系等先进的食品安全管理体系认证的食品生产经营

企业,认证机构应当依法实施跟踪调查;对不再符合认证要求的企业,应当依法撤销认证,及时向有关食品安全监督管理部门通报,并向社会公布。认证机构跟踪调查不得收取任何费用。

第三十七条 食品生产经营者应当建立并执行从业人员健康管理制度。食品从业人员每年应当进行健康检查,取得健康合格证明后方可从事食品生产经营活动。

患有痢疾、伤寒、病毒性肝炎等消化道传染病的人员,以及患有活动性肺结核、化脓性或者渗出性皮肤病等有碍食品安全的疾病的人员,不得从事接触直接入口食品的工作。

第三十八条 食用农产品生产者应当依照食品安全标准和国家有关规定使用农药、肥料、兽药、饲料和饲料添加剂等农业投入品,保证食用农产品安全。食用农产品的生产企业和农民专业合作经济组织应当建立食用农产品生产销售记录制度,并向购货者出具检验合格证明和产地证明等文件。

县级以上农业行政部门应当加强对农业投入品使用的管理和指导,建立健全农业投入品的安全使用制度。

第三十九条 食品生产经营企业应当建立食品追溯管理制度,保证食品可追溯。

鼓励和支持食品生产经营企业采用信息化手段实现食品可追溯。

第四十条 食品生产者应当建立食品原料、食品添加剂、食品相关产品进货查验记录制度。采购食品原料、食品添加剂、食品相关产品,应当查验供货者的许可证和产品合格证明文件,保存相关凭据,如实记录食品原料、食品添加剂、食品相关产品的名称、规格、数量、进货日期以及供货者的名称、地址及联系方式等内容。对无法提供合格证明文件的食品原料,应当依照食品安全标准进行检验。不得采购或者使用不符合食品安全标准的食品原料、食品添加剂、食品相关产品。

食品原料、食品添加剂、食品相关产品进货查验记录应当真实,保存期限不得少于二年。

第四十一条 食品生产企业应当建立食品出厂检验记录制度,查验出厂食品的检验合格证和安全状况,并如实记录食品的名称、规格、数量、生产日期、生产批号、检验合格证号、购货者名称及联系方式、销售日期等内容。

食品出厂检验记录应当真实,保存期限不得少于二年。

第四十二条 食品、食品添加剂和食品相关产品的生产者,应当依照食品安全标准对所生产的食品、食品添加剂、食品相关产品进行检验,检验合格后方可出厂或者销售。

第四十三条 食品经营者应当建立进货查验记录制度,采购食品应当查验供货者的许可证、食品合格证明文件和产品标识,保存相关凭据,如实记录食品的名称、规格、数量、生产日期、保质期、进货日期以及供货者的名称、地址及联系方式等内容。

食品进货查验记录应当真实,保存期限不得少于二年。

实行统一配送经营方式的食品经营企业,可以由企业总部统一查验供货者的许可证和食品合格的证明文件,进行食品进货查验记录,保存相关凭据。食品进货查验记录应当在其分店可以查询。

第四十四条 食品生产经营者应当按照保证食品安全的要求贮存、运输和配送食品,定期检查库存食品,及时清理变质或者超过保质期的食品。

第四十五条 食品经营者贮存散装食品,应当在贮存位置或者在散装食品的容器、外包装上标明食品的名称、生产日期、保质期、生产者名称及联系方式等内容。

食品经营者销售散装食品,应当在散装食品的容器、外包装上标明食品的名称、成分或者配料表、生产日期、保质期、生产经营者名称及联系方式等内容。

第四十六条 预包装食品的包装上应当有标签。标签应当标明下列事项:

(一) 名称、规格、净含量、生产日期、产地;

(二) 成分或者配料表;

(三) 生产者的名称、地址、联系方式;

(四) 保质期;

(五) 产品标准代号;

(六) 贮存条件;

(七) 所使用的食品添加剂在国家标准中的通用名称;

(八) 生产许可证编号;

(九) 法律、法规或者食品安全标准规定必须标明的其他事项。

专供婴幼儿和其他特定人群的主辅食品,其标签还应当标明主要营养成分及其含量。

第四十七条 国家对食品添加剂的生产经营实行许可制度。从事食品添加剂生产经营活动,应当依法取得食品添加剂生产经营许可。

食品添加剂生产经营活动除遵守本法有关食品添加剂的特别规定外,还应当遵守食品生产经营活动的有关要求。

第四十八条 申请利用新的食品原料从事食品生产或者从事食品添加剂新品种、食品相关产品新品种生产活动的单位或者个人,应当向国务院卫生行政部门提交相关产品的安全性评估材料。国务院卫生行政部门应当自收到申请之日起六十日内组织对相关产品的安全性评估材料进行审查;对符合食品安全要求的,依法决定准予许可并予以公布;对不符合食品安全要求的,决定不予许可并书面说明理由。

第四十九条 食品添加剂应当在技术上确有必要且经过风险评估证明安全可靠,方可列入允许使用的范围。国务院卫生行政部门应当根据技术必要性和食品安全风险评估结果,及时对食品添加剂的品种、使用范围、用量的标准进行修订。

第五十条 食品生产经营者应当依照食品安全标准关于食品添加剂的品种、使用范围、用量的规定使用食品添加剂。

第五十一条 食品添加剂应当有标签、说明书和包装。标签、说明书应当载明本法第四十六条第一款第一项至第六项、第八项、第九项规定的事项,以及食品添加剂的使用范围、用量、使用方法,并在标签上载明"食品添加剂"字样。

第五十二条 食品和食品添加剂的标签、说明书,不得含有虚假、夸大的内容,不得涉及疾病预防、治疗功能。生产者对标签、说明书上所载明的内容负责。

食品和食品添加剂的标签、说明书应当清楚、明显,容易辨识。

食品和食品添加剂与其标签、说明书所载明的内容不符的,不得上市销售。

第五十三条 国家对食品相关产品的生产实行安全评价审查制度。食品相关产品的生产者应当对食品相关产品及其生产过程形成安全鉴定说明文件。质量监督检验检疫部门对安全鉴定说明文件进行评价审查。食品相关产品安全评价审查规范由国务院质量监督检验检疫部门制定。

第五十四条 食品经营者应当按照食品标签标示的警示标志、警示说明或者注意事项的要求,销售预包装食品。

第五十五条 生产经营的食品中不得添加药品,但是可以添加按照传统既是食品又是中药材的物质。

食品生产经营者在食品中添加传统上既是食品又是中药材的物质,应当严格按照国务院卫生行政部门制定公布的目录执行。

第五十六条 国家对保健食品实行严格监督管理。对在我国首次上市新品种、使用新原料和首次进口的保健食品实行注册管理;对其他声称具有特定保健功能的食品实行备案管理。具体管理办法由国务院制定。

保健食品不得对人体产生急性、亚急性或者慢性危害,其标签、说明书内容必须真实,应当载明适宜人群、不适宜人群、功效成分或者标志性成分及其含量等,并载明"本产品不具有疾病预防、治疗功能"字样;产品的功能和成分必须与标签、说明书相一致。

保健食品生产者对其声称的产品功能的真实性、有效性负责。

第五十七条 国家对婴幼儿配方食品实行严格监督管理。

食品生产企业生产婴幼儿配方食品应当将生产原料、产品配方及标签等向食品安全监督管理部门备案。

不得以委托、贴牌、分装方式生产婴幼儿配方食品。

第五十八条 集中交易市场的开办者、柜台出租者和展销会举办者,应当审查入场食品经营者的许可证,承担入场食品经营者的食品安全管理责任,定期对入场食品经营者的经营环境和条件进行检查,发现食品经营者有违反本法规定的行为的,应当及时制止并立即报告所在地县级食品药品监督管理部门。

集中交易市场的开办者、柜台出租者和展销会举办者未履行前款规定义务,发生食品安全事故的,应当承担连带责任。

第五十九条 网络食品交易第三方平台提供者应当取得食品生产经营许可。

网络食品交易第三方平台提供者应当查验入网食品经营者的许可证或者对入网食品经营者实行实名登记,承担食品安全管理责任。

网络食品交易第三方平台提供者发现入网食品经营者有违反本法规定的行为的,应当及时制止,并立即报告网络食品交易第三方平台提供者食品生产经营许可证颁发地食品药品监督管理部门。

网络食品交易第三方平台提供者未履行规定义务,使消费者的合法权益受到侵害的,应当承担连带责任,并先行赔付。

网络食品交易第三方平台提供者食品生产经营许可证颁发地食品药品监督管理部门负责对网络食品交易第三方平台提供者实施监督管理。

第六十条 食品生产经营者应当建立食品安全自查制度,定期对本单位食品安全状况进行检查并记录。

鼓励食品生产经营者聘请食品安全社会专业机构,定期对本单位食品安全管理体系进行评价。

食品生产经营者发现存在重大食品安全隐患时,应当及时进行处理,并报告县级以上食品安全监督管理部门。

第六十一条 国家建立食品召回制度。食品生产者发现其生产的食品不符合食品安全标准,应当立即停止生产,召回已经上市销售的食品,通知相关生产经营者和消费者,并记录召回和通知情况。

食品经营者发现其经营的食品不符合食品安全标准,应当立即停止经营,通知相关生产经营者和消费者,并记录停止经营和通知情况。食品生产者认为应当召回的,应当立即召回。

食品安全监督管理部门在日常监督检查中发现食品不符合食品安全标准,可以责令食品生产经营者召回其生产经营的食品。

食品生产经营者应当将食品召回和停止生产经营情况向县级以上食品安全监督管理部门报告。

食品生产经营者未依照本条规定召回或者停止经营不符合食品安全标准的食品的,县级以上食品安全监督管理部门应当按照职责分工责令其召回或者停止经营。

第六十二条 食品生产经营企业应当对召回、超过保质期等市场退出的食品采取补救、无害化处理、销毁等措施。

县级以上地方人民政府鼓励和支持建立不合格食品无害化处理设施。

第六十三条 食品广告的内容应当真实合法,不得含有虚假、夸大的内容,不得涉及疾病预防、治疗功能。食品生产经营者应当对其食品广告内容的真实性、合法性负责。

明知或者应知食品广告虚假仍设计、制作、发布,使消费者的合法权益受到损害的,广告的设计者、制作者、发布者与食品生产经营者承担连带责任。

食品安全监督管理部门或者承担食品检验职责的机构、食品行业协会、消费者协会不得以广告或者其他形式向消费者推荐食品。

第六十四条 社会团体或者其他组织、个人在虚假广告中向消费者推荐食品,使消费者的合法权益受到损害的,与食品生产经营者承担连带责任。

第六十五条 国家建立食品安全责任强制保险制度。食品生产经营企业应当按照国家有关规定投保食品安全责任强制保险。

食品安全责任强制保险具体管理办法由国务院保险监督管理机构会同国务院食品药品监督管理部门制定。

第六十六条 地方各级人民政府鼓励食品规模化生产和连锁经营、配送。

第五章 食品检验

第六十七条 食品检验机构按照国家有关认证认可的规定取得资质认定后,方可从事食品检验活动。但是,法律另有规定的除外。

食品检验机构的资质认定条件和检验规范,由国务院食品药品监督管理部门规定并监督实施。

本法施行前经国务院有关主管部门批准设立或者经依法认定的食品检验机构,可以依照本法继续从事食品检验活动。

第六十八条 食品检验由食品检验机构指定的检验人独立进行。

检验人应当依照有关法律、法规的规定,并依照食品安全标准和检验规范对食品进行检验,尊重科学,恪守职业道德,保证出具的检验数据和结论客观、公正,不得出具虚假的检验报告。

第六十九条 食品检验实行食品检验机构与检验人负责制。食品检验报告应当加盖食品检验机构公章,并有检验人的签名或者盖章。食品检验机构和检验人对出具的食品检验报告负责。

第七十条 食品安全监督管理部门对食品不得实施免检。

县级以上食品安全监督管理部门应当对食品进行定期或者不定期的抽样检验,并依据有关规定公布检验结果。

进行抽样检验,应当购买抽取的样品,不收取检验费和其他任何费用。

县级以上食品安全监督管理部门在执法工作中需要对食品进行检验的,应当委托符合本法规定的食品检验机构进行,并支付相关费用。

检验结果表明相关食品不符合食品安全标准的,食品生产经营者应当立即停止生产经营。

第七十一条 食品生产经营者对检验结论有异议的,自收到检验结果之日起五日内,可以向组织实施食品抽检的食品安全监督管理部门或者上级食品安全监督管理部门申请复检,并说明理由。

食品生产经营者申请复检,复检结论合格的,费用由抽样检验的部门承担;复检结论不合格的,费用由食品生产经营者承担。

第七十二条 食品生产经营企业可以自行对所生产的食品进行检验,也可以委托符合本法规定的食品检验机构进行检验。

食品行业协会等组织、消费者需要委托食品检验机构对食品进行检验的,应当委托符合本法规定的食品检验机构进行。

第六章　食品进出口

第七十三条 进口的食品、食品添加剂以及食品相关产品应当符合我国食品安全国家标准。

进口的食品应当经出入境检验检疫机构检验合格后,海关凭出入境检验检疫机构签发的通关证明放行。

进口的食品应当随附检验合格证明材料。

第七十四条 进口尚无食品安全国家标准的食品,进口商应当向国务院卫生行政部门提出所执行的有关国家的食品安全标准或者国际标准、食品检验结果、生产国合法生产证明等材料,由国务院卫生行政部门组织审查,经审查同意的,指定适用标准。

首次进口食品添加剂新品种、食品相关产品新品种,进口商应当向国务院卫生行政部门提出申请并提交相关的安全性评估材料。国务院卫生行政部门依照本法第四十八条的规定做出是否准予许可的决定,并及时制定相应的食品安全国家标准。

第七十五条　进口商应当建立境外出口商、境外食品生产企业审核制度,保证进口的食品符合本法以及我国其他有关法律、法规的规定和食品安全国家标准的要求,并对进口食品的标签、说明书所载明的内容负责。

第七十六条　境外发生的食品安全事件可能对我国境内造成影响,或者在进口食品中发现严重食品安全问题的,国家出入境检验检疫部门应当及时采取风险预警或者控制措施,并向国务院食品药品监督管理、卫生行政、农业行政部门通报。接到通报的部门应当及时采取相应措施。

第七十七条　向我国境内出口食品的出口商或者代理商、进口食品的进口商应当向国家出入境检验检疫部门备案。向我国境内出口食品的境外食品生产企业应当经国家出入境检验检疫部门注册。

国家出入境检验检疫部门应当定期公布已经备案的出口商、代理商、进口商和已经注册的境外食品生产企业名单。

国务院食品安全监督管理部门可以组织对向我国境内出口食品的境外食品生产企业进行现场检查。

第七十八条　进口的预包装食品应当有中文标签、中文说明书。标签、说明书应当符合本法以及我国其他有关法律、行政法规的规定和食品安全国家标准的要求,载明食品的名称、规格、净含量、生产日期、成分或者配料表、保质期、贮存条件、适用标准、原产地,以及生产企业和境内代理商的名称、地址、联系方式。预包装食品没有中文标签、中文说明书或者标签、说明书不符合本条规定的,不得进口。

第七十九条　进口商应当建立食品进口和销售记录制度,如实记录食品的名称、规格、数量、生产日期、生产或者进口批号、保质期、出口商和购货者名称及联系方式、交货日期等内容。

食品进口和销售记录应当真实,保存期限不得少于二年。

第八十条　进口的食品不符合我国食品安全国家标准,或者可能对人体健康和生命安全造成损害的,进口商应当立即停止进口,召回已经销售的食品,通知相关生产经营者和消费者,并将召回和处理情况向国家出入境检验检疫部门报告。

未按照规定召回或者停止进口的,国家出入境检验检疫部门应当责令其召回、停止进口。

第八十一条　出口的食品由出入境检验检疫机构进行监督、抽检,海关凭出入境检验检疫机构签发的通关证明放行。

出口食品生产企业、向国外出口食品的出口商和出口食品原料种植、养殖场应当向国家出入境检验检疫部门备案。

第八十二条　国家出入境检验检疫部门应当收集、汇总进出口食品安全信息,并及时通报相关部门、机构和企业。

国家出入境检验检疫部门应当对进出口食品的进口商、出口商和出口食品生产企业实施信用管理,建立信用记录,并予以公布。对有不良记录的进口商、出口商和出口食品生产企业,应当加强对其进出口食品的检验检疫。

第八十三条　国家出入境检验检疫部门可以对向我国境内出口食品的国家或者地区

的食品安全管理体系和食品安全状况进行评估和审查,并根据评估和审查结果,确定相应检验检疫要求。

第七章 食品安全事故处置

第八十四条 国家建立食品安全事故应急处置制度。按照分类管理、分级负责、条块结合、属地为主的原则,建立食品安全应急管理体系和运行机制。

第八十五条 国务院组织制定国家食品安全事故应急预案。

县级以上地方人民政府应当根据有关法律、法规的规定和上级人民政府的食品安全事故应急预案以及本地区的实际情况,制定本行政区域的食品安全事故应急预案,并报上一级人民政府备案。

县级以上地方人民政府应当加强食品安全应急能力建设,建立应急处置队伍,配备设施设备,组织开展食品安全事故应急演练。

食品生产经营企业应当制定食品安全事故处置方案,定期检查本企业各项食品安全防范措施的落实情况,及时消除食品安全事故隐患。鼓励食品生产经营企业开展食品安全事故应急演练。

第八十六条 发生食品安全事故的单位应当立即予以处置,防止事故扩大。事故发生单位和接收病人进行治疗的单位应当及时向事故发生地县级食品药品监督管理、卫生行政部门报告。

农业行政、质量监督检验检疫部门在日常监督管理中发现食品安全事故,或者接到有关食品安全事故的举报,应当立即向食品药品监督管理部门通报。

发生食品安全事故的,接到报告的县级食品药品监督管理部门应当按照规定向本级人民政府和上级人民政府食品药品监督管理部门报告。县级人民政府和上级人民政府食品药品监督管理部门应当按照规定上报。

任何单位或者个人不得对食品安全事故隐瞒、谎报、缓报,不得隐匿、伪造、毁灭有关证据。

第八十七条 县级以上地方人民政府接到食品安全事故的报告后,应当立即组织食品安全监督管理部门以及有关部门进行调查处理,并采取下列措施,防止或者减轻社会危害:

(一)开展应急救援工作,对因食品安全事故导致人身伤害的人员,卫生行政部门应当立即组织救治;

(二)封存可能导致食品安全事故的食品及其原料,并立即进行检验;对确认属于被污染的食品及其原料,责令食品生产经营者依照本法第六十一条的规定予以召回、停止经营并销毁;

(三)封存被污染的食品用工具及用具,并责令进行清洗消毒;

(四)做好信息发布工作,依法对食品安全事故及其处理情况进行发布,并对可能产生的危害加以解释、说明。

发生食品安全事故的,县级以上人民政府应当按照有关规定立即成立食品安全事故处置指挥机构,启动应急预案,依照前款规定进行处置。

第八十八条 发生食品安全事故,设区的市级以上人民政府食品药品监督管理部门应当按照有关规定会同有关部门进行事故责任调查,督促有关部门履行职责,向本级人民政府提出事故责任调查处理报告。

重大食品安全事故涉及两个以上省、自治区、直辖市的,由国务院食品药品监督管理部门依照前款规定组织事故责任调查。

第八十九条 发生食品安全事故,县级以上疾病预防控制机构应当协助卫生行政部门和有关部门对事故现场进行卫生处理,并对与食品安全事故有关的因素开展流行病学调查。

疾病预防控制机构应当及时向卫生行政、食品药品监督管理部门提交流行病学调查报告。

第九十条 调查食品安全事故,除了查明事故单位的责任,还应当查明负有监督管理和认证职责的监督管理部门、认证机构的工作人员失职、渎职情况。

第八章 监督管理

第九十一条 国家建立食品安全风险分类分级监督管理制度。食品安全监督管理部门根据食品安全风险程度确定监督管理的重点、方式和频次等。

第九十二条 国务院授权有关部门制定食品安全监督管理能力建设标准,明确各级人民政府食品安全监督管理能力建设要求。

县级以上地方人民政府应当整合食品安全检验、信息等资源,实现资源共享。

第九十三条 县级以上地方人民政府应当将食品安全监督检查、抽样检验、风险监测、宣传教育、能力建设等经费纳入同级政府财政预算。

第九十四条 县级以上地方人民政府组织本级食品安全监督管理部门制定本行政区域的食品安全年度监督管理计划,并按照年度计划组织开展工作。

第九十五条 县级以上食品安全监督管理部门履行各自食品安全监督管理职责,有权采取下列措施:

(一)进入生产经营场所实施现场检查;

(二)对生产经营的食品、食品添加剂、食品相关产品进行抽样检验;

(三)查阅、复制有关合同、票据、账簿以及其他有关资料;

(四)查封、扣押、责令停止生产经营有证据证明不符合食品安全标准或者有证据证明存在安全隐患的食品,违法使用的食品原料、食品添加剂、食品相关产品,以及用于违法生产经营或者被污染的工具、设备;

(五)查封违法从事食品生产经营活动的场所。

第九十六条 对没有食品安全国家标准,但有证据证明存在安全隐患的食品,国务院卫生行政部门应当及时会同有关部门设定食品中有害物质的临时限量值。

第九十七条 县级以上食品安全监督管理部门对食品生产经营者进行监督检查,应当记录监督检查的情况和处理结果。监督检查记录经监督检查人员和食品生产经营者签字后归档。

第九十八条 县级以上食品安全监督管理部门应当建立食品生产经营者食品安全信

用档案,记录许可颁发、日常监督检查结果、违法行为查处等情况;根据食品安全信用档案的记录,对有不良信用记录的食品生产经营者增加监督检查频次。

第九十九条 食品生产经营过程中存在安全隐患,未及时采取措施消除的,食品安全监督管理部门可以对其法定代表人或者主要负责人进行责任约谈。

地方人民政府未履行食品安全职责,未及时消除区域性重大食品安全隐患的,上级人民政府可以对其主要负责人进行责任约谈。

第一百条 对涉嫌违反本法规定,可能造成严重危害或者重大社会影响的食品生产经营企业,上级食品安全监督管理部门可以对其实施突击性现场检查。

第一百零一条 国家建立食品安全有奖举报制度。县级以上食品药品监督管理部门建立食品安全投诉举报系统,对查证属实的,给予举报人奖励。

县级以上食品安全监督管理部门接到咨询、投诉、举报,对属于本部门职责的,应当受理,并及时进行答复、核实、处理;对不属于本部门职责的,应当书面通知并移交有权处理的部门处理。有权处理的部门应当及时处理,不得推诿;属于食品安全事故的,依照本法第七章有关规定进行处置。

县级以上地方人民政府应当落实财政专项奖励资金。

第一百零二条 县级以上食品安全监督管理部门应当按照法定权限和程序履行食品安全监督管理职责;对生产经营者的同一违法行为,不得给予二次以上罚款的行政处罚;涉嫌犯罪的,应当依法向公安机关移送。

第一百零三条 国家建立食品安全信息统一公布制度。下列信息由国务院食品药品监督管理部门统一公布:

(一)国家食品安全总体情况;

(二)食品安全风险警示信息;

(三)重大食品安全事故及其处理信息;

(四)其他重要的食品安全信息和国务院确定的需要统一公布的信息。

前款第二项、第三项规定的信息,其影响限于特定区域的,也可以由有关省、自治区、直辖市人民政府食品药品监督管理部门公布。县级以上食品安全监督管理部门依据各自职责公布食品安全日常监督管理信息。

食品安全监督管理部门公布信息,应当做到准确、及时、客观。

国务院食品药品监督管理部门建立统一食品安全信息平台,依法公布食品安全信息。

任何单位和个人未经授权不得发布依法由食品安全监督管理部门公布的食品安全信息。

第一百零四条 县级以上地方食品安全监督管理部门获知本法规定的需要统一公布的信息,应当向上级主管部门报告,由上级主管部门立即报告国务院食品药品监督管理部门;必要时,可以直接向国务院食品药品监督管理部门报告。

县级以上食品安全监督管理部门应当相互通报获知的食品安全信息。

第一百零五条 国家建立食品安全统计制度。国务院食品药品监督管理部门会同有关部门,建立食品安全统计指标体系,组织开展食品安全统计工作。

食品安全统计数据应当真实、完整。

第一百零六条 任何单位和个人发布可能对社会或者食品产业造成重大影响的食品安全信息,应当事先向食品生产经营企业、行业协会、科研机构、食品安全监督管理部门核实。

任何单位和个人不得发布未经核实的食品安全信息,不得编造、散布虚假食品安全信息。

第一百零七条 国务院食品安全监督管理部门与公安部门建立食品安全行政执法和刑事司法工作衔接机制。

食品安全监督管理部门发现涉嫌食品安全犯罪的,应当及时移送公安机关。对食品安全监督管理部门移送的案件,公安机关应当及时核查;公安机关认为符合立案标准的,应当立案侦查。

公安机关在侦办食品安全犯罪案件中发现的依法不构成犯罪的案件,应当及时移送食品安全监督管理部门,有关部门应当依法处置。

公安机关请求食品安全监督管理部门给予检验、鉴定、认定等协助的,食品安全监督管理部门应当予以协助。

第一百零八条 省级以上人民政府按照国务院有关规定,对在食品安全工作中取得显著成绩的单位和个人给予表彰。

第九章 法律责任

第一百零九条 违反本法规定,未经许可从事食品、食品添加剂生产经营活动的,由食品安全监督管理部门按照各自职责分工,没收违法所得和违法生产经营的食品、食品添加剂以及用于违法生产经营的工具、设备、原料等物品;违法生产经营的食品、食品添加剂货值金额不足一万元的,并处二千元以上五万元以下罚款;货值金额一万元以上的,并处货值金额五倍以上十倍以下罚款。

第一百一十条 违反本法规定,有下列情形之一的,由食品安全监督管理部门按照各自职责分工,没收违法所得、违法生产经营的食品和用于违法生产经营的工具、设备、原料等物品;违法生产经营的食品货值金额不足一万元的,并处五万元以上十五万元以下罚款;货值金额一万元以上的,并处货值金额十五倍以上三十倍以下罚款;情节严重的,吊销许可证,并由公安机关对直接责任人给予行政拘留;构成犯罪的,依法追究刑事责任:

(一) 用非食品原料生产食品,或者用回收的食品、超过保质期的食品作为原料生产食品;

(二) 在食品中添加食品添加剂以外的化学物质或者其他可能危害人体健康的物质;

(三) 生产经营营养成分不符合食品安全标准的专供婴幼儿和其他特定人群的主辅食品;

(四) 以委托、贴牌、分装方式生产婴幼儿配方食品;

(五) 生产经营病死、毒死或者死因不明的禽、畜、兽、水产动物肉类及其制品;

(六) 经营未经检疫或者检疫不合格的肉类,或者生产经营未经检验或者检验不合格的肉类制品;

(七) 生产经营掺假掺杂的食品;

（八）在食品生产经营活动中添加药品；

（九）生产的食品、食品添加剂的标签、说明书或者广告涉及疾病预防、治疗功能；

（十）生产经营国家为防病等特殊需要明令禁止生产经营的食品；

（十一）利用废弃、回收等不符合要求的材料生产加工食品相关产品；

（十二）伪造、变造证照、标签、标识、说明书、检验报告、检疫证明以及其他违背诚信义务的行为。

第一百一十一条 违反本法规定，有下列情形之一的，由食品安全监督管理部门按照职责分工，没收违法所得、违法生产经营的食品；违法生产经营的食品货值金额不足一万元的，并处二千元以上五万元以下罚款；货值金额一万元以上的，并处货值金额五倍以上十倍以下罚款；情节严重的，吊销许可证；构成犯罪的，依法追究刑事责任：

（一）生产经营致病性微生物、农药残留、兽药残留、重金属、生物毒素、污染物质、放射性物质以及其他危害人体健康的物质含量超过食品安全标准限量的食品；

（二）生产经营腐败变质、油脂酸败、霉变生虫、污秽不洁、混有异物或者感官性状异常的食品；

（三）经营超过保质期的食品、食品添加剂、食品相关产品；

（四）利用新的食品原料从事食品生产或者从事食品添加剂新品种、食品相关产品新品种生产，未经过安全性评估；

（五）食品生产经营者在有关主管部门责令其召回或者停止生产经营不符合食品安全标准的食品后，仍拒不召回或者停止生产经营的；

（六）采购、贮存国家公布的食品中可能违法添加的非食用物质。

食品生产经营者故意实施前款所列行为的，按照本法第一百零九条的规定予以处罚。

第一百一十二条 违反本法规定，有下列情形之一的，由食品安全监督管理部门按照职责分工，责令改正，给予警告；情节较重的，没收违法所得、违法生产经营的食品；违法生产经营的食品货值金额不足一万元的，并处五千元以上五万元以下罚款；货值金额一万元以上的，并处货值金额二倍以上五倍以下罚款；情节严重的，责令停产停业，直至吊销许可证；构成犯罪的，依法追究刑事责任：

（一）生产经营被包装材料、容器、运输工具等污染的食品；

（二）生产经营无标签的预包装食品、食品添加剂或者标签、说明书不符合本法规定的食品、食品添加剂，以及未按规定标识的散装食品；

（三）食品生产经营者采购、使用不符合食品安全标准的食品原料、食品添加剂、食品相关产品；

（四）生产经营过程中超范围、超限量使用食品添加剂；

（五）食品生产经营者未依法履行召回义务；

（六）食品生产经营用水不符合国家有关规定；

（七）生产经营其他不符合食品安全标准或者要求的食品、食品添加剂、食品相关产品。

第一百一十三条 违反本法规定，有下列情形之一的，由食品安全监督管理部门按照各自职责分工，责令改正，给予警告；拒不改正的，处二千元以上二万元以下罚款；情节

严重的,责令停产停业,直至吊销许可证:

(一) 未按规定配备食品安全管理人员;未按规定设立食品安全管理机构、未明确分管负责人;

(二) 从业人员未经培训或者培训考核不合格;

(三) 食品生产经营者安排未取得健康合格证明的人员从事生产经营活动,或者安排患有本法所列疾病的人员从事接触直接入口食品的工作;

(四) 未建立并遵守查验记录制度、出厂检验记录制度;未制定食品安全事故处置方案;

(五) 婴幼儿配方食品生产企业未将生产原料、产品配方、标签等向食品安全监督管理部门备案;

(六) 未对生产的食品、食品添加剂、食品相关产品进行检验和记录;

(七) 制定食品安全企业标准未依照本法规定备案;

(八) 未按规定要求贮存、销售食品或者清理库存食品;

(九) 餐具、饮具和盛放直接入口食品的容器,使用前未经洗净、消毒或者清洗消毒不合格;

(十) 未定期对食品安全状况开展自查并记录;

(十一) 未按规定投保食品安全责任强制保险;

(十二) 其他违反食品生产经营管理规范的行为。

第一百一十四条 违反本法规定,事故单位在发生食品安全事故后未进行处置、报告的,由有关主管部门按照各自职责分工,责令改正,给予警告;隐匿、伪造、毁灭有关证据的,责令停产停业,没收违法所得,并处十万元以上五十万元以下罚款;造成严重后果的,吊销许可证;构成犯罪的,依法追究刑事责任。

第一百一十五条 违反本法规定,有下列情形之一的,依照本法第一百一十条、第一百一十一条、第一百一十二条、第一百一十三条的相关规定给予处罚:

(一) 进口不符合我国食品安全国家标准的食品,或者未随附检验合格证明材料;

(二) 进口尚无食品安全国家标准的食品,未经审查并指定适用标准,或者首次进口食品添加剂新品种、食品相关产品新品种,未经过安全性评估;

(三) 出口商未遵守本法的规定出口食品;

(四) 进口商在有关主管部门责令其召回不符合食品安全标准的食品后,仍拒不召回;

(五) 进口的预包装食品没有中文标签、中文说明书,或者标签、说明书不符合本法以及我国其他有关法律、行政法规的规定和食品安全国家标准的要求。

(六) 进口商未建立并遵守食品进口和销售记录制度、进口食品境外出口商或生产企业审核制度。

第一百一十六条 违反本法规定,集中交易市场的开办者、柜台出租者、展销会的举办者、网络食品交易第三方平台提供者允许未取得许可的食品经营者进入市场或在网络交易平台销售食品,或者未履行实名登记、检查、报告等义务的,由有关主管部门处二千元以上五万元以下罚款;造成严重后果的,责令停业,直至吊销许可证。

第一百一十七条 违反本法规定,未按照要求进行食品、食品添加剂运输、配送的,由食品药品监督管理部门责令改正,给予警告;拒不改正的,责令停产停业,并处二千元以上五万元以下罚款;情节严重的,吊销许可证。

第一百一十八条 拒绝、阻挠食品安全监督管理部门及其工作人员依法开展监督检查、抽样检验的,由食品安全监督管理部门按照各自职责分工,责令停产停业,并处二千元以上五万元以下罚款;情节严重的,吊销许可证;扰乱公共秩序的,由公安机关依照《中华人民共和国治安管理处罚法》给予处罚;构成犯罪的,依法追究刑事责任。

第一百一十九条 被吊销食品生产经营许可证的单位,其主要负责人和食品安全管理人员自处罚决定作出之日起五年内不得从事食品生产经营管理工作。

因食品安全犯罪被判处有期徒刑以上刑罚的,终身不得从事食品生产经营管理工作。

食品生产经营者聘用不得从事食品生产经营管理工作的人员从事管理工作的,吊销许可证。

第一百二十条 违反本法规定,承担食品安全风险监测、风险评估工作的技术机构、技术人员出具虚假监测、评估报告的,依法对技术机构直接负责的主管人员和技术人员给予撤职或者开除的处分;构成犯罪的,依法追究刑事责任。

第一百二十一条 违反本法规定,食品检验机构、食品检验人员出具虚假检验报告的,由有关部门没收所收取的检验费用,并处检验费用三至五倍的罚款,由授予其资质的主管部门或者机构撤销该检验机构的检验资格;依法对检验机构直接负责的主管人员和食品检验人员给予撤职或者开除的处分;构成犯罪的,依法追究刑事责任。

违反本法规定,受到刑事处罚或者开除处分的食品检验机构人员,自刑罚执行完毕或者处分决定作出之日起十年内不得从事食品检验工作。食品检验机构聘用不得从事食品检验工作的人员的,由授予其资质的主管部门或者机构撤销该检验机构的检验资格。

食品检验机构出具虚假检验报告,使消费者的合法权益受到损害的,应当承担赔偿责任。

第一百二十二条 违反本法规定,认证机构出具虚假认证结论,由认证认可监督管理部门没收所收取的认证费用,给予认证费用三至五倍的罚款、责令停业或者撤销认证机构批准文件等处罚,并予公布;对直接负责的主管人员和负有直接责任的认证人员,撤销其执业资格;构成犯罪的,依法追究刑事责任。

认证机构出具虚假认证结论,使消费者的合法权益受到损害的,应当承担赔偿责任。

第一百二十三条 违反本法规定,在广告中对食品作虚假宣传,欺骗消费者的,依照《中华人民共和国广告法》的规定给予处罚。

违反本法规定,食品安全监督管理部门或者承担食品检验职责的机构、食品行业协会、消费者协会以广告或者其他形式向消费者推荐食品的,由有关主管部门没收违法所得,依法对直接负责的主管人员和其他直接责任人员给予记大过、降级或者撤职的处分,情节严重的,给予开除的处分。

第一百二十四条 违反本法规定,编造、散布食品安全虚假信息,扰乱公共秩序的,由公安机关依照《中华人民共和国治安管理处罚法》给予处罚;构成犯罪的,依法追究刑事责任。

编造、散布食品安全虚假信息,或者发布未经核实的食品安全信息,使食品生产经营者的合法权益受到损害的,依法承担民事责任。

第一百二十五条 违反本法规定,县级以上地方人民政府在食品安全监督管理中未履行职责,有下列情形之一,本行政区域出现重大食品安全事故、造成严重社会影响的,依法对地方人民政府直接负责的主管人员和其他直接责任人员给予记大过、降级、撤职或者开除的处分;构成犯罪的,依法追究刑事责任。

(一)未落实食品安全监督管理责任制,未按照规定开展食品安全工作评议考核;

(二)未按照规定落实食品安全监管能力建设标准,或者未按照规定保障食品安全工作经费;

(三)未按照规定组织制定并实施食品安全年度监督管理计划;

(四)未按照规定报告和组织处置食品安全事故;

(五)未依法履行法律法规规定的其他职责。

违反本法规定,本行政区域出现重大食品安全事故、造成严重社会影响的,对地方人民政府主要负责人依法问责。

第一百二十六条 违反本法规定,县级以上食品安全监督管理部门或者其他有关行政部门有下列行为之一,不履行本法规定的职责或者滥用职权、玩忽职守、徇私舞弊的,依法对直接负责的主管人员和其他直接责任人员给予记大过或者降级的处分;造成严重后果的,给予撤职或者开除的处分;构成犯罪的,依法追究刑事责任。

(一)未按照规定的条件予以许可,造成严重后果的;

(二)未依法开展监督检查,造成严重后果的;

(三)未按照规定报告或者通报重大食品安全信息;

(四)未按照规定查处食品安全事故,或者查处食品安全事故时收受贿赂;

(五)瞒报、谎报、缓报、漏报重大食品安全事故;

(六)参与、包庇或者纵容食品安全违法犯罪;

(七)未依法履行法律法规规定的其他职责。

违反本法规定,出现重大食品安全事故、造成严重社会影响的,对有关部门主要负责人依照有关规定问责。

第一百二十七条 违反本法规定,造成人身、财产或者其他损害的,依法承担赔偿责任。

生产不符合食品安全标准的食品或者销售明知是不符合食品安全标准的食品,消费者除要求赔偿损失外,还可以向生产者或者销售者要求支付价款十倍或者损失三倍的赔偿金。赔偿金额不足一千元的,赔偿一千元。

第一百二十八条 违反本法规定,应当承担民事赔偿责任和缴纳罚款、罚金,其财产不足以同时支付时,先承担民事赔偿责任。

第十章 附 则

第一百二十九条 本法下列用语的含义：

食品,指各种供人食用或者饮用的成品和原料以及按照传统既是食品又是药品的物品,但是不包括以治疗为目的的物品。

食品安全,指食品无毒、无害,符合应当有的营养要求,对人体健康不造成任何急性、亚急性或者慢性危害。

保健食品,指声称具有特定保健功能,适宜于特定人群食用,具有规定用量的食品。

预包装食品,指预先定量包装或者制作在包装材料和容器中的食品。

食品添加剂,指为改善食品品质和色、香、味以及为防腐、保鲜和加工工艺的需要而加入食品中的人工合成或者天然物质。

用于食品的包装材料和容器,指包装、盛放食品或者食品添加剂用的纸、竹、木、金属、搪瓷、陶瓷、塑料、橡胶、天然纤维、化学纤维、玻璃等制品和直接接触食品或者食品添加剂的涂料。

用于食品生产经营的工具、设备,指在食品或者食品添加剂生产、流通、使用过程中直接接触食品或者食品添加剂的机械、管道、传送带、容器、用具、餐具等。

用于食品的洗涤剂、消毒剂,指直接用于洗涤或者消毒食品、餐饮具以及直接接触食品的工具、设备或者食品包装材料和容器的物质。

食品安全风险监测,指通过系统和持续地收集食源性疾病、食品污染以及食品中有害因素的监测数据及相关信息,并进行综合分析和及时通报的活动。

食品安全风险评估,指对食品、食品添加剂、食品相关产品中生物性、化学性和物理性危害对人体健康可能造成的不良影响所进行的科学评估,包括危害识别、危害特征描述、暴露评估、风险特征描述等。

食品安全风险交流,指食品安全监督管理部门、食品安全风险评估机构,按照科学、客观、及时、公开的原则,组织食品生产经营者、行业协会、技术机构、新闻媒体及消费者协会,就食品安全风险评估信息和食品安全监督管理信息进行的交流。

餐饮服务,指通过即时制作加工、商业销售和服务性劳动等,向消费者提供食品和消费场所及设施的服务活动。

保质期,指预包装食品在标签指明的贮存条件下保持品质的期限。

食物中毒,指食用了被有毒有害物质污染的食品或者食用了含有毒有害物质的食品后出现的急性、亚急性疾病。

食源性疾病,指食品中致病因素进入人体引起的感染性、中毒性等疾病。

食品安全事故,指食物中毒、食源性疾病、食品污染等源于食品,对人体健康有危害或者可能有危害的事故。

第一百三十条 食品生产经营者在本法施行前已经取得相应许可证的,该许可证继续有效。

第一百三十一条 乳品、转基因食品、畜禽屠宰、酒类和食盐的食品安全管理,适用本法;法律、行政法规另有规定的,依照其规定。

第一百三十二条　铁路、航空运营中食品安全的管理办法由国务院食品药品监督管理部门会同国务院有关部门依照本法制定。

粮食收购、储存和政策性粮食加工、销售等环节的食品安全监督管理由国家粮食行政管理部门参照本法执行。

军队专用食品和自供食品的食品安全管理办法由中央军事委员会依照本法制定。

第一百三十三条　国务院根据实际需要,可以对食品安全监督管理体制作出调整。

第一百三十四条　本法自2015年10月1日起施行。

参 考 文 献

[1] 汪永太,李萍.商品学概论[M].大连:东北财经大学出版社,2012.
[2] 马翔,徐洪涌.商品学[M].哈尔滨:哈尔滨工业大学出版社,2011.
[3] 郑金花.商品学知识与实践教程[M].北京:人民邮电出版社,2011.
[4] 朱琳娜.商品学项目化教程[M].北京:中国轻工业出版社,2012.
[5] 刘清华,刘海风.商品学基础[M].北京:中国人民大学出版社,2012.
[6] 庞日新.商品学基础与实务[M].北京:人民邮电出版社,2012.
[7] 赵苏.商品学[M].北京:清华大学出版社,2006.
[8] 郭洪仙.商品学[M].上海:复旦大学出版社,2005.
[9] 郎志正.质量管理及其技术和方法[M].北京:中国标准出版社,2003.
[10] 潘绍来.商品学[M].南京:东南大学出版社,2004.
[11] 张智清.商品学基础[M].北京:电子工业出版社,2005.
[12] 于安国,易能.商品学概论[M].长沙:湖南大学出版社,2005.
[13] 陈明华.商品学[M].北京:北京理工大学出版社,2006.
[14] 刘登祥.橡胶及橡胶制品[M].4版.北京:化学工业出版社,2005.
[15] 李法华.功能性橡胶材料及制品[M].北京:化学工业出版社,2003.
[16] 周传名.生态轻纺产品检测标准应用[M].北京:中国纺织出版社,2004.
[17] 袁观洛.纺织商品学[M].2版.上海:东华大学出版社,2005.
[18] 徐亚美.纺织材料[M].北京:中国纺织出版社,2004.
[19] 刘恩岐,梁丽雅.粮油食品加工技术[M].北京:中国社会文献出版社,2006.
[20] 沈月新.食品保鲜贮藏手册[M].上海:上海科学技术出版社,2006.
[21] 阮征.乳制品安全生产与品质控制[M].北京:化学工业出版社,2005.
[22] 朱俊平.乳及乳制品质量检验[M].北京:中国计量出版社,2006.
[23] 曾寿瀛.现代乳与乳制品加工技术[M].北京:中国农业出版社,2003.
[24] 李培香.农业环境污染防治技术[M].北京:中国农业出版社,2006.